Rolf Friedrich Schuett

Originell sein heißt Vergessenes plagiieren

Philosophische Essays

FSC
www.fsc.org
MIX
Papier aus verantwortungsvollen Quellen
Paper from responsible sources
FSC® C105338

Rolf Friedrich Schuett

Originell sein heißt Vergessenes plagiieren

Philosophische Essays

Books on Demand

Bibliographische Information Der Deutschen Bibliothek:
Die Deutsche Bibliothek verzeichnet diese Publikation in der Deutschen Nationalbibliographie; detaillierte bibliographische Daten sind im Internet abrufbar über
http://dnb.ddb.de

Herstellung und Verlag :

BoD – Books on Demand, Norderstedt

Gedruckt auf alterungsbeständigem Papier
(holz- und säurefrei)

Umschlaggestaltung : E. L. Schmidt

Printed in Germany

ISBN 978-3-7481-7529-2

INHALT

meinen Eltern

in Dankbarkeit

Reisebericht eines Daheimgebliebenen

Diese Reisereportage ist so etwas wie die Quintessenz all meiner Weltreisen, Urlaubsreisen und Lebensreisen, d.h. es war immer ganz gleich, wohin ich reiste. Sind Daheimgebliebene nur Zurückgebliebene?

"Wer eine Reise tut, kann danach ein Gespräch auch nur um eine Viertelstunde ausdehnen." (Paul Valéry)

Wer sich wie die meisten Menschen aufs Reisen gar nicht versteht, gibt das auch deshalb nicht gern zu, weil er es meist gar nicht weiß. Wer weiß schon, wovor er beim Wegfahren eigentlich wegläuft und wohin? Ich Reiseneurotiker gestehe, weder die Ferien- noch Lebensreisetechnik zu beherrschen. Ich reise trotzdem nicht. Andere reisen gerade deshalb.

Das Leben ist mir Reise durch die Zeiten genug, um nicht auch noch Reise durch Orte sein zu müssen. In welche Himmelsrichtungen ich auch aufgebrochen bin, welchen wärmsten Empfehlungen enthusiasmierter Vorkoster ich auch willig gefolgt bin, entweder hat es mich überanstrengt oder angeödet oder beides zugleich und wütend oder krank gemacht. Meine Reiseabenteuer waren stets eine Kette von Versuchen, sie zu vermeiden, also von Mißgeschicken, die mich wünschen ließen, nie losgefahren zu sein, und geloben ließen, nie wieder zu einer Reise aufzubrechen, bis eine nächste Urlaubshymne von Bekannten, die gar nicht einsahen, weshalb niemand ihre eigene Enttäuschung teilen sollte, mir das peinliche Gefühl aufdrängte, mein Leben vertan zu haben, wenn ich nicht wenigstens einmal und nie wieder in Lugano oder auf den Seychellen gewesen wäre.

Entweder war es mir zu kalt gewesen oder zu heiß, zu eng oder zu weitläufig, zu öde oder zu laut, zu teuer oder zu primitiv oder alles zugleich. Ich erhebe nichts als den Anspruch, für anspruchslos zu gelten, tue meinen Ratgebern aber nicht den Gefallen, daß es mir irgendwo irgendwann genügend gut gefallen hätte, um die Unternehmung je zu wiederholen, nicht einmal daheim in der Spitzwegmansarde, die nun wirklich eine ständige Aufforderung zur Abreise ist, ein einziger architektonischer Tritt in den Hintern.

Auf Reisen erlebe ich Schlimmes oder gar nichts; eins ist schlimmer als das andere. Es kann nichts passieren, ohne mich zu ärgern, und wenn ich entspanne, bin ich auch schon abgespannt und langweile mich, ohne mich umgekehrt gut zu unterhalten, sobald es etwas (an)spannender wird. Wir Reisenden zerstreuen uns in alle Windrichtungen, um uns nicht konzentrieren zu müssen, auf uns selbst oder etwas Selbstloses. Wir lenken uns selber ab, wenn der Alltag uns gerade nicht ablenkt, und nichts lenkt uns ab von der professionellen Zerstreutheit, dem bekannten Markenzeichen aller Zeitgenossen außer den Professoren.

Jede Urlaubsreise ist ein einziger hübscher Vorwand, ungestraft wieder einmal ungehemmt reden zu dürfen über nichts als Wetter und Wohnen, Kleidung und Körperpflege, Speis und Trunksucht. Die einen erobern die Welt mit Visionen und Divisionen, die anderen mit Visa und Devisen. Aber wirklich Ferien zu machen verstehen nur die, welche die Ferien gar nicht nötig haben, weil sie nicht im Arbeitsprozeß gegen den Menschen stehen und keine Arbeitsweltbürger sind. Wir anderen Teilzeitfaulenzer sind nur Reisedilettanten.

Die dialektische Reglementalität verlangt, daß Urlaub mich von der Arbeitswelt weit genug zu entfernen hat, um meine Arbeitskraft zu regenerieren, aber nicht soweit, daß er mich für sie nicht wieder fit macht, sondern der industriellen Entfremdung heillos entfremdet. Nach der Reise bin ich dann wieder mehr zu Hause als vor der Reise.

Ich reise nicht, weil mich die schöne Fremde anzieht, sondern damit das heimische Kaff mir danach für ein weiteres Jahr wieder erträglich genug ist, daß ich nicht Amok laufe oder aus dem Fenster springe oder auf Nimmerwiedersehen verschwinde. Kurz: Ich verreise, um nicht auswandern zu müssen in Länder, die selbst von Auswanderern fast entvölkert sind, meinen täglichen Mitpassanten auf unserer Straße daheim. Das Schönste an einer Reise ist die Heimreise, wie das Schönste an ihrer Geburt für die meisten Menschen nicht der Akt der Befreiung ist, sondern die lebenslängliche Sehnsucht zurück in den Mutterleib.

Will ich dort mein Geld verdienen, wo ich zu Hause bin, oder fühle ich mich dort zu Hause, wo ich mein Geld verdiene? Wenigstens einmal im Jahr dürfen wir unser Geld an einem anderen Ort ausgeben als dem, wo wir es verdienen. Nicht nur müssen wir zurück, wir dürfen zurück an die Ruderbank der Galeere, die uns vor uns selber schützt. Ortsveränderung ist Weltveränderungsersatz oder umgekehrt. Wir ändern unseren Standort in der Welt, um sie selbst nicht ändern zu müssen, oder bearbeiten wir umgekehrt die Erde, um sie nicht er-fahren zu müssen? Wir wollen Luft-

statt Weltveränderung und fragen uns, ob wir lieber oder wenigstens Luftveränderung wollen.

Die Reiselustigsten wenigstens sind die Weltveränderungsfeinde, ob nun als Verwicklungshelfer in Nicaragua oder als Konterrevolutionstouristen in den USA. Ob jung oder alt, wir scheinen nie herauszukommen aus den Tapetenwechseljahren. Wir wollen mal andere Gesichter sehen, wenigstens andere Masken. Die Welt zu sehen, erspart eine Weltanschauung und umgekehrt. Angeblich bereichert Reisen auch und gerade jene, für die alles »Enrichissez-vous!« sinnlos ist.

Vor der Unfähigkeit, mit mir selbst etwas anzufangen, flüchte ich das ganze Jahr hindurch ins Berufs- und Familienleben, während des Urlaubs aber in fremde Länder. Es muß nicht immer Onanie sein, aber die Fähigkeit, im stillen Kämmerlein wirklich etwas anzufangen mit sich und seiner Zeit, wird gewöhnlich beschimpft als sogenannte Flucht in die Innerlichkeit, ein ganz besonders asoziales Laster. Vor dieser sagenumwoben verruchten Innerlichkeit flüchtet jeder nur allzu gern in einen Zerstreuungsbetrieb, der sich dann *Engagement* nennt und viel mehr dem nützt, der sich einsetzt, als dem, für den er sich einsetzt.

Die Flucht vor der (Flucht in die) Innerlichkeit ist Flucht in die verschämteste Äußerlichkeit. Der Zweifel in die Zurechnungsfähigkeit von Reiseabenteurern und anderen Urlaubsnomaden braucht, um berechtigt zu sein, nicht gleich soweit gehen wie der amerikanische Transzendentalist Ralph Waldo Emerson aus dem letzten Jahrhundert : »Der Weise bleibt zu Hause. Das Reisen ist des Narren Paradies«. Emerson war Narr genug, die große weite Welt als eine einzige

Irrenanstalt zu sehen, und darin wollen wir Narren ihm nicht folgen.

Ob wir nun verreisen oder daheimbleiben, ist nicht deshalb eins, weil wir unser liebes Ich ja doch überall hin mitnehmen (statt die Welt in unsere gute Stube zu lassen), sondern unsere viel liebere Ich- und Selbstlosigkeit. Urlaub ist als »Ferien vom Ich« die Suche nach dem wahren Selbst, heißt es.

In Wirklichkeit besteht unser »wahres Selbst« natürlich immer nur in der (bestürzenden oder im Gegenteil erleichternden) Entdeckung, wahrhaft gar nicht selbst da zu sein und auch nie existiert zu haben. Aber wem verhilft eine aben-teure Reise schon zu einem so bereichernden Mangelerlebnis? Ich will stets umso mehr freie Zeit für mich allein, je weniger ich damit anfangen kann. Weiß ich sie zu nutzen, ist das Leben schon fast zu lang. Ich gewinne durch die Technik Zeit, um sie mir vertreiben zu müssen, und spare lebenslang Zeit, um sie totschlagen zu können.

Schopenhauer hatte Recht : Langeweile läßt sich am wirksamsten vertreiben durch Not und Elend. Und das Ende der Not ist für die meisten von uns auch schon der Startschuß für Alleinherrschaft der Langeweile.

Urlaub, Ferien und Freizeit heißt, diesen Kreislauf, dem wir ausgeliefert sind, für kurze Zeit scheinbar in eigene Regie nehmen, also sich freiwillig kleinen Mißgeschicken aussetzen, um in den Genuß zu kommen, sie noch gerade beheben zu können und vor uns selbst zu verbergen, daß wir es selbst sind, die die Hürdenstrecke vor uns aufgebaut haben. *To get into trouble and out again is keeping up with the Jones.* Viele suchen im Urlaub die freie Natur auf einem Campingplatz an der Sonne. Wer campt, sucht aber das Überleben weniger im Freien als im Überwachungsstaat, der dort en miniature eingeübt wird. Da geht es von Maloch zu Masoch. Auch Drogen-Trips sind Urlaubsreisen, die niemanden recht von der Stelle bringen.

An den Sehenswürdigkeiten des Reiseziels stört uns die steife Würde, und Museen, Galerien, Pinakotheken und Theater besuchen wir zu Hause ja auch nicht. Was ich bei mir zu Hause nicht einmal suche, finde ich, wie ich gebaut bin, erst recht nicht anderswo in der Welt. Der Reisende sieht Land und Leute wie der Zuschauer sein TV-Programm : Das Fernsehen zeigt Bilder wie aus dem Leben gegriffen, seit das Leben der Fernseher wie auf dem Bildschirm abläuft. Unsere Berufsarbeit ist so hart, weil sie so sinnlos ist, und dem Urlaub ist anzusehen, wovon er befreien soll. Was der Geschlechtsverkehr in der Woche, das soll der Reise- und Fremdenverkehr im Jahr sein, also wochenlang Sonntag ohne Woche davor und danach, ein ewiger Feiertag ohne Feierabend.

Am langweiligsten geraten stets die Maßnahmen gegen die Langweiler. Der wahre Tourist ist natürlich einer, der nicht als Tourist reist. Früher reiste man als »Kultourist«, aber das hatte so wenig mit Kultur zu tun wie der heutige »Natourismus« mit Natur. Wir zerstören die letzten unberührten Biotope durch die Versuche, sie zu finden, zu erleben und zu schützen.

Früher verhielt der Begüterte sich zum Minderbemittelten wie der Individual- zum Massentourismus, aber heute ähnelt der Abenteuerurlaub eher einem Überlebenstraining für den rauen Alltag daheim als einem Urlaub von ihm. So häufig von Kulturkritikern nun die bessere gegen die blödere Art des Reisens verteidigt wird, so selten gegen jedes Reisen das schlichte Daheimbleiben. Daheimgebliebene sind Zurückgebliebene. Der Traum des Berufstätigen ist der Traumurlaub, und der Traum des Urlaubers ist die Traumreise. Reisen ins Blaue sind die Utopie der Seßhaften, das Stubenhockgrab ist die Utopie der Wurzellosen, das ist meine Hypothese, und »Hypo-These« heißt Unter-stellung.

Flüchte ich ins Reisefieber vor dem Arbeitsleben oder vor meiner Unfähigkeit, im stillen Kämmerlein endlich das zu tun, wovor ich mich durch den Alltag erfolgreich schütze? Das Reise tut im Urlaub ziemlich genau das, was der Berufsalltag während der übrigen Zeit leistet: mich zu bewahren vor dem Offenbarungseid des N-ich-ts. Die Gebildeten sind den Rechtsaußen verfallen, weil sie zu wenig und nicht etwa zu viel unpolitische Innerlichkeit hatten. Sie hatten diese desengagierte Innerlichkeit nur propagiert und gar nicht kultiviert.

Reisen lenkt so schön ab von Arbeits- und Innenwelt zugleich; die Betriebsruhe fordert den Ruhebetrieb. Satiren haben sattsam verhöhnt, wie wir die Wohnung unserer Gewohnheiten überall mit hinnehmen durch die Art, wie wir sie hinter uns lassen wollen, und wie wir das Unerwartete verpassen durch die Formen, es herbeizulocken. Die Fremde schafft das traute Heim so naturgetreu nach, wie *Balkonien* daheim die ganze Welt werden kann. Nichts sehen, nichts hören, nichts sagen : Am beliebtesten sind Gegenden, wo von Einheimischen nur dienstbare Geister zu sehen sind. Unser Verdienst besteht darin, sie an uns verdienen zu lassen, indem wir uns von ihnen bedienen lassen, und wenn das nicht klappt, sind wir bedient.

Beliebte Gegenden im Ausland, gleichsam schöne *Auslandschaften*, sind meist nur Flucht vor häßlichen Ausländern. Wir brauchen sie, ob wir nun bei ihnen zu Gast sind oder sie bei uns: Sie bedienen mich mal bei uns, mal bei ihnen selbst. Statt das Land kennenzulernen, lernen wir bestenfalls Landsleute kennen, die es auch nicht kennenlernen wollen. Reisebekanntschaften verbindet nur Unvermögen und Unwillen, am Reiseort und bei seinen Bewohnern auch wirklich "anzukommen".

Man reist anders, als *man* reist.

Die meisten Reiseberichte und Urlaubsdiavorträge von Bekannten verleiden einem das Reisen wie auch die Bekannten. Der größte Luxus ist ein Verzicht auf solche Luxusreisen. Reisende erleben selten etwas, das der Fernseher daheim nicht besser und billiger bietet. Die Unfähigkeit zu reisen wird nur noch überboten von der Unfähigkeit, zu Hause zu bleiben, ohne zu verzweifeln.

»Reisen« hat denselben Wortstamm wie das englische »rise«, aufsteigen, erregt und bewegt sein. Es hängt zusammen mit (ent)rinnen, rennen, rasen und reiten. Der Spott sieht im Reiseverkehr einen GV mit der schönen Fremde(n) und in der wahren Liebe einen Fremdenverkehr. Wer auf Reisen geht, geht fremd mit der Welt, und Fremdeln gilt als Heilmittel gegen Entfremdung seit alters her.

Ich verreise erst wieder, wenn ich zu Hause eines Tages wirklich etwas versäumen sollte. Ich b-leibe und k-lebe. Wer niemals aus seiner Vaterstadt herauskommt, ist deshalb noch kein Immanuel Kant, ich weiß wohl, aber der junge Kierkegaard machte zusammen mit seinem Vater die schönsten Weltreisen als Spaziergänge – in der Kopenhagener Wohnung.

Ich bin ein ewiger »Heimreisender« : Ich reise nicht heim, ich reise nur daheim und verlasse meine Gewohnheiten eher als meine Wohnung. Der chinesische Ur-Taoist Dschuang-Tsi sah jedermanns Seligkeit darin, im Geburtsort zu leben und zu sterben. Mein Brotberuf ist eine Kette täglicher Dienstreisen zur Arbeitsstelle, und auf dem Weg zwischen Wohnzimmer-Sessel und Büro-Drehstuhl fällt mir mehr auf als anderen zwischen Zürich und Acapulco, nämlich nichts – nichts als Leute, die in Zürich und Acapulco gewesen sein wollen und das nie so ganz glaubhaft machen können, wenigstens nicht vor einem, der auf seinen passionierten Nichtreisen wenigstens erlebt, daß seine Mitmenschen auf ihren Weltreisen so rein gar nichts erleben, was der Rede und des Reisens wert wäre. Also erlebe ich daheim doch etwas mehr als andere unterwegs.

Meine Reisen sind Lektüre von Reiseberichten aus der Feder von Leuten, die Geist genug haben, von der Stelle zu kommen, und das Reisegeld nicht besser nach Afrika spenden, statt damit dorthin zu fahren. Ich fühle mich im Leben zu sehr auf bloß flüchtiger Durchreise, um es lohnend zu finden, auch nur meine Koffer auszupacken und mich in der Welt allzu häuslich niederzulassen und breitzumachen. Erfahrungen machen Schriftsteller nicht auf Fahrten, sondern am Schreibtisch, schrieb Max Frisch, der zu viel reiste.

»Wohin denn ich?« fragte Hölderlin. »Wohin anders als anderswohin?« antwortete Baudelaire. »All unser Unglück kommt daher, daß wir nicht ruhig in unserem Zimmer sitzen können«, wußte Pascal schon früher.

Luft, Luft schreien wir und haben vergessen, den Gashahn selber aufgedreht zu haben, doch die Luft, die wir Erstickenden brauchen, sind wir füreinander.

Das moderne Lustprinzip ist weitgehend ein Reiselustprinzip, aber moderne Reiseberichte lassen philosophische Zweifel verstehen an der Existenz einer realen Außenwelt überhaupt. Wer kommt noch heraus aus sich und seinen Simulationen und Videologien? Eine Traumreise ist ein Traum von einer Reise. Eine Reise ist nicht überflüssig, weil uns sowieso überall die US-amerikanische Welteinheitskultur empfängt, sondern weil wir ohnehin glauben, daß uns überall auf die gleiche Weise übel (mitgespielt) wird, daß uns Sehen und Hören vergeht und wir nur erfahren, was wir gar nicht erfahren wollten.

»Bildungsurlaub« ist keine Fortsetzung der alten Bildungsreise mit anderen Fortbewegungsmitteln, sondern ein Berufsfortbildungskursus, der anstrengender zu geraten pflegt als der durchschnittliche Berufsalltag. »Bildungsreisen« hießen früher nicht so, weil Ungebildete das nicht bleiben wollten, sondern weil nur Gebildete sie machten, als es noch welche gab.

Der Sinn des Reisens ist die Entdeckung, daß die Welt noch nicht halb so viel hält, wie sie nicht nur auf Reiseprospekten verspricht. Enttäuschend ist weniger die Welt als immer nur die erbitterte Weigerung der Reisenden zuzugeben, daß sie enttäuscht sind und daß sie weniger getäuscht wurden, als sich selber getäuscht haben, weil sie sonst gezwungen wären, mit der Verbesserung ihrer Welt endlich anzufangen, statt die unverbesserte Welt immerfort unverbesserlich zu bereisen. Wir sollen uns in der Welt frei bewegen, aber nur als Belohnung dafür, daß wir sie endlich in Bewegung setzen. Und sie bewegt sich doch, die Erde? Irgendwo hatte die Kirche Recht gegen Galilei.

Niemand ist sterbenslangweiliger als Leute, die sich an ihren Reisezielen nicht zu Tode zu langweilen vermögen. Aber natürlich sind die Menschen verschieden, bevor sie verscheiden. Die einen fühlen sich nur unterwegs zu Hause; andere gewinnen ihre Beweglichkeit erst innerhalb der eigenen vier Wände, gegen die sie unentwegt laufen, oder gar im eigenen Bett. Der Wunsch, etwas Besonderes zu erleben, wird mehr als aufgewogen von der Angst, etwas zu erleben, das man gar nicht erleben möchte, und die Angst vor solchem Wunsch wird zum Wunsch nach dieser Angst und führt auch nicht weiter. Urlaub ist Beschädigung durch die Entschädigung für das ganze Lebensjahr.

Ich hänge im Urlaub daheim herum und mir vor die Tür ein Schild : Verreist. Die schönste Reise ist die nicht angetretene, weil der schlimmste Urlaub der ist, der schön zu sein hat. Wer von den Lesern immer noch glaubt, der Autor dieses Pasquills könne nur ein depressiver Freund pfahlbürgerlichster Reisemuffel sein, hat noch nicht begriffen, daß es nur besser und billiger ist, gleich zu Hause zu bleiben, statt bloß frisch als das blinde und taubstumme Rindviech zurückzukommen, das losgefahren ist. Wenn einer eine Reise tut, dem kann man was erzählen!

1794 beschrieb ein Xavier de Maistre seine "Reise um mein Zimmer", eine herrliche Parodie auf alle Reiseberichte. Der Autor ist mein Mann.

Gute Reise!

Natur und Kultur

Aus Anlaß seiner Kritik an Herders »Ideen zur Philosophie der Geschichte der Menschheit« (1785) entwickelte Kant 1786 in einem kleinen Aufsatz seine eigenen Ideen über den »Mutmaßlichen Anfang der Menschengeschichte«. Kant wagte die »Lustreise« einer philosophischen Exegese der ersten Kapitel der biblischen Schriften : »Der Leser wird die Blätter jener Urkunde (1. Mose Kap. II bis VI) aufschlagen, und Schritt vor Schritt nachsehen, ob der Weg, den Philosophie nach Begriffen nimmt, mit dem, welchen die Geschichte angibt, zusammentreffe.«
(»Von den Träumen der Vernunft. Kleine Schriften zur Kunst, Philosophie, Geschichte und Politik«, Wiesbaden 1979, S. 268).

Friedrich Schiller war von dieser transzendentalphilosophischen Auslegung der religiösen Transzendenz so inspiriert, daß er 1790 in ähnlichem Geist »Etwas über die erste Menschengesellschaft« schrieb. Kant sagt über den ersten Menschen : »Der Instinkt, diese Stimme Gottes, der alle Tiere gehorchen, mußte den Neuling anfänglich allein leiten. Dieser erlaubte ihm einige Dinge zur Nahrung, andere verbot er ihm (Gen 111,2,3).« (269) »So lange der unerfahrene Mensch diesem Rufe der Natur gehorchte, so befand er sich gut dabei. Allein die Vernunft fing bald an sich zu regen ...« (270) »Er entdeckte in sich ein Vermögen, sich selbst eine Lebensweise auszuwählen, und nicht gleich den Tieren an eine einzige gebunden zu sein ... Er stand gleichsam am Rande eines Abgrundes« (271).

Macht euch die Erde, aber nicht einander untertan: Bewanderte bringen die Erde wandernd unter ihre Füße. Kant sieht in der Genesis auch die des Sittengesetzes: »Und so war der Mensch in eine Gleichheit mit allen vernünftigen Wesen, von welchem Range sie auch sein mögen, getreten (Genesis 111,22): nämlich, in Ansehung des Anspruchs, selbst Zweck zu sein, von jedem anderen auch als ein solcher geschätzt, und von keinem bloß als Mittel zu anderen Zwecken gebraucht zu werden ... Dieser Schritt ist daher zugleich mit Entlassung desselben aus dem Mutterschoße der Natur verbunden«. (273 f.) »Indessen ist dieser Gang, der für die Gattung ein Fortschritt vom Schlechteren zum Besseren ist, nicht eben das nämliche für das Individuum ... Die Geschichte der Natur fängt also vom Guten an, denn sie ist ein Werk Gottes; die Geschichte der Freiheit vom Bösen, denn sie ist Menschenwerk. Für das Individuum, welches im Gebrauche seiner Freiheit bloß auf sich selbst sieht, war, bei einer solchen Veränderung, Verlust; für die Natur, die ihren Zweck mit dem Menschen auf die Gattung richtet, war sie Gewinn.« (275)

Was für menschliche Gattung und Gesellschaft ein unbestreitbarer Fortschritt sei, bilde für jeden einzelnen Menschen eine fortschreitende Verfallsgeschichte. Auch Kant entscheidet sich für den Fortschritt durch »ungesellige Geselligkeit« und gegen die glückliche Freiheit des autonomen Individuums, also gegen »Gemächlichkeit und Frieden« und für »Arbeit und Zwietracht«. Er gibt zu, daß dieser Prozeß der Vergesellschaftung eine Denaturierung mit sich bringe, hofft aber mit Rousseau auf einen utopischen Zustand, »bis vollkommene Kultur wieder Natur wird« (278), und wenn nicht für das jeweilige Individuum, so doch für die menschliche Gattung.

Niemand teilt heute mehr diese Hoffnung, und doch will niemand mehr ins Naturparadies Gottes zurück. Die »Dialektik der Aufklärung« hat inzwischen die höllischen Züge dieser bürgerlichen Utopie aufgedeckt, ohne deshalb zum goldenen Zeitalter im Reich Gottes zurückzuwollen. Nach Kant ist es die göttliche Stimme der Natur selber, die dazu aufrufe, sich von der bloß rohen Natur zu befreien mit Hilfe der Vernunft, aber er muß zugeben, daß die Vernunft Menschenwerk ist und im Naturinstinkt die Stimme Gottes ihr widerspricht. Kant verfolgt diese Dialektik zwischen dem Wort Gottes und der Stimme der menschlichen Vernunft im welthistorischen Kampf zwischen Nomaden und Seßhaften. Er gibt zu, daß die Nomaden der menschlichen Obrigkeit so opponieren wie seine Seßhaften dem Willen Gottes: »So lange nun noch die nomadischen Hirtenvölker, welche allein Gott für ihren Herrn erkennen, die Städtebewohner und Ackerleute, welche einen Menschen (Obrigkeit) zum Herrn haben (Genesis VI,4), umschwärmten, und als abgesagte Feinde alles Landeigentums diese anfeindeten und von diesen wieder angefeindet wurden, war zwar kontinuierlicher Krieg zwischen beiden, wenigstens unaufhörliche Kriegsgefahr, und beiderseitige Völker konnten daher im Inneren wenigstens des unschätzbaren Guts der Freiheit froh werden – (denn Kriegsgefahr ist auch jetzt noch das einzige, was den Despotismus mäßigt; ...« (280 f.)

In einer Fußnote erläutert Kant das freie >patriarchalische< Verhältnis des Wüstenscheichs zu den nomadischen Beduinen : »Dieser ist keineswegs Herr über sie, und kann nach seinem Kopfe keine Gewalt an ihnen ausüben. Denn in einem Hirtenvolke, da niemand liegendes Eigentum hat, welches er zurücklassen mußte, kann jede Familie, der es da mißfällt, sich sehr leicht vom Stamme absondern, um einen ändern zu verstärken.« (281) Eheliche Vereinigungen zwischen Göttersöhnen und Menschentöchtern in Genesis VI deutet Kant als verbotene Vermischungen der von Gott begünstigten Nomaden, die auf seiner Erde umherziehen nach den Sternen, und der von Gott abgefallenen Seßhaften, die den nach der Paradiesvertreibung verfluchten Acker bestellen. Der Friede zwischen besitzlos müßigem Nomadentum und seßhaftem »Ackern« beende ihren freien Wettkampf und führe zu einer sintflutwürdig himmelschreienden Tyrannei der Laster. Wer keinen Feind mehr zu fürchten habe, entarte auf unserer niedrigen Kulturstufe und gehe naturgesetzmäßig an sich selbst zu Grunde. »Auf der Stufe der Kultur also, worauf das menschliche Geschlecht noch steht, ist der Krieg ein unentbehrliches Mittel, diese noch weiter zu bringen ... und die heilige Urkunde hat ganz recht, die Zusammenschmelzung der Völker in eine Gesellschaft, und ihre völlige Befreiung von äußerer Gefahr, da ihre Kultur kaum angefangen hat, als eine Hemmung aller ferneren Kultur und eine Versenkung in unheilbare Verderbnis vorzustellen.« (283)

Heute, über zwei Jahrhunderte nach der Niederschrift dieser Sätze, sind die Nomaden und die Seßhaften zwar nicht verschmolzen, aber die Seßhaften haben sich an allen Fronten zu Tode gesiegt, und die Nomaden sind praktisch vom Erdboden verschwunden, da sie in unwirtliche Reservate abgedrängt sind, die jeder Bürger freiwillig verschmäht. Kant erinnert daran, daß die Nomaden in ihren Einzelfamilien verstreut und die Seßhaften in ihren Kollektiven zusammengeschlossen leben, die den Beginn von Kunst und Kultur, »Geselligkeit und bürgerlicher Sicherheit« bedeuten.

Wenn Kant auch den »Übergang aus der Rohigkeit eines bloß tierischen Geschöpfes in die Menschheit, aus dem Gängelwagen des Instinkts zur Leitung der Vernunft, mit einem Wort: aus der Vormundschaft der Natur in den Stand der Freiheit« (275) favorisiert, so muß er doch einräumen, daß Gott dem Menschen die paradiesische Naturunmittelbarkeit erhalten will und daß die rationalisierte Welt Babels ursprünglich Teufelswerk sei. Obwohl Kant gegen Herder an der strikten Herrschaft von Vernunft über Natur als Freiheit vom Instinkt festhält, hilft er sich mit der dialektischen Konstruktion, daß die göttliche Stimme der Natur gerade dazu aufrufe, sich von dieser »rohen« Natur so lange zu befreien, bis die Kultur uns zur zweiten Natur geworden sei – auch und gerade gegen Gottes ausdrückliche Warnung.

»Das Hirtenleben ist nicht allein gemächlich, sondern gibt auch, weil es in einem weit und breit unbewohnten Boden an Futter nicht mangeln kann, den sichersten Unterhalt ... So konnte der Ackersmann den Hirten als vom Himmel mehr begünstigt zu beneiden scheinen (1. Mose 3,4).« Der Nomade Abel war von Gott nicht favorisiert, weil er von Bauer Kain erschlagen wurde, sondern wurde umgekehrt von Kain erschlagen, weil er als Nomade Gottes Günstling war. Noch bei Jesus klingt etwas davon nach: »Sehet die Vögel im Himmel an, sie säen nicht, sie ernten nicht und sammeln nicht in die Scheunen; und der himmlische Vater nähret sie doch. Seid ihr denn nicht viel mehr als sie?« (Mt 6,26)

Kulturtechniken Lesen und Schreiben

Muß der Autor die Wünsche des Publikums erfüllen oder ihm gegen Bezahlung etwas bieten, was sie aus eigener Kraft nicht schaffen würden und was über sie hinausgeht? Es gibt Autoren, die auf unsere Träume bereitwillig eingehen, auf unsere Sehnsucht nach Luftveränderung, und andere Autoren, die ihren Kunden etwas zumuten, ihnen Fallen stellen, sie irreführen. Aber auch Kafka und Joyce, Musil und Proust schmeicheln ihrem Publikum, das es nur etwas anspruchsvoller liebt, um sich ernst genommen zu fühlen. Wenn es wirklich schwierig wird, nehmen auch deren Leser schnell Reißaus. Musil hat in seinen »Mann ohne Eigenschaften« ganze philosophische Essays einmontiert. So literarisch aufgelockert überfordert uns die strenge Philosophie nicht, so etwas verlangen wir von uns, um uns wichtig nehmen zu können. Aber für authentische Philosophie ist das zu feuilletonistisch verspielt und für Literatur umgekehrt eben nicht in genügend konkrete Szene gesetzt oder in Handlung aufgelöst.

Ist Kafka eine Ausnahme? Er lockt seine Konsumenten aufs Glatteis, bietet seine ganze Kunst auf, sie in das Zauberreich ihrer eigenen gewohnten Alltäglichkeit zu locken, wo ihnen wohlig warm und heimelig ist, und dann, mit einem Ruck, wenn wir eingelullt nichts Böses mehr ahnen und uns so richtig eingelesen haben und übermütig werden, zack, dieser elegante Genickschlag mit leichter Hand aus heiterem Himmel, die Falltür ins Bodenlose, mitten im schönsten heitergiftigen Arbeitsfrieden. Und plötzlich werden da die einfachsten Alltagsverrichtungen ganz unmöglich, der Tausendfüßler denkt an jedes seiner einzelnen Beinchen und weiß nicht mehr, wie er jemals einen einzigen Schritt hat tun können. Achill holt die alte Schildkröte nie mehr ein, weil er gar nicht mehr weiß, wie er sie jemals überholen konnte mit unendlich vielen, unendlich kleinen Tippelschritten.

Aber der moderne Leser ist inzwischen gewitzt, wenigstens der, welcher sich auf diese Art von Antibüchern überhaupt je einläßt. Er erwartet dieses kleine Falschspiel schon, ist auf doppelte Böden und hundert Erzählebenen abonniert und enttäuscht, wenn alles so platt und plan bleibt, wie es eingangs vorgeführt wurde. Es gibt Autoren, die auch das schon wieder mitberücksichtigen, indem sie die trainierte Erwartung des Lesers, in seinen Erwartungen regelmäßig kunstvoll düpiert zu werden, einfach leerlaufen lassen. Aber auch dieses Spielchen läßt sich nur ein- oder zweimal spielen, dann fällt der Käufer auf diese Masche nicht mehr herein. Wie beim Kriminalroman soll es immer dasselbe Schema sein, doch immer verblüffend neuartig ausgefüllt. Die Kunst ist eine imaginäre Gefühlsgymnastik und kein Lügendetektor.

Das Unerwartete wird erwartet, Ruhe in der Unruhe und Bewegung in der Stille sucht der fortschrittliche, fortgeschrittene Leser. Der andere ist ein volkspädagogisches Problem : Wie bringe ich unverbildete oder auch nur unbefangene Leser dazu, vom Autor etwas mehr zu verlangen, als was sie schon kennen? Wie bringe ich den Leser zum Überdruß an sich selbst und mache ihm nicht nur Appetit auf das Vergnügen, immer wieder bestätigt zu bekommen, daß er so, wie er ist, schon ganz in Ordnung ist. Aber auch der anspruchsvolle Kunde hat seine konformistischen kleinen Clichés, von anderen Autoren geweckte Wünsche zum Beispiel. Man muß kein Trivialliterat sein, um diesen sauber kalkulierten Überraschungserwartungen und Choctrainingswünschen mit nur wenig Vergnügen zu entsprechen. Heutige Literatur von Rang sagt uns oft sehr unangenehme Dinge, aber das ist ja das Angenehme für Leute, die von ihrem Narzißmus verlangen, die Augen vor den Nachtseiten des Lebens nicht zu verschließen und auch noch die Beckett-Rennstrecke als Trimmdichpfad zu meistern. Sie genießen ihre Fähigkeit und Bereitschaft, gefährlichen Widrigkeiten nicht auszuweichen, sich dem Negativen zu stellen, sie verbuchen diese Kühnheit des Autors auf ihr persönliches Konto, ein Sport und Initiationsritus, Männlichkeitsprobe und feministischer Härtetest zugleich.

Kunst, das ist Mord und Totschlag, Kugelregen, Elend und Alpträume, Atomkrieg und ein wohliges Gruseln vom Lehnstuhl aus. Man liefert sich dem reinigenden Stahlbad aus und vergißt für einige Stunden, daß es sich nur um ein Buch handelt, das sich in jeder Sekunde zuklappen läßt und deshalb nicht zugeklappt werden muß. Man wende nicht ein, daß es auch unter die Haut gehende Werke gibt, die nachdenklich machen. Der Leser denkt nie nach. Der Roman läßt ihm die Freiheit, bei der Lektüre seinen trivialen Assoziationen nachzuhängen, alles sofort auf sich zu beziehen, um seine gewohnte Scheiße überall sofort wiederzufinden. Alles im Roman erinnert ihn an das, was er schon sich selbst zurechtgedumpft hat.

Aber es gibt doch Momente unzweifelhafter Betroffenheit, wird man sagen. Der Leser ist nie betroffen genug. Sein Abwehrsystem ist stärker. Er ist es, der darüber bestimmt, wie getroffen er sein möchte. Wenn man einem begeisterten oder erschütterten Leser, der sein Buch gerade geschlossen hat, unter die Schädeldecke schauen könnte! Die Gründe, aus denen große Werke berühmt sind, haben selten etwas zu tun mit ihren wirklichen Schönheiten. Ein Roman von Proust wird nicht geschätzt und bewundert auf Grund seiner eigentümlichen literarischen Qualitäten, sondern wegen seiner Ähnlichkeiten mit einem Buch von Mario Simmel, das in einem Roman vom Range Prousts eben auch enthalten ist. Romane, sofern sie nicht ganz einfach langweilig, d.h. nur schlecht geschrieben sind, müssen ihrem Leser ja schmeicheln, seinem durchschnittlichen Fassungsvermögen weit entgegenkommen, bis er ihnen erlaubt, ein einschleichend winziges Stückchen gegen den Strich gehen zu dürfen, ungestraft, d.h. ohne daß der kopfscheue Leser das Buch gähnend in die Ecke wirft. Für diesen erbärmlichen Ertrag ist der Aufwand des Autors aber eigentlich zu hoch, und diese homöopathische Medizindosis, die er in einen Zuckerwatteberg verpacken muß, wird am Ende nur als raffinierte Delikatesse goutiert, um überhaupt Gnade zu finden beim Publikum, das sich beweist, wieviel Arsenik und Heroin es inzwischen unbeschadet ungerührt überlebt. Der Künstler ist ein Mensch, der seinem Abnehmer unzählige Komplimente machen muß, um eine vorsichtig kandierte All-Gemeinheit sagen zu dürfen, die dann noch als bloße Sottise abgewehrt wird, als habe man umgekehrt eine pure Bosheit als nackte Wahrheit verpackt.

Alles muß eingeschmuggelt und untergemischt werden, Zumutungen, die am Ende dann doch wieder keine sein dürfen, sondern nur verzuckerte Bittermandeln, die das liebe *Frustrationstoleranzvermögen* testen durften. Der Roman ist unökonomisch : Berge kreißen und gebären Mäuse. Er tut dem Leser zu viel Gutes an, erweist ihm zu viel Ehre, verzärtelt ihn, kriecht ihm in den Hintern. Welcher gute Autor hat Vergnügen daran, seinen Lesern auch nur das Vergnügen zu bereiten, sich ihrer stolzen Bewältigungskräfte zu freuen? Der Leser hat dieses Entgegenkommen nicht verdient und weiß es auch nicht zu würdigen, ihm ist nicht zu trauen. Ginge es ihm wirklich, wie er beteuert, um Form und Stimmigkeit der Werke, würde er keine Mühe scheuen, in ihren Geist und in ihre Eigenlogik einzudringen.

Dann aber wäre auch Philosophie nicht verschrien als Kinderschreck und Brechmittel und Folterwerkzeug. Was wir von philosophischen Werken sagen, gilt genauso von unseren ausgesuchten Lieblingsromanen und Lieblingssachbüchern: Viel Lärm um nichts. Aber der attackierte Leser wird antworten : Der Autor lenkt nur von seiner Impotenz ab, mich zufriedenzustellen, indem er meine Impotenz behauptet, mich vom Autor befriedigen zu lassen. Sind das aber nicht nur Retourkutschen und Ressentiments?

Es gilt eben nicht, König Kunde nach dem Maul zu schreiben, auch nicht dem gutwillig Beflissenen, opferbereit Lernwilligen oder dem, der sich grundlos dafür hält. Beide sind Faulpelze, die es sich nur leicht machen wollen und für ihr bißchen Geld und nachlässige Aufmerksamkeit sogleich auf Händen getragen werden möchten, umworben, verwöhnt, bestochen von raschen, allzu bequemen Genüssen ohne Reue. Sartre hat Unrecht, Lesen ist kein gelenktes Schaffen, es ist gelenktes Abschlaffen. Die Klientel ist geschafft und sucht Erhebung zum Nulltarif. Noch Becketts Ungenießbarkeit wird nur genossen. Ham und Clov, Lucky und Pozzo, Wladimir und Estragon, Molloy und Malone sind sogar mir noch unterlegen, der dem Autor unterlegen ist.

Aber was das endlose Ende aller Gespräche zeigen will, wirkt, gemessen an dem heute üblichen Comic-Sprechblasenkatarrh und Stummeldeutsch-Autismus, schon wieder voller Esprit und Eleganz. Die Klassiker der Moderne sind von der Realität überholt. Kafka? Die maßgerechte Selbstrechtfertigung aller Pechvögel, Tölpel und Vorstadtneurotiker, die aus der Not, den Anschluß an bürgerliche Minimalstandards nicht zu schaffen, ihre geistige Tugend machen müssen. Wer es nicht hinbekommt, darf sich mit Kafka als prestigeträchtiges Opfer irgendwelcher Schlösser und Prozesse fühlen, wenn es weder zum Schloßbeamten noch zum Prozeßgewinn reicht.

Die sinnlichen Künste werden aus Angst vor philosophischer „Verkopfung“ geliebt und umgekehrt diese banalen Weltanschauungstraktätchen und Kompreß-Essays aus Angst vor der Komplexität der großen Kunstwerke. Literatur soll belehren, Philosophie aber launig unterhalten, es ist eine einzige matschige Konfusion. Viel zu viele Autoren rennen viel zu vielen Lesern nach und bequemen sich ihren Voraussetzungen an, indem sie sich pädagogisch auf die begrenzte Fassungskraft ihrer Zöglinge berufen. Der Autor soll sich aber verständlich machen und nicht herablassen. Er soll das Buch so hoch hängen, daß der Leser sich ordentlich recken und strecken muß, aber nicht so hoch, daß kein Springer es je erreichen kann. Ein Schriftsteller sollte *für* das Schreiben und nicht *vom* Schreiben leben.

Durch die Industrie wird alter kultureller Bedarf gedeckt und immer neuer materieller Bedarf geweckt. Umgekehrt würde mehr als ein Schuh daraus : Materielle Bedürfnisse wollen gedeckt und neue intellektuelle Bedürfnisse geweckt werden.

Soll der Autor wie ein Verrückter schreiben?

Das »Theater der Grausamkeit« von *Antonin Artaud* wird oft betrachtet als Reklame für ein utopisches Potential kreativer Schizophrenie. Die Absage an Kommunikation und Konsens gipfelt in der These von Bernd Mattheus : »Der Schriftsteller wird wie ein Schizophrener sein, oder er wird nicht sein.« Unter dem romantisch irrationalen Markenzeichen »Genie und Wahnsinn« wird hier, um die Sprache noch diesseits aller weltabbildenden Funktion sich selbst feiern zu lassen, einmal mehr der Wilde, das Kind, das Tier und der (von der Schulpsychiatrie verratene) Irre gegen das noch in seiner kritisch-analytischen Intention stinknormale bürgerliche Sensorium ausgespielt.

Taugt schizophrene Schreibe wirklich als eines der letzten Schlupflöcher aus dem tristen Sinngefängnis reibungslos funktionierender Überangepaßter, also derer, die sich für das Gegenteil davon halten? Kann eine amtlich attestierte Schizophrenie auch in kritischen Dekompositionsphasen neue Erkenntnisquellen exklusiver Natur erschließen? Alle Sucher nach dem Krypto-Sinn im Irrsinn werden einwenden, Artaud sei geisteskrank geschrieben gewesen, aber nicht jeder Irre sei eben ein Artaud. Das geht sogar so weit, daß es unter den "Schizos" statistisch weniger Genies gibt als unter vergleichsweise Geistesgesunden. Aus der Tretmühle in die Klapsmühle und zurück, das wollen wir nicht, gut, wir wollen den, der durchdreht, weil er durch den Wolf gedreht wurde, den Kliniken entreißen und den Wahn selbst sprechen lassen, statt die Psychiater monopolistisch über ihn reden zu lassen. Befreit aus der Zwangsjacke und Gummizelle sedierender Psychopharmaka und E-Schocks und kasernierender Kategorien wird der, welcher verrückt ist, weil andere ihn für verrückt erklären, unter bloß ärztlicher Reisebegleitung ins gelobte Land neuer Unsäglichkeiten aufbrechen, auch und gerade zum Nutzen einer "nichtaffirmativen Kunst"?

Solche Schwarmgeistereien tauchen immer wieder auf, wenn die aktivistische Hoffnung auf Revolutionierung sozialer Systembedingungen wieder einmal dem Katzenjammer einer >Tendenzwende< geopfert werden mußte. Der berüchtigte Rückzug auf politisch resignierende Innerlichkeit landet am anderen Spektralende der Subjektivität, dort, wo sie schon wieder in ihre objektiven Bestandteile zerfällt, dort, wo das angebliche Rumpf-Ich in seiner Weltlosigkeit depersonalisiert ist, dort, wo die ausgeblendete Konformrealität als blindes factum brutum hinterrücks wieder ins selbstverkrochene Subjekt einbricht und es zum hilflosen Schauplatz undistanzierbarer Selbstaufhebungstendenzen macht. Der Wahnsinnige ist ein Mensch mit gescheiterter Ich-Integration, er ist nicht mehr Herr im Haus der eigenen Haut, er stößt im Herzen seiner eigensten Autonomie auf ichfremde Impulse und verwechselt sich mit dem, was er nicht ist. Er erleidet seine ureigene Spontaneität, als wäre sie die Aggression einer fremden Person gegen ihn.

Kurz, er lebt nach dem paradox logisch gelogenen Schluß : Ich bin anders als ihr, ihr seid anders als ich, also bin ich anders als ich selbst und vielleicht doch wie ihr gerade darin, daß ich nicht wie ihr bin. Ist Autismus die radikalste Ab-Sage an die Gemeinschaft der normalen Menschen und an die Diktatur des Durchschnitts? Leute wie Mattheus begrüßen es, daß autistisch Regredierende die Fähigkeit verlieren, ihre idiosynkratische Privatsprache, mit der sie sich wittgensteinig einschließen, um niemals durchschaut zu werden und um sich einzumauern in illusionäre Unverwundbarkeit, in umgangssprachlich Allgemeinverständliches rückzuübersetzen. Er münzt diesen Verlust in einen Hauptgewinn um, wie der Schizophrene aus der Not, Kommunikation aus Angst vor imaginären Verfolgern abbrechen zu müssen, die Tugend autarker Autonomie und narzißtischer Gigantomanie macht.

Der quasi-schizophrene Autor stellt die Realitätsflucht nicht mehr in den Dienst erhöhten Realitätsbewußtseins, aber die Unkommunizierbarkeit von Sinn und Verstand ist kein Kriterium übersinnlicher Inspiration. Der antike Sophist Gorgias philosophierte : Es gibt keine Wahrheit. Wenn es eine gäbe, wäre sie unerkennbar, und wenn sie erkennbar wäre, wäre sie nicht mitteilbar. Das ist genau die Binsenweisheit aus dem Lande Schizophrenien. Die hermetischen Glossolalien und Neologismen des einsamen Wahns sind motivierte Mystifikationen trivialer Mythen, nur von Spezialisten dechiffrierbar, aber die Präsentation ist ebenso barock bombastisch, wie der maskierte Gehalt dürftig ist, so starr, stereotyp und armselig wie die Formelkonstanten des archaischen Unbewußten überhaupt, immergleiche Strategien, ein punktuell innerstes Heiligtum durch Fassadenlabyrinthe artifizieller Pseudo-Identitäten vor dem Mordanschlag der bösen Außenwelt nachhaltig zu schützen.

Diese Kranken schöpfen aus dem Vollen ihrer Leere und haben keine gloriosen Visionen jenseits konformistischer Erfahrungsschablonen, sondern verbergen vor sich und vor uns, daß sie ein ebenso banales wie formelles Selbst vor einer als Verwundbarkeit erlebten Verständlichkeit verstecken. Allerdings ist es leichter, höchst esoterische Kunstgebilde zu entschlüsseln, als in jahrelanger Kleinarbeit das aus der Allgemeinverständlichkeit exkommunizierte Bewußtseinsmaterial eines Schizos in seinem Sinn zu rekonstruieren. Auch die Rationalisierung der Abwehrhaltungen eines alten Neurotikers gegen die Aufhebung seiner Widerstände ist leichter zu durchschauen, als die geheime Bedeutung schizoider Maskeraden zu dekodieren, aber der klinischen Hermeneutik heute schon gut zugänglich.

Mattheus scheint sich zu begeistern gerade für das bis zum Absonderlichen Besondere der symbolistischen Spezialschöpfungen und der schizoiden Privatmythen, für die Paralogismen, Aporien und Paradoxien der Psychopatho-Logik. Ihn interessiert die kommunikationsabweisende „Unverständlichkeit“ der Attitüden dieser Kranken, aber es hilft nichts, diese >Schizosophien< sind heute durchschauter, als ihren gesunden Ideologen lieb sein dürfte, ihre Strategeme stehen kurz vor der Linnéschen Endklassifikation, es tut mir leid. Man lese Ronald Laings »Knoten« und ahnt das beschränkte Repertoire der Signifikanten hinter dem ornamentalen Reichtum der Larven, die erraten sein wollen. Der Schizo 2000 steht kurz vor der gleichen Entzauberung wie die Hysterikerin um 1900.

Man lese den »Locus solus« von Raymond Roussell. Die bestrickenden Rätselmaschinen im Park dieses Romans sind typische schizoide Konstrukte, Schutzpanzer gegen die rollenden Panzer der Umwelt für das mimosenhaft hinter lebenden Computern und kybernetischen Menschen verschwindende Subjekt. Schizophrenie ist der verzweifelte Selbstrestitutionsversuch des Ich, seine Weltuntergangsleere nach dem Zusammenbruch aller Objektbesetzungen auf niedrigerem Niveau wieder zu füllen mit den wiederbelebten idealisierten »guten Urobjekten« der frühesten Kindheit, wie die nährende Mutterbrust als ein Kruzifix gegen mütterliche Abwesenheit, die als Anwesenheit böser Verfolger erlebt wird.

Am Irren fasziniert den frustrierten Bürger die scheinbare Freiheit der Triebdurchbrüche, das Zerbrechen aller sekundären Überarbeitungen der frei flutenden seelischen Primärprozesse, die anarchisch-archaische Aggressivität, die ungekonnte Wut. Am Verrückten wird die Lüge des selbstbeherrschten Ich flagrant, er unterläuft die zur hemmenden zweiten Natur gewordene Zensurkontrolle seiner unwillkürlichen Naturregungen. Aber er wird zum ohnmächtigen Spielball seiner seelischen Rohstoffe, statt sich ihnen angstfrei überlassen zu können, was ein mit Hilfe des Vaters aus der Mutterkind-Symbiose herausdifferenziertes Ich voraussetzt.

Wenn ein Geisteskranker in der Krise anfängt zu schreiben oder zu malen, baut er an symbolischen Dämmen zur Kanalisierung früher libidinöser und destruktiver Affektstürme, die ihn in die Dissoziation der unwirtlichen inneren Natur zurückzerren wollen, denen das Ich biographisch und gattungsgeschichtlich entronnen war. Diese schizoiden Elaborate sind manierierte Bannformel-Litaneien, und wer ihre Funktion im seelischen Haushalt versteht, ist nicht verwundert, daß sie bei aller seriellen Endlosigkeit geschlossenere Zwangssysteme sind als die Anstalten, in denen sie vor sich und vor uns geschützt werden.

Wenn Leute wie Artaud, Hölderlin und Roussel gleichwohl einiges Frappante heraufholen, dann nicht kraft, sondern trotz dieser Katastrophen und gegen ihre Krankheit. Das Rest-Ich muß noch stark genug sein, von seiner Selbstzerstörung profitieren zu können, und der „Schizothyme“ darf nicht schizophren werden, wenn er nicht noch zurückfallen will hinter die dürftigsten Standards der spießigen Talmi-Kultur, wenn er nicht am Lore-Roman seiner selbst schreiben soll. Auf die kreativ gerade noch günstige Konstellation zwischen Versagung und Gewährung in seiner Herkunftsfamilie hat der Einzelne aber keinen Einfluß. Das sei nur gesagt gegen die reizhungrig zivilisationsmüde Glorifizierung des Wahnsinns als eines vermeintlichen Bauchredners einer entfesselten *Sprache an sich*, die sich im psychotischen Menschen von allen Nutzungszusammenhängen emanzipiert, statt daß er sich in bedeutender Sprache selbst emanzipiert.

Die linguistischen Strukturen werden zum Subjekt und Objekt ihrer selbst und bedienen sich des Individuums nur noch als eines Sprachrohrs, um eine unkritisierbar präsubjektive und präobjektive Ordnung von Signifikanten zu errichten, die meist nur die unreflektierte Macht des Bestehenden spiegelt und im Einzelnen durchsetzt. Die „unbewußten Sachvorstellungen“ werden dann laut Freud von „bewußten Wortvorstellungen“, die immerhin ein relativ freies Probehandeln im Kopf erlauben, einfach losgekoppelt, und schon sind die Worte selbst zu den Dingen geworden, die sie gar nicht mehr benennen. Die Zeiger werden zum Gezeigten, das Mittel wirft sich zum Selbstzweck auf, und das ist das Signum unserer Zeit.

Die Worte selbst werden so libidinös besetzt wie Liebesobjekte, die sie einmal anriefen und an deren Stelle sie sich setzen, bei Autoren eine permanent schizoide Versuchung und Gefahr. Auf der Kehrseite dieser Medaille foltern „unbewußte Sachvorstellungen“, die archaischen Selbst- und Objektbilder der frühesten

Kindheit, den Geisteskranken so, daß die Sprache nicht mehr als Instrument zur Verfügung steht, sie distanzierend zu bannen und zu relativieren. *Die Hoffnung auf die freie Sprache des Wahns ist selber wahnhaft.* Im Übrigen kann niemand schreiben »wie ein Schizophrener«, man kann nicht verrücktspielen, ohne nur zu simulieren, d.h. zu betrügen. Der Wahnkranke hat keinen Draht zur terra incognita exotischer Gegenkulturen und alternativer Ursprünglichkeiten, zur unverschandelten Naturwildnis, keinen Königsweg zu Gott; er ist gewöhnlich nicht einmal origineller als andere. Er hat es im Gegenteil noch nicht einmal gebracht bis zu dieser Minimalausstattung an Ichfunktionen, die beim Neurotiker immerhin zu einem symptombeladenen Kompromiß zwischen persönlichen und gesellschaftlichen Ansprüchen führt, zu heillosem Lavieren zwischen dem, was er möchte, und dem, was er in seinem wohlverstandenen Interesse besser nicht täte.

Die Psychotiker sind wie Neurotiker Stützen der Gesellschaft. Ihre einzige Revolte ist eine passive : ihre kostspielige Unverwertbarkeit. Aber es scheint für die Gesellschaft immer noch rentabler zu sein, irre Betriebsunkosten zu produzieren, als jene ihrer Eigenschaften in Frage zu stellen, die verrückt machen. Damit sollte das wahnsinnige Genie nicht wieder denunziatorisch jeder Spießbürgerpsychiatrie ausgeliefert werden, sondern nur einem linksgängigen Fehlschluß leise entgegenargumentiert sein : Wenn die Gesellschaft es ist, die krank macht, dann ist der Kranke, den sie herstellt, deshalb nicht der wahre Gesunde. An ihm, der Spitze des Eisbergs, wird die Schizophrenie des ganzen Kollektivs nur greifbar. Der Paranoiker mißversteht nur konkretistisch, was gesellschaftliches Prinzip ist, die universale Verfolgung des Einzelnen durch das große Ganze, d.h. durch jeden Einzelnen, den von allen erlittenen und geführten Klassenkampf.

Wenn Artaud Stimmen hört und unter dem Diktat seiner Halluzination oder gegen sie schreibt, ist diese Muse die böse Hexenimago einer Rabenmutter, oder ist es der homosexuell verführend phantasierte Vater? Die strafenden Stimmen sind Überich-Befehle wie bei Strindberg, das alles ist doch sattsam bekannt, wird man sagen. Artaud wollte die Distanz zwischen Kunst und Leben einziehen und sein Inferno nicht nur in Psychodramen ausdrücken, wo er nicht mehr sich selbst verdrängen kann, sondern verleugnen muß, was nicht er selbst ist. Sein "Theater der Grausamkeit" sucht keine aristotelische Katharsis mehr durch ansteckende Affektreinigung, sondern fordert die Welt als Theaterbühne zum realen Ausagieren seiner unsublimierbaren sadomasochistischen Phantasien. Was ist das Progressive an diesen tiefen Regressionen, die man Geisteskrankheiten nennt? Wird da der Wahnsinn irgendwo zum Wahr-Sinn statt zum Widersinn? Schließlich geht es um mehr als um den rehabilitierten Narren, der am Königshof als einziger die Wahrheit sagen darf um den Preis ihrer Folgenlosigkeit.

Hätte Artaud in den Dreißigerjahren vielleicht lieber nach Berlin gehen sollen?

Der oberste Kunstkritiker

Ein Kunstwerk, sagen die Künstler und Kunstrichter in seltener Eintracht, könne nur an sich selbst gemessen werden, an dem Gesetz, das es selbst aufstelle und das von Werk zu Werk verschieden sei. Genüge es seinen eigenen Ansprüchen und Maßstäben, sei es gelungen. Jedes Werk sei eine Stimmigkeit von Teilen, die auch in der Realität vorkommen, dort aber in einem anderen Einklang zueinander stehen. Kein Werk dürfe an außerkünstlerischen Maßstäben gemessen werden oder auch nur an dem Maßstab, den ein konkurrierendes Werk aufstelle. Vor allem sei das Kunstwerk nicht als Belegexemplar für eine schon ausformulierte Theorie aufzufassen, nicht als Illustrationsbeispiel für eine ganz allgemeingültige Wahrheit. Wenn es schon Fallbeispiel sei, dann nicht für eine Binsenweisheit von gestern oder heute, sondern für eine Binsenweisheit von übermorgen.

Ein gelungener Roman *ist* eine Romantheorie und exemplifiziert sie nicht. Ein mißlungener Roman, heißt es, ist eine Predigt für eine gute Sache und stütze sich auf eine Moral, die schon vor dem Roman anerkannt war. Vermehrt ein Roman die Anzahl von Gründen, eine Moral anzunehmen oder abzulehnen? Was heißt es, daß ein Roman keine Moral zu predigen, sondern eine eigene Moral zu sein habe? Die Emanzipation der Kunst aus Mythos und Religion ist nicht rückgängig zu machen, und von der Kirchenkunst bis zur Kunstreligion, von Dante bis zu Flaubert, war es ein langer Weg, ein Fortschritt an Autonomie der ästhetischen Gebilde, ihrer Befreiung aus allerlei außerkünstlerischen Verwendungszusammenhängen und gesellschaftlichen Dienstverpflichtungen.

Es darf keine Rückkehr zur staatlichen oder kirchlichen Leibeigenschaft der Kunst geben, sagen nicht nur die Künstler und ihre Freunde. Nichts gilt heute für verpönter, als Kunst mit Religion zu vermengen. Religiöse Lyrik ist ganz einfach schlechte Lyrik und schlechte Religiosität zugleich; als Magd einer Theologie ist Kunst subaltern und keine Kunst mehr, heißt es. Kirchenmusik, Altarbilder, Götterstatuen, T. S. Eliot, François Mauriac, Reinhold Schneider, Gilbert Chesterton, man glaubt zu wissen, wohin das führt. Du sollst dir kein Bild machen, weder von Gott noch von seiner Schöpfung, mahnte Moses : Keine Kopie solle zwischen uns und dem Original stehen, und wir sollen Gott anbeten und kein Götzenbild.

Das Mißtrauen zwischen Kunst und Religion ist so alt wie Kunst und Religion selbst. – Einerseits soll ein Gedicht nicht Gott verherrlichen müssen, andererseits soll es in seinen Themen nirgendwo beschränkt sein. Wenn das kein Widerspruch sein soll, muß ein Gedicht, wenn es von so etwas wie Gott redet, nicht gut oder schlecht sein, weil es von Gott redet. Es gibt gute und schlechte religiöse und atheistische Poesie, wenn dieser Gemeinplatz wiederholt werden darf. Ein Gedicht kann gut oder schlecht sein, aber nie ist es gut oder schlecht, weil es von Gott spricht oder von Gott nicht spricht. Anders gesagt, und ein Essay darf zusammenfassen, was die diversen Sparten der Kultur getrennt halten : Religion ist ursprünglich Wissen – bevor es Wissenschaft gab, und Wissenschaft, sofern sie objektive Erkenntnis sucht, ist heute die Religion der A(nti)theisten geworden.

Als das Wahre, Gute und Schöne noch nicht auf eifersüchtig verschiedene Kultursparten verteilt waren, waren Wissenschaft, Gewissen und Kunst noch Kehrseiten derselben Idee. Wäre das Wissen der Religionen eine überwundene Vorstufe wissenschaftlicher Erkenntnis, läge der Gedanke nahe, auch die Zehn Gebote für naive Vorformen einer abstrakten Moraltheorie zu nehmen und in der Poesie nur den Keim für prosaische Ausdrucksformen zu sehen. Das aber wird nicht zugestanden. Das Gedicht soll gleichberechtigt neben dem Essay stehen, nicht aber Religion neben der Naturwissenschaft. Aber man entscheide sich: Entweder ist auch die Religion keine bloße Kinderkrankheit der Wissenschaft, oder die Poesie ist auch nur das Kindesalter der Prosa. Wenn >Diskursethik< (Habermas) der Reifezustand der Sinai-Tafel-Gesetze ist, dann ist Prosa reife und erwachsene Poesie.

Adorno entwickelte eine Theorie darüber, daß Kunst aus keiner Theorie ableitbar ist, wohl aber Theorie aus einem Kunstwerk. Karl Heinz Bohrer rechnete dem Adorno genau dieses vor, Poesie letztlich doch in Prosa übersetzt zu haben. Der Lyriker verrätselt nicht, was ihm bereits klar ist, sondern das Gedicht gibt das Rätsel auf, das der Leser dem Poeten lösen soll. Und die besten Rätsel haben die meisten Lösungen. Löse mir mein Rätsel, sagt jedes Gedicht und spuckt auf jede Gedichtinterpretation; es fühlt sich von jeder Deutung mißverstanden. Des Rätsels Lösung ist ein Dogma, das der Künstler nicht aufzustellen vermag, ist eine Doktrin, die er nicht zu verkünden wagt, ist eine Idee, die der Künstler nicht hat. Ein Gedicht ist kein Romandestillat, aber ein Roman ist die Entfaltung eines Gedichts. Ein Gedicht ist ein Rätsel, das durch einen Roman gelöst werden kann, und der Roman ist ein Rätsel, das nicht durch ein Gedicht, sondern durch einen Essay zu lösen ist.

Kunstwerke von heute wollen die Philosophien von morgen sein oder umgekehrt. Vielleicht illustriert ein Roman keine heute schon geltende Theorie, aber er folgt schon heute einer Theorie, die erst morgen aufgestellt sein wird. Doch wenn Kunst nicht mehr die Sinnlichkeit einer Idee ist, dann ist sie noch lange nicht die bloße Idee gedankenloser Sinnlichkeit. Es gibt Dichter, die nur glänzender formulieren, was Denker vorgestammelt haben, aber in jedem Dichter steckt ein Denker, der lieber künstlerisch glänzt als philosophisch stottert. Anders gesagt : Der ästhetische Glanz ist ein theoretisches Gestammel.

Die Idee, die der Künstler nicht im Kopf hat, muß er in Augen und Ohren haben, in den Fingern und in der Nase. Einen Gedanken, den ich noch nicht denken kann, muß ich hören und sehen, riechen und schmecken und angreifen. Dem Denker muß das Hören und Sehen des Dichters vergehen. Kunstwerke entlasten von der Anstrengung nachzudenken. Das Kunstwerk ist eine einzige Aufforderung, auf den Gedanken zu kommen, auf den der Künstler nicht kommt. Es liegt dem Kunstwerk auf der Zunge, aber es kommt nicht drauf.

Dickens konnte schreiben, und viele Leute können schreiben, ohne die Popularität von Dickens je erreicht zu haben. Was Dickens von denen unterscheidet, die weniger volkstümlich sind als er und zugleich auch schreiben können, ist seine Moral der Erniedrigten und Beleidigten, der Mühseligen und Beladenen, die er nie verrät. Indem er die irdische Hölle beschreibt in aller Sentimentalität und Melodramatik, die dem Volke zu Gebot steht, betrachten seine Romane die Welt mit den Augen Gottes auch dort, wo er eine Welt beschreibt, in der die Zehn Gebote nicht gelten, d.h. im Dienste ihres Gegenteils stehen.

Der Künstler kann keinen Pakt mit dem Teufel schließen, weil es den Teufel angeblich nicht gibt. Einen Pakt mit der Abwesenheit Gottes schließen ist so, als würde einer seine Manuskripte wegwerfen, um ein besserer Künstler zu sein. Faust und Adrian Leverkühn schließen keinen Pakt mit dem Teufel, sondern keinen Pakt mit Gott, sondern einen schöpferischen Pakt gegen den Schöpfer. Wenn die Sinai-Tafeln nicht auch die Zehn Gebote jedes Künstlers enthalten, dann enthalten sie nicht einmal die Zehn Gebote des Spieß- und Pfahlbürgers und des gewöhnlichen Sterblichen.

Der Künstler habe keinen Herrn über sich, und wenn er einen habe, dann erkenne sein Kunstwerk diesen Herrn nicht an. Daß die Kunst keinem Kunstkanon mehr verpflichtet sei, daß ihre Humanität in ihrer Autonomie liege, ist heute Gemeinplatz. Aber alle diese Bestimmungen der Kunst laufen in einem Punkt zusammen, den niemand erkennen und anerkennen will, obwohl er identisch ist mit diesen Bestimmungen: Kunst ist ästhetische Autonomie, und Gott ist der oberste Kunstrichter. Daß diese beiden Urteile synonym sind, will niemand wahrhaben. Ein Kritiker, der ein Kunstwerk nicht mit den Augen Gottes zu sehen versucht, ist ein Banause, oder er verhängt Fehlurteile über Künstler.

Bekanntlich machte Adorno aus der Kunst eine Philosophie und aus der Philosophie eine Kunst. Als Assimilierter weigerte er sich, Kunst und Philosophie auf Religion zurückzubeziehen, aus der sie entstanden sind. Die Bibel atme Dorfluft, befand er, der mit Marx ins Gelobte Land des humanisierten Industriezeitalters wollte, um nicht ewig in der Erde herumwühlen zu müssen.

Sartre schrieb, daß es keinen guten Roman zur Verherrlichung des Rassismus geben könne. Wenn er aber damit Recht hatte, dann kann es auch kein gelungenes Kunstwerk geben, das den biblischen Gott widerlegt, dann kann es keinen guten Roman geben zur Verherrlichung der Herren dieser Welt, zur Verherrlichung von Mord und Unzucht, Raub und Verleumdung, Abtreibung, Sklaverei und Blutschande. Ein solcher Satz aber ist kein Plädoyer für religiöse Lyrik, Gospelsongs und Kirchenmalerei.

Ein guter Roman darf Verbrecher schildern, und er darf Menschen auftreten lassen, welche diese Verbrecher wie Heilige behandeln, aber er darf nicht selbst die Verbrecher wie Heilige und die Heiligen wie Verbrecher behandeln. Er sollte auch nicht jene, die in Verbrechern Heilige sehen und in Heiligen nur Verbrecher, zu Heiligen erheben, wenn er Wert darauf legt, kein Schundroman zu sein. Ein Roman darf zeigen, daß Verbrechen sich lohnt, und er darf Menschen zeigen, die glauben, daß Verbrechen sich bezahlt macht, aber er darf nicht zu verstehen geben, daß Verbrechen, das sich lohnt, deshalb schon aufhört, Verbrechen zu sein, es sei denn in den Augen von Verbrechern und ihren Handlangern.

Mit anderen Worten : Ob nun Tugend im Roman sich lohnt oder nicht, der einzige Kunstkritiker, den ein Roman zu akzeptieren hat, ist ein Kunstkritiker, der nie ein Sterbenswörtchen zu einem Roman äußert. Genauer : Der Kunstkritiker muß Kunstwerke richten im Namen Gottes, des Naturgesetzgebers. Im Kunstwerk kommt jetzt sinnfällig zum Vorschein, daß der Künstler keine eigene Idee hat und daß er aus der Not, keine Idee zu haben, die Tugend macht, Künstler zu sein. Im modernen Kunstwerk ist die fixe Idee verkörpert, daß jede Idee eine fixe Idee sei und daß ein Kunstwerk umso gelungener ist, je mehr Ideen es hat, jede Idee ad absurdum zu führen.

Einst war das Kunstwerk ein sichtbares Dogma, ein handgreiflicher Begriff, ein schmackhafter Gedanke, ein gutriechendes System oder eine hörbare Doktrin. Es war eine Vorstufe zu einem unsichtbaren Dogma, zu einem geruchsfreien System, also zu einer Theorie, die der Künstler noch nicht in Begriffe fassen konnte. Heute heißt es, das Kunstwerk beginne dort, wo die Gesetze und Doktrinen enden. Genauer : das moderne Kunstwerk ist ein Dogma, das sich nicht aufzustellen wagt, eine intolerante Doktrin, die sich nicht zu verkünden wagt. Die dogmatische und doktrinäre Angst vor Dogmen und Doktrinen verkleidet sich in Kunstwerke.

Wer ein Buch liest, schaut sich nicht die Welt an. Er liest von Leuten, die sich die Welt anschauen, statt nur eine Weltanschauung zu verkünden. Wer ein Gemälde betrachtet, das eine Landschaft darstellt, sieht ja ein wirkliches Gemälde und keine wirkliche Landschaft. Vielleicht lehrt uns das Bild der Landschaft, wenn wir nächstens ins Freie gehen, die Landschaft besser zu sehen, aber das Landschaftsbild zwischen mir und der Landschaft verbindet mich mit der Landschaft ebenso, wie es mich auch von der Landschaft trennt. Die biblische Schrift empfahl bekanntlich, die Kopie nicht dem Original vorzuziehen. Um mir ein Bild von der Landschaft zu machen, mache ich mir lieber kein

Landschaftsbild, und ein Geschöpf solle sich kein Bildnis von seinem Schöpfer und dessen Geschöpfen machen, denn dieses Bild trenne uns nur vom Original und stelle sich zwischen das Original und uns.

Ein Kunstwerk nimmt keine bessere Welt vorweg, sondern eine bessere Weltanschauung. Der Dichter gibt ein Rätsel auf, der Denker in uns versucht es zu lösen, und dann formuliert der Dichter glänzender, was der Denker nur stammelt. Der Aphorismus des Dichters komprimiert den Essay des Denkers, und der Essay erklärt den Aphorismus. Der Dichter kommt auf Ideen, indem er sich ein Bild von der Welt macht; der Denker macht sich ein Weltbild, indem er auf Ideen kommt.

Literatur ist mehr als Tagebuch. Sicher dürfen auch proletarische Künstler weder Sklaven fremder noch eigener Produkte werden, aber wenn Kunst ein Mittel möglicher Befreiung ist, dann kann man sich nicht befreien, indem man sich von den Emanzipationsmitteln emanzipiert. Sich durch die Kunst und in ihr befreien heißt ja nicht, sich von ihr zu befreien, wenn die Arbeit schwerer wird. Die Selbstbefreiung des Künstlers gelingt nur im Gelingen seiner Werke, nicht in der gelingenden Befreiung von der Kunst.

Seit Jahren versuche ich, meine ureigensten Antriebe und Regungen wenigstens auf dem geduldigen Papier in eine für mich und andere verständliche wie sinnlich reizende Form zu bringen, aber ich brauche keinen Minderwertigkeitskomplex, um meinen verzweifelten Versuchen einen großen Wert abzusprechen, sagt der zur Besinnung kommende Schriftsteller. Der Künstler beschließt, nicht mehr wert zu sein als sein Werk, und er läßt sich erschaffen von dem Werk, das er erschafft.

Wenn er sich in einem Werk objektiviert, wird dieses Werk Subjekt : Der Künstler läßt es kämpfen für sich, gegen andere und um andere; es vertritt ihn draußen in der Welt. Die Autonomie gerade des proletarischen Künstlers, der mit dem materiellen Existenzminimum *Minimal Art* produziert, ist lebenswichtig, aber sie ist nichts ohne die Autonomie seines Werks. Autonomie des Künstlers und Autonomie des Kunstwerks sind nur Kehrseiten derselben Siegermedaille. Es braucht schon eine gehörige Portion Selbstbewußtsein, um Schriftsteller zu werden, aber sein Selbstbewußtsein reicht auch nicht viel weiter als die Qualität seiner Werke : Ein gutes Kunstwerk ist vollkommen gelungen, und ein mittelmäßiges ist deshalb schon ein schlechtes Kunstwerk.

Die Abhängigkeit geistiger Unabhängigkeit von materieller Unabhängigkeit ist immer neu zu reflektieren.

Kunst auf der Couch?

Goethe hielt seine Werke für autobiographische Fiktionen, für »Bruchstücke einer großen Konfession«. Sartre dagegen schrieb als Bauchredner Flauberts über ihn und seinesgleichen: »Wer schreibt, versteckt sich.« Freud bekannte, die Psychoanalyse verdanke der Weltliteratur viele ihrer Grunderkenntnisse. Sie habe nur das wirklich begriffen, was dort wirklich ergriffen habe, und von Dichtern sei auch weiterhin für Psychologen mehr zu lernen als von Psychologen. Seit ästhetische Gebilde psychoanalysiert werden wie Kranke auf der Couch des Klinikers, als verschlüsselte Botschaften des Unbewußten der Autoren und ihrer Zeit, ist der Streit nicht abgerissen, ob Kunstwerke nur Projektionen unbewußter Triebkonflikte ihrer Schöpfer seien oder mehr und anderes. Sind Psychoanalytiker die besseren Kunstkritiker und Literaturwissenschaftler? Geht Belletristik, fachgerecht traumgedeutet, in Freuds Kategorien restlos auf, oder sind Gedichte, Schauspiele und Romane mehr als chiffrierte Illustrationsbeispiele psychologischer Theoreme, mehr als freudianische Kreuzworträtsel? Konkurrenz erwächst heute vor allem aus der >werkimmanenten< Interpretation durch linguistische Strukturalisten eines >New Criticism< und aus gesellschaftskritischen Deutungsverfahren, die seit dem Zusammenbruch des Sozialismus allerdings an Bedeutung verloren haben. In ihnen verpuppt sich weiter der alte Wettstreit zwischen l'art-pour-l'art und „littérature engagée“. Die psychoanalytische Hermeneutik muß sich sagen lassen, sie nehme erstens die genuine Sprache der Sprachkunstwerke nicht ernst genug, und sie verkürze zweitens die Kunst auf ein

»nur subjektives Zeichensystem für nur subjektive Regungen«. Kurz: Die beiden wichtigsten rivalisierenden exegetischen Methoden werfen den Psychopathographen der Kunst vor, deren objektives Moment zu unterschätzen, die Objektivität des künstlerischen Mediums, der artistischen Produktionsmittel und der gestalteten Realität - sie würden die literarische Objektivierung subjektiver Zustände wieder zurückschrauben auf die Subjektivität des Produzenten und suchten das Resultat zu erklären aus seiner Genese heraus, die in ihm untergegangen sei, die Form also wieder aus dem Rohstoff zu gewinnen. Beschränken wir uns einmal auf Literatur. Adorno hat in seiner »Ästhetischen Theorie« (Frankfurt a. M. 1970, S. 19 ff.) versucht, Recht und Grenzen psychoanalytischer Kunsttheorie aufzuzeigen: sie rücke nur ans Licht, was an Kunst nicht kunsthaft sei. Das konvergiert mit Freuds Bescheidenheit, sein Seziermesser reiche heran an Inhalt, Technik, Sujet und Gehalt, nicht aber an das Wesenskonstituens von Kunst, an Form und Stil. Dabei übersah er, daß beides so reinlich sich nicht trennen läßt. Künstlerische Kreativität hielt Freud für ein ungelöstes Rätsel. Im allgemeinen erkennen Analytiker recht gut, warum jemand schreibt. Die Gründe dafür, *daß* er schreibt, kapitulieren aber vor dem ästhetischen Rang dessen, *was* einer schreibt und warum er gerade diese und keine anderen Bücher so und nicht anders schrieb und was sie eventuell der Mittelmäßigkeit enthebt. Es gibt keine psychologischen Kriterien, etwa gute von schlechter Literatur zu unterscheiden, und das ist ihre Crux und ihr Handicap und relativiert wohltuend ihren Totalitätsanspruch im Methodenwettstreit. Nach Freud sind alle Kunstwerke nur illusionäre Wunscherfüllungen und literarische Texte Fragmente aus dem phantasierten >Familienroman< des Autors.

Marthe Robert etwa sieht den >Ursprung des Romans< im >Roman über den Ursprung< des Schreibers, in Phantasmagorien über seine Herkunft aus der Urszene elterlicher Vereinigung, geheimer mütterlicher Untreue, verborgener feudaler Abstammungen etc. etc. Weiß der Schriftsteller also nicht, was er tut, muß der Psychoanalytiker es ihm erst sagen, und wäre das so schlimm? Danach spinnt der Autor ständig am Roman seiner Herkunftsfamilie weiter, verteilt intrapsychische Instanzen auf fingierte Protagonisten und projiziert nur die unbewältigte Dynamik seiner Konflikte zwischen Es und Überich auf den imaginären Großbildschirm der leeren Schreibmaschinenseite vor ihm. Wo er über die Stellung seiner erfundenen Helden zur Welt spricht, spreche er in Wirklichkeit nur über die Konstellation seiner Ichfragmente zu Selbst- und Objektrepräsentanzen seiner frühen Kindheit, die jeder als etwas Absolutes zu leben gezwungen sei. Die verinnerlichten Imagines der ersten Bezugspersonen werden in der literarischen Textobjektivierung nur »re-externalisiert« in den imaginären Gefühlsraum, in dem meine Identifikationsangebote sich dann treffen sollen mit den unbewußten Bedürfnisdispositionen meiner Kunden, die durch ähnliche frühkindliche Sozialisationsformen hindurchgegangen sein mögen.

So verständigt sich das Unbewußte des Autors und das seiner Klientel miteinander durch den Kunstgriff der gleichzeitig aufdeckenden und verschleiernden Darstellung hindurch. Der Anschein objektiver Welthaltigkeit entsteht laut Freud nur durch die Intersubjektivität des Fingierten, durch den vorbewußten Konsens darüber, was wir lieben und was wir hassen wollen. Wenn der Leser ausruft: So ist es!, dann hat er seine verschwiegenen Wünsche und Ängste in denen der Erzählfiguren wiedergefunden, durch Empathie. Die Kunst des Autors bestehe darin, den Konsumenten mit seinem eigenen Unbewußten kommunizieren zu lassen, aber nicht direkt in jener angsterregend an die Gurgel springenden Form, die vom Kliniker auf der Couch abzufangen ist, sondern schonend gefiltert durch chiffrierende literarische Techniken, die jedes Unerträgliche mundgerecht machen, das Uneingestehbare tolerierbar zubereiten, ohne es verdrängen zu helfen, aber auch ohne den Leser mit der Pistole auf der Brust zwingen zu können, daß er die verdrängten Rationalisierungen seiner Verdrängungen endlich aufgibt oder auch nur einbekennt.

Der Gnom und Kindmann Oskar Matzerath in Günther Grassens Roman »Die Blechtrommel« ist der Erwachsene, der seine Infantilität voll auslebt und Narrenfreiheit genießt, unter deren Schutz er seine Beobachtungen macht und seine Spielchen treibt. In dieser Kunstfigur und nur in ihr erträgt und goutiert der Rezipient die Konfrontation mit seinen eigenen sonst unbewußten, weil realitätsgerecht weggehemmten Begierden nach primärnarzißtischer Omnipotenz und präödipaler Anarchie. Dieser artifizielle Aufwand war wenigstens noch Anfang der Sechzigerjahre nötig, um den Bildungskleinbürger nicht panisch beschämt vor sich selbst zurückzucken zu lassen. Der Künstler verdrängt nicht, aber er lebt auch nicht aus, was verpönt ist; er drückt es aus, aber nicht nackt, wie Haß und Begierde selbst sind, er sagt es durch die jeweilige Blume seiner Zeit, und die heißt heute etwa: *cunt & prick & motherfucker*. Das ist so wenig die Sache selbst und nackte Tatsache wie vor Freud das schmachtende Erröten über die turpia naturalia, sondern die neue Prüderie der gefallenen Hüllen, und hat die Erotik der FKK-Sterilität, vom

Warencharakter ganz zu schweigen. Das Sexuelle ist noch immer das größte Tabu, gerade in seiner desodorierten Freigabe und seinem Zwang zur sportitiven Ungezwungenheit in der alternativfreien Entsublimierung. Tabu sind weiter der narzißtische Größenwahn der Infantilen, sadomasochistische Phantasien und fetischistische Fixierungen; nichts aber ist tabuisierter als die Notwendigkeit, das Ungeschlachte zu kultivieren statt zu verleugnen oder auszutoben. Nach Freud beginnt Kunst auch nicht mit der Protzentlarvung des Unbewußten, sondern mit seiner Verschleierungsform. Dabei hat der Künstler vor uns nur voraus, daß bei ihm schon >vorbewußt< ist, was bei uns noch tief unbewußt ist, daß er vorbewußtes Material schon spielerisch freier umorganisieren kann zu neuen Kontexten, es unbewußter Bearbeitung angstfreier überlassen kann, als wenn es aus der Verdrängtheit heraus unser Erleben hinterrücks undurchschaut verzerrt und klischeehaft verfälscht in starren Wiederholungszwängen, die Freud als Todestriebe diagnostizierte, Mechanismen ohne Innovationsspielräume, voller übermächtig unbewußter Schuld- und Scham- und Strafängste, Trennungs- und Verstoßungspanik eingerechnet. So lassen etwa Kafkas sadomasochistische Phantasien, die oft als Vorwegnahme der KZ-Welt verstanden wurden, den Schrecken noch genießen, ohne deshalb aufzuhören, den Appetit zu verderben. Eine der psychoanalytischen Kunstquellen ist narzißtische Allmachtsphantasie : eine Welt nach eigenem Willen zu schaffen, bis hin zu einer besseren als der erlittenen, Weltschöpfung und Weltvernichtung wenigstens auf Papier, in Stein oder Tönen.

Das geheimste Motiv des Künstlers, der Ruhm, ist so narzißtisch, wie es dialektisch umgekehrt wahr ist, daß dieser Ruhm ja nur zu haben ist, wenn der Künstler den Riesenumweg macht, in seinen liebeshungrigen Werken einigermaßen altruistisch den narzißtischen Hunger seiner Umwelt zu befriedigen. Er exhibitioniert sich in seinen phallischen Produkten, will nur durch sie hindurch geliebt sein und immer neu die Angst überwinden, von kritischen Ur-teilen kastriert zu werden. Dabei gilt es mit dem Vorurteil aufzuräumen, der Künstler müsse neurotisch sein, ein wahnsinnsgefährdetes Nervenbündel, ein »Sonntagskind der Versagung, das es in Romanen und Symphonien los wird«. Lawrence Kubies Geniehypothese hebt vielmehr darauf ab, daß ein Künstler groß sei nicht kraft seiner Neurose, sondern gegen sie, als Arbeit an einem Pfahl im Fleisch, einem objektiven Widerstand. Das Neurotische oder Psychotische beflügelt den Pegasus nicht, sondern lähmt ihn. *Daß* er schreibt und diese »heilloseste aller bürgerlichen Einsamkeiten« frei wählt, mag ohne des Autors gestenreiche Realitätsflucht unerklärlich bleiben, aber *was* er schreibt, wird befördert nur von seiner relativen Verfügungsgewalt über vorbewußtes Material, nicht von seiner Determiniertheit durch die stereotypen Klischees des zwanghaft Unbewußten. Freud sagte einmal, daß ein Autor bewiesen habe, keiner zu sein, wenn er nach seiner Psychoanalyse zu schreiben aufhören würde. Leider begeben sich nur wenige Dichter, von Denkern ganz zu schweigen, auf Freuds Couch. Kafka und Rilke schreckten zurück aus Angst um ihre kreative Potenz.

Der Künstler drückt sich und die Emotionen seiner Abnehmer auch dadurch aus, daß seine Expressionen die Erben der den Eltern einst stolz geschenkten Exkremente sind. Nicht umsonst erinnert die Tintenfeder des Autors ans pissende Zeugungsorgan. Nicht abwegig ist auch der feminine Gebärneid des männlichen Literaten, der Bücher in die Welt setzt wie Mütter ihre Kinder, nachweisbar etwa bei Rilke. Laut Freud sublimiert nun der Künstler seine unauslebbare Infantilität zu »sozial höher bewerteten Tätigkeiten«, Natur zu Kultur und den Triebverzicht zu Kunststücken, mit »Ruhm, Geld und Liebe der Frauen« als narzißtischer Prämie. Adorno hielt gegen diese »philiströse« Ansicht, daß alle Kunst, die heute zähle, ausnahmslos asozial sei und dem Bürger in die fette Suppe spucke; er zieh Freud der bourgeoisen Banausie. Ich fürchte, daß Freud gegen Adorno hier Recht behält : selbst die dissonantesten Werke, welche die Negativität der Erfahrung in der verwalteten Welt kompromißlos festhalten, selbst Samuel Becketts Stücke etwa sind durchaus salonfähig mit ihrem sinnentleerten Universum, in dem das Ende der Welt zelebriert wird, das kein Ende nehmen will. Becketts blutige Clowns werden masochistisch genossen in ihrer Ungenießbarkeit, und ihr Aneinandervorbeiquasseln wirkt auf heutige Kulturanalphabeten wie belebender Esprit. Wer durch ein Kunstwerk betroffen ist, ist nie betroffen genug, um sich zu ändern, weil es die Freiheit des Angesprochenen ungeschoren lassen muß, sich hinter seine Abwehrmechanismen zurückzuziehen, wenn es ernst wird. Der Krankheitsgewinn des Konsumenten wird immer größer sein als sein Leidensdruck, der ihn das Buch aufschlagen läßt. Kunst ist die Psychoanalyse derer, die sich vor ihr noch drücken können, weil ihr Leiden unter dem Gesellschaftsprinzip ständig umschlägt in homosexuelle Liebe zu ihren Gruppenführern, für die sie sich hemmungslos ausbeuten.

Die Ohnmacht der Kunst ist die Ohnmacht des Beherrschten nicht vor der Gewalt, sondern vor der Freiheit des Unterdrückten, sich mit dem Aggressor zu identifizieren. Der Künstler macht den psychischen Widerstand gegen den Widerstandskampf gesellschaftsfähig für die Verdrängungselite, er kann den Widerstand gegen Zwänge nicht erzwingen. Kunst macht gar nichts bewußt, sie erinnert nur daran, daß hartnäckig etwas vergessen wird, und hält sensibel, um das Leiden an Verlusten nicht zu verlieren. Sie ist auch das Symptom, dessen Auflösung sie ist und an dessen Ursachen sie doch nicht heranreicht. Sie unterdrückt nicht den Leidensausdruck des Individuums und kann doch die Ursachen des Elends nicht erkennen. Adorno weist der Philosophie die Aufgabe zu, den schlafenden Gehalt der Kunstwerke, das Verhältnis zum Stand gesellschaftlicher Produktivkraftentwicklung, auf den gültigen Begriff zu bringen, sie also aus der sinnlich täuschenden Hülle des Augenscheins zu befreien, ohne sie auf Musterschablonen so abzuziehen, wie jeder Einzelne unter die Allgemeinheit umstandslos subsumiert werde. Man sollte aber hinzufügen, daß Kunstwerke und nicht Künstler es sich gefallen lassen müssen, psychoanalysiert zu werden, um die latenten Tagtraumgedanken hinter den manifesten Kunstformen freizulegen. Nun wird jeder Autor und Kunstliebhaber einwerfen, es gebe mehr Dinge zwischen den Zeilen eines Buches, als sich ein Psychoanalytiker träumen lasse. Aber dieser richtige Satz läßt sich umkehren, und Künstler ahnen zumeist gar nicht, wieweit ihre Werke noch zurückfallen hinter das, was die zu leicht verachtete Schulpsychologie längst von der Seele weiß und ungleich stringenter einordnen kann. Was für die Psychologie gilt, gilt für andere Wissenschaften nicht minder. Die

Kunst ist den psychoanalytischen und ideologiekritischen und strukturalistischen Weltmodellen nicht a priori voraus und kann sich deren Kenntnis nicht schenken, ohne so obsolet zu werden wie der Hobbybastler vor dem Industriefließband. Sartre zog daraus die Konsequenz und erklärte den genialen Interpretationsmethoden-Mix seines Flaubertbuches »Der Idiot der Familie« nun kurzerhand zum »vrai roman«, der nicht eine stolze Ignoranz mit künstlerischer Unschuld verwechselt.

Anders landet man wieder bei den >schönen Seelen<, die fürchten, der schnöde Verstand würge die zarten Gefühle ab, d. h. er komme dem inneren Morast auf die Schliche. Wir dürfen also schon eine Literatur fordern, die auf der Höhe ihrer Zeit ist und nicht aus der Not, weder Freud noch Adorno oder Lévy-Strauss studiert zu haben, die Tugend genialischer Instinktsicherheit macht, den bebilderten Bildungsabhub von gestern als Blubo-Natur verkauft. Nur das kann vor jener Mixtur aus Donald Duck und Maharishi Yogi bewahren, die heute aus mageren Comics das magische »Komm, X!« heraushört.

Psychoanalytisch reflektiertes Schreiben kann vor neuer falscher Innerlichkeit (die meist nur irrationalisiert, was an ihr objektiv determiniert ist) ebenso prophylaktisch schützen wie vor einem Agitprop-Kitsch, der das Subjekt nur als Parteimitglied oder Bombenleger toleriert. Psychoanalyse ist nicht der pansexuelle Generalschlüssel der Kunst, und niemand sollte für eine psychologistische Reduktion der Belletristik plädieren. Der prominente Widerspruch zwischen Kapital und Arbeit ist nicht zu verharmlosen zum Klassenkonflikt zwischen Vater und Sohn, zwischen Überich und Es in der Einzelseele.

Die Psychoanalyse von Literatur und nicht von Literaten ist eine notwendige und keine zureichende Bedingung der Möglichkeit von authentischen Texten, ein nützliches Hilfsinstrument, nicht mehr, aber auch nicht weniger, wenn Literatur nicht dümmer werden will als die Wissenschaft, deren Absolutheitsanspruch sie immer neu mit Recht in Frage stellt. Von jeder literarisch kaschierten Autobiographie gilt noch immer : Je ehrlicher, desto unwahrhaftiger. Das Ich, diese Rationalisierung aller Rationalisierungen, verbirgt vor sich selbst, daß und was und wieviel es sich selber vormachen muß, um Lesern etwas vormachen und mit sich selbst leben zu können. Keine Selbsterforschung gibt es ohne Selbsttäuschung, die der Selbstenttäuschung zuvorkommt.

Lesen Sie noch einmal Rousseaus professionelle »Konfessionen«, um dieses Buhlen um Beifall über so viel falsche Kühnheit kennenzulernen. Er prahlt mit Niedrigkeiten, die er nie begangen hat, und verschweigt als Autor des »Emile«, daß er seine Kinder ins Waisenhaus weggab. Lesen Sie noch einmal die »Confessiones« von St. Augustinus, der von der sicheren Warte des Glaubens herunter seine armseligen Jugendsünden aufbauschen muß, um die Heiden das Gruseln vor der Hölle zu lehren. Der Analysand wird auf der vielbelachten Seelencouch mehr über sich und seine Möglichkeiten und Grenzen erfahren als der aufmerksamste Leser des größten Romanciers. Das zu den subjektiven Grenzen der Kunst neben ihren objektiven, nur die Herzen und nicht die Welt bewegen zu können. Gleichwohl ist ein gelungenes Kunstwerk so wenig vollständig analysierbar wie ein Mensch. Leichter zu deuten sind die mißglückten Projekte, die jeder besser nachahmen kann.

Emanzipierende Literatur macht sich zum Anwalt unterdrückter Individualität, indem sie das Leben unterm versagenden Weltprinzip zum nachfühlbaren Ausdruck bringt, und sie verhilft dem Einzelnen dort zum Recht, wo sie sein Scheitern am Weltlauf gestaltet. Nach Adorno bewahrt sie die »Utopie, die von der Liebe der Mutter zehrt«. Aber Literatur webt auch am Schleier der Maya mit, und »die Dichter lügen zu viel« (Plato). Die Literaturkritiker sind so höflich, den Autor vom Erzähler und Helden zu unterscheiden. Madame Bovary, das ist der passive Onanist Gustave Flaubert, aber dahinter ist er viel besser verschanzt als in seiner Brief-Korrespondenz, die uns den merkwürdigen >Bovarismus< Flauberts und seiner vielen Leser enthüllt.

Der Autor versteckt sich in seinen Fiktionen, aber in seinen Erdichtungen verrät er dem analytischen Blick mehr, als wenn er direkt von sich zu sprechen versucht. Die Wahrheit über sich selbst sagt er mit der Wahrheit, die er seine fingierten Personen sagen läßt. Er entlarvt sich, indem er die Personen entlarvt, die er zu erfinden meint, uns, die anderen, die er in sich wiederfindet als die Urheber seiner Verletzungen. So zeigt sich der Tintenfisch in der Federtinte, die ihn doch verhüllen soll. Er will erkennen, um erkannt, d.h. biblisch : geliebt zu werden, er legt Köder und Fallen aus, er schminkt und prostituiert sich auf der Suche nach Freiern, er will die Leser in sein Lager ziehen, sie über-zeugen, und jede Sprache ist ursprünglich eine Sprache magischer Verführung und Werbung. Er will Frau Welt enthüllen und die nackte Wahrheit deflorieren auf der Suche nach der verlorenen Mutter Natur. Und man soll sich nicht allein deshalb schon für geistig gesund halten, weil man Einsichten wie diese für verrückt hält.

Trivialliteratur

Sie stehlen sich weg aus der unerfreulichen Realität, statt sie tatkräftig verbessern zu helfen. Sie flüchten in eine heile Scheinwelt, während ihr eigenes Leben vor schmerzlich unauflösbaren Widersprüchen fast auseinanderbricht. Die moderne Welt ist hochkomplex, aber sie ziehen das einfache Leben im Traumland vor. Die Rede ist von der einen Million Bundesbürgern, die jährlich 300 Millionen Groschenhefte verschlingen sollen, billige Schundromane aus Arzt- und Bergwelt, Adelswelt und Weltall, Unterwelt und Heimat und Wildwest.

Wenn es stimmt, daß die soziale Unterschicht gar nichts liest außer Illustrierten, dann stammen die Autoren wie die Leser und die Kritiker dieser geheimen Bestseller aus dem Mittelstand bis hinauf in die Bildungsschicht der Akademiker. Klassen kennt weder die literarische Seifenoper noch der Arztroman des Fernsehens. Vor Jerry Cotton und Inspektor Colombo sind wir alle gleich, Lieschen Müller wie Professor Dr. Lieschen Müller, und kein Geringerer als Sozialphilosoph Theodor Adorno scheint sie unfreiwillig in Schutz genommen zu haben vor strengen Verächtern dieser literarischen Fluchthilfe, wenn er die Kritiker kritisiert : »Die Realität liefert zu vielen realen Grund, sie zu fliehen, als daß eine Entrüstung über Flucht anstände, die von harmonistischer Ideologie getragen wird ...« Wohlgemerkt : von harmonistischer Ideologie getragen sind die entrüsteten Kritiker der harmonistischen Groschenscheinwelt. »Wohl ist Imagination auch Flucht, aber nicht durchaus : was das Realitätsprinzip auf ein Superiores transzendiert, ist immer auch darunter; den Finger darauf zu legen hämisch.« (Th. Adorno: »Ästhetische Theorie«, Frankfurt 1970, S. 21).

Kurz : Was in der Unterhaltungskunst noch unter dem Realitätsprinzip der Büros und Fabriken ist, hat es immer auch auf ein „Superiores“ transzendiert, könnte der Kitschleser seinem akademischen Kritiker entgegnen, falls er von dessen Analysen je etwas hören sollte, was Gott verhüte.

E-Kunst ist um nichts realistischer als U-Kunst, und Über-Kompensationsgeschäfte mit dem bedürftigen Kunden treiben beide exzessiv. Halten wir fest, daß nach einem so unverdächtigen Gewährsmann wie Th. Adorno die E-Literatur und Elite-Ratur sich nicht weniger aus dem tristen Alltag und seiner Veränderungswürdigkeit in eine schönere Scheingegenwelt wegschleicht wie ihre minderwertige Schwester aus dem belle-tristen Souterrain.

Gefährlich sind nicht Romane, die Drogenprobleme, Scheidungsraten und Ausländerhaß zu gut verschweigen, sondern jene, die von deren Existenz zu gut leben, um diese Nachtseiten des Lebens wirklich wegwünschen zu können durch Reformen oder Revolutionen. Wer ein Buch über ernste Probleme liest, ohne sie zu beschönigen, hat sie deshalb noch nicht gelöst, und viel spricht für den Verdacht, daß er davon liest, um sie nicht lösen zu müssen. Stolz darf dieser mutige Ritter darauf sein, vor diesen unschönen Dingen nicht die schönen Augen verschlossen zu halten, und auf diesen Mut ist er so stolz, daß er die Lösung dieser Probleme sich schenken kann, im Kleinen wie im Größeren.

Der eine will wenigstens beim Lesen etwas anderes, als er im Leben bekommt, und der andere will genau das in Büchern lesen, was er im Leben nicht zur Kenntnis nehmen kann, ohne an seiner Inkompetenz zu verzweifeln. Was die süchtigen Leser an den Schundromanen und TV-Serials anzieht, sei das, was ihnen daran schadet, heißt es bei den Missionaren der Hochkunst, die vergessen und nicht wahrhaben wollen, daß die E-Kunst nicht weniger Lebensdruckentlastung nach dem Lustprinzip liefert als ihr so primitiver Antipode vom Kulturfließband.

Was tut der Konsument der *literarischen Hochliteratur*? Er genießt seine mühsam antrainierte Fähigkeit, ungenießbare Themen wenigstens in der Kunst mit Pokergesicht durchzuspielen, vom sicheren Sessel aus, während ihn eine weniger anspruchsvolle Stilübung beleidigen würde. Ihm bedeutet es eine Zumutung, nicht von meisterbaren Zumutungen herausgefordert zu werden, und je höher die Hürden des Geschmacks, desto stolzer ihr ästhetischer Bezwinger. Was uns schwergefallen ist, genießen wir umso tiefer; wir genießen die Mühe, die es uns gekostet hat. Mit anderen Worten, wer die Schwierigkeiten nicht im Leben hat, sucht sie beim Lesen, und wer Scheinprobleme nur beim Lesen sucht, hat mehr als das im Leben. Gebildete bilden sich einfach nur etwas darauf ein, sich der Problemkunst zu stellen, d.h. von den Problemen der Klasse zu lesen, von deren Drecks- und Knochenarbeit sie leben.

Um eines aber beneiden die strengen Kunstrichter diese Schmöker samt deren Autoren und Kunden, und diese Mißgunst wäre auch nicht weiter schlimm, wenn sie sich nicht hinter falschen Aufschriften verstecken würde. Die Schundromane sind die besten Kritiker ihrer hochmögenden Kritiker, sie erzählen für drei Euro auf 64 Holzfaserseiten eine einfache Geschichte mit glücklichem Ausgang und naiver Dramaturgie, in kurzen Kapiteln ohne Schachtelsätze, von guten Menschen und von bösen Menschen und immer haarscharf nachtwandlerisch sicher an der sogenannten Wirklichkeit der gebildeten Stände vorbei.

Aber diese synthetischen Märchen für schlichte Gemüter und andere gewöhnliche Sterbliche, so wenig das Leben sie geschrieben haben mag, so genormt ihre Helden die Normen verletzen, so unausweichlich der Lebenshürdenlauf auf das glückliche Ende zutreibt, die Geschichte muß nun einmal wirklich erzählt werden, die noch so holzschnittartigen Charaktere müssen geschaffen und in schwarzweiße Situationen gestellt werden, die Situationen müssen sich weiterentwickeln, die Geschichte muß vorankommen mit Gaspedal und Bremse, sie braucht eine handfeste Handlung mit Wendepunkten, ob nun mehr oder weniger Nebenschauplätze aufgemacht werden, und das Interesse des Lesers darf unterwegs nicht erlahmen durch eingeschobene Essays, Nabelbetrachtungen des Autors und seine Schreibhemmungsberichte, durch Selbstreflexionen über literarische Techniken und Weltanschauungsunterricht.

Hier kann der Autor ja aus der Not, nicht erzählen zu können, nicht die fragwürdige Tugend machen, über sein Handwerkszeug und dessen Unbrauchbarkeit in Gegenwart des Lesers seitenlang zu schwadronieren. Die Sorgen des Autors beim Schreiben sind nicht die seines Lesers. Die ernstgenommene Literatur unserer Zeit ist durch weniges mehr ausgezeichnet als durch die Fähigkeit ihrer Autoren, den Zustand der Welt verantwortlich zu machen für die schlichte Unfähigkeit der Autoren, eine halbwegs fesselnde und spannende Geschichte mit Anfang, Handlung und Ende zu erzählen. Sie parieren einfach nur dem Kommando des Zeitgeistes, welcher befiehlt: Spur und mach keine Geschichten!

Es gibt heute wieder narrative Theologien und eine narrative Geschichtsschreibung. Nur eine narrative Literatur gibt es kaum, also bloß im Keller der Kultur, am Kiosk. Narrative Literatur ist ein Pleonasmus, der heute als Oxymoron und innerer Widerspruch gilt. Es war einmal eine Zeit, in der Geschichten erzählt wurden. Man ließ sich Geschichten erzählen und machte weder Geschichte noch Geschichten. Das unhappy end läßt einen Roman noch nicht geglückt sein, und Kunst sollte nach Thomas Mann "höherer Jux" sein, keine deprimierende Witzlosigkeit. Bei wem ist der Weltuntergang komischer als bei Samuel Beckett?

Wer über die unsäglich primitive Machart dieser literarischen Machwerke zu höhnen und zu stöhnen liebt, sollte sich für das bescheidene Experiment nicht zu schade sein, einmal in seinem Leben ein einziges solcher Heftchen selbst zu fabrizieren. Daß ein Kunstkritiker es nicht besser können muß, um verreißen zu dürfen, soll nicht kritisiert werden, aber in diesem einen besonderen Fall, wo es ja gerade keine Kunst sein soll, sticht der beliebte Einwand nicht. Der verwöhnte Liebhaber einer Kunst, deren Genuß Bildung voraussetzt, möge sich den Spaß machen, sich hinsetzen und in einem Monat auf 64 Seiten eine Liebesgeschichte schreiben mit happy end zwischen einem Oberarzt und Nachtschwester Ingeborg, zwischen Rosenresli und dem Enzianförster, mit links und mit verächtlich verzogenen Mundwinkeln, meinetwegen.

Kein Geringerer als Marcel Proust hat diesen Regenbogenromanen nachgerühmt, uns wenigstens zum Weinen zu bringen. So leicht diese Dinger zu lesen und zu verreißen sind, so wenig leicht sind sie herzustellen für einen, der nichts davon versteht. Und schwer ist das nicht, weil es schwer wäre, unter sein eigenes Niveau zu gehen. Schwer ist es nicht, die einschränkenden Standardbedingungen dieser unliterarischen Literaturgattung zu beachten, sondern die großen Freiräume innerhalb dieser Genreschranken auch auszufüllen, durch eine bewegte und bewegende Handlung, die den Leser dadurch fesselt, daß sie ihn für die Dauer der Lektüre vom Alltagstrott befreit und dadurch befreit, daß sie ihn fesselt.

Jeder will nämlich in einem Buch etwas ganz anderes lesen, als was er im Leben dauernd erfahren muß. Der Privilegierte sucht dort Probleme, möglichst Probleme anderer Menschensorten, und der Unterprivilegierte sucht dort problemarme Zonen, also Scheinprobleme, die er lösen kann, oder Probleme, die er nicht lösen muß. »Komteß Melitta wußte nicht, daß ihre Augen mehr sagten als ihr Mund ... « : Der einzelne Satz ist oft peinlich lächerlich, er wird von Besserwissern genüßlich zitiert, aber der Zusammenhang, aus dem er gerissen ist, ist oft gerissener konstruiert als bei den vornehmen Verwandten des Genres. Der Kritiker kennt nur das simple Strickmuster dieser Machwerke und ihre wohlfeile sozialpsychologische Funktion, aber die eine Million Bundesbürger verschlingen nicht Strickmuster und Sozialpsychologie dieser Strickmuster, sondern Romane, und diese Strickmuster sind einfacher aufgezählt, als nach ihrer Gebrauchsanleitung auch nur die einfachste Geschichte erzählt ist.

Verum et factum convertuntur, sagt Vico : Man versteht nur das ganz, was man selbst gemacht hat. Noch der anspruchsloseste "Groschenroman" ist komplexer als die anspruchsvollste Analyse seiner Trivialstruktur. Je besser der Literatursoziologe das zugrundeliegende Kochrezept dieser Schmonzetten kennt, desto weniger könnte er nach dem Fabrikgeheimnis dieser Bedienungsanleitungen einen lesbaren Roman schreiben, und umgekehrt.

Die Baupläne werden nämlich nach den Romanen geschrieben, nicht die Romane nach solchen Bauplänen. Und hier gilt, was auch für die Lektüre eines Romans von Marcel Proust gilt : Das Vergnügen an der Proustlektüre ist kaum zu vergleichen mit der Genugtuung, einen intelligenten Proustkommentar verstanden zu haben, der dem Autor auf die Schliche kommt. Im Mittelalter bestand das niedere Trivium der Freien Künste aus Rhetorik, Grammatik und Dialektik, die nicht einmal in der Antitrivialliteratur vorkommen. „Literarische Krimis“ sind Romane, deren Spannung langweilt, weil ihre Langeweile spannend sein will.

Lesen wir Schmöker, um sie verachten zu können, oder kritisieren wir sie, um sie lesen zu können? Studierte brüsten sich damit, für TV-Krimis sich nicht zu schade zu sein, aber tränenselige Liebesromane kaufen sie unterm Ladentisch oder per Internet wie früher nur Hardcore-Pornos. Es ist nicht schlimm, daß sie begeisterte Abnehmer von Geisterromanen sind und nicht von Hegels >Phänomenologie des Geistes<, aber es ist schlimm, daß sie damit angeben. Diese schrecklichen Vereinfachungen sind ja geistige Lebensmittel und Brechmittel zugleich für uns, die wir stolz darauf sind, jene komplexen Fragen unseres Zeitalters wenigstens zu kennen, die wir auch nicht beantworten können und wollen.

Ernst nehmen wir nur Romane, in denen Leute vorkommen, die diese zeitgemäßen Probleme, die sie nicht meistern, auch ihr eigen nennen wie Statussymbole. Wir sind stolz darauf, Romane zu ertragen, in der höchst unmoralische Probleme vorkommen und Leute, die sie ungelöst herumschleppen auf der Höhe des Zeitgeistes.

Die anspruchsvollste Gesellschaftstheorie unserer Tage sieht die Funktion jeder Gesellschaft vor allem in ihrer "Komplexitätsreduktionspotenz". Die diffizilste Soziologie sieht die Hauptfunktion der Kultur darin, anspruchsvolle Probleme in anspruchslosere Probleme zu verwandeln, und was tut die Massenliteratur anderes als das? Diese >Komplexitätstoleranz< muß der U-Kunstfreund im Leben aufbringen und sein Kritiker nur beim Lesen.

Der Leser flüchtet sich in die heile Kunstwelt der Groschenhefte ja nicht, weil er schlimme Realitäten nicht zur Kenntnis nehmen würde, sondern obwohl und weil er sie nur allzu gut kennt, und sei's aus der Zeitung. Der anspruchsvollere Leser flüchtet sich in die höhere Literatur ja nicht, weil er den ernsteren Problemen des Lebens standhalten möchte, sondern weil er kennenlernen will, was er nicht hat, und sei's nur aus zweiter Hand. Ein gehobener Leser, der seiner Privilegien nicht recht froh werden kann, liest sein gutes Buch, in dem die Nachtseiten des Lebens (anderer Leute) nicht totgeschwiegen werden, wie ein appetitanregendes Mittel, um seine Privilegien wieder besser genießen und mit dem Elend anderer würzen zu können.

Anders gesagt : Jeder sucht in der Kunst ziemlich genau das Gegenteil von dem, was er hat und kennt, der U-Leser eine Welt mit happy end und sein Ausbeuter eine Welt ohne happy end. Es wäre verwunderlich, wenn es anders wäre.

Warum soll der Büroangestellte nach Feierabend Romane über Gewerkschaftsprobleme der Angestellten lesen, die er besser kennt als der Autor, und wo sollte der Aristokrat sich von seinem Adel besser erholen als bei einem Spukroman über die Unterwelt der Mühseligen und Beladenen? Was den „Sex" betrifft, verschweigt ihn der Heftchenautor heute nicht anders als ein Schriftsteller vom Range eines Charles Dickens, obwohl die Hochkunst sich nur mühsam emanzipiert hat von der Pornographie und jede hochliterarische Vieldeutigkeit nur sublimierte Zweideutigkeit ist.

Diese schlechten Lesestoffe vom Mittelstand fürs niedere Volk lassen sich gegen ihre mittelständischen Verächter verteidigen, ohne sie Romane oder gute Romane zu nennen, aber wenn sie schlecht sind, dann aus anderen Gründen, als ihre Kritiker meinen, die sie nicht nötig haben und dennoch lesen. Die Dinger gelten als Waffen, um das Volk zu verderben, zu manipulieren, irrezuführen, zu narkotisieren und zu infantilisieren, irgendwo zwischen Repressalien und Regressalien. Wahr daran ist, es sind nicht immer gute Geschichten, doch nur in dem Sinne, daß sie nicht immer gut genug erzählt sind für Leser, die Besseres verdient hätten, aber nicht in dem Sinne, daß es nicht immer moralisch gute Geschichten sind.

Genau das wird ihnen ja vorgehalten von ihren Todfeinden. Die *happy few* lieben das *happy end* in ihrem Leben, aber nicht in ihren Lesefrüchten. Sie wissen, daß ihre eigenen Lebensgeschichten nur gut ausgehen können, wenn sie für ihre Opfer schlecht ausgehen, und davon wollen sie lesen. Aber im Gegensatz zur besseren Literatur für die besseren Stände werden in diesen „Groschenheften" überhaupt noch Geschichten erzählt und gemacht, also Kunstmärchen, die von hinten nach vorn geschrieben sind, von einem guten Ende aus, das von Anfang an feststeht, ohne den Lesehunger zu beeinträchtigen, über eine Handvoll haarsträubend unwahrscheinlicher Verwicklungen und Verwechslungen und Verwirrungen der Herzen bis zum bitteren Ende auf der ersten Seite.

Am Anfang steht zwischen den Liebenden eine ganze Scheinwelt und am Ende gar nichts mehr, aber eben nicht das Nichts, das heute in der Wirklichkeit zwischen jenen steht, die sich nie liebten. Auf dem Papier kriegen sich die Geschlechter auch ohne Geschlechterkrieg, und die Frucht ihrer Liebe wird nicht abgetrieben. Kein Leser einer Liebesschnulze, weder vom Serienschmierer noch von Stendhal, vergißt während seiner Lektüre auch nur für eine einzige Minute, wo er ist und wer er ist, was immer seine mißgünstigen Kritiker dazu sagen mögen. Entgegen einer vaterlandläufigen Meinung verwechselt er nicht eine einzige Sekunde lang Realität und Fiktion, um das Buch auch nur genießen zu können. Er nimmt weder sein Leben für einen Wunschtraum noch die Traumwelt für bare Münze, die das Heftchen kostet.

Und warum liebt der Gebildete die gute Schilderung einer schlechten und nicht einer heilen Welt? Er hat die Welt schlecht gemacht, nun will er im Kunstwerk, das sie schlechtmacht, sein Werk genießen und gerechtfertigt sehen. Was eine gute von einer weniger guten Erzählung unterscheiden mag, ist vermutlich nicht halb so viel wie das, was einen Geschichtenerzähler auf immer trennen wird von allen, die nicht nur nicht erzählen können, sondern dieses Unvermögen für ihr ganz besonderes Gütesiegel nehmen.

Sicher lassen sich Bücher schreiben über die objektiven Gründe für die subjektive Unfähigkeit oder über die subjektiven Gründe für die objektive Unmöglichkeit, noch guten Gewissens so etwas wie Geschichten zu erzählen, und leider werden mehr solcher Fachbücher geschrieben als Geschichten. Sie suchen die Gründe für ihre "narrative Impotenz" in der Geschichte und vergessen, daß Geschichten immer erzählt wurden *trotz* der Geschichte und daß gute Geschichten gerade wegen der schlimmen Geschichte nie ungeschrieben blieben.

Ja, anders als in der Weltgeschichte wird in diesen einfachen Geschichten nach einigen Umwegen der Gute mit der Schönen belohnt und der Bösewicht mit dem Tode bestraft, weil er sich für den Helden ausgegeben hat, während in der höheren Kunst die Lebensnähe so weit getrieben wird, daß auch noch am Schluß die Frommen leiden und die Frevler lachen. Jeder weiß, daß Trivialromane weder Giftmüll noch Atomtod oder Frauenhäuser kennen, aber die giftige Idylle einer heilen Welt beschwören sie nicht, weil sie eine Welt schildern ohne Atomkriegsgefahr, ohne Chauvi-Machos und ohne Baumfrevler, sondern weil sie eine Welt schildern ohne so überflüssige Dinge wie Friedens-, Frauen-, Forst- und Vaterlandwirtschaftsbewegungen. Im Heimatroman sind die Wiesen noch grün, und so nachtschwarze Dinge wie die >Grüne Front< bleiben ausgespart. Die Romanhelden handeln *für* ihre gefesselten Leser, an ihrer Stelle, zu ihren Gunsten.

Der harte Held träumt von einer wunderschönen zarten Dame, die von einem klugen, starken Helden träumt und einem trauten Heim mit putzgesunden

Kindern. Auf dem Wege zu dieser Traumfrau räumt der Held mit Hilfe des Schicksals alle Bösewichter beiseite, die nur retardierende Momente sind. Es sind Klischees, weil das Leben aus Klischees besteht, und es ist sentimental, weil das Volk eben sentimental ist, edelmütig, laut und melodramatisch. Die rote Ehrenrettung, welche der Kommunist Ernst Bloch für den Kitsch versuchte, hat er nur vom schwarzen Katholiken Gilbert Chesterton übernommen, den er zeitlebens zu Recht bewunderte, nicht nur in den Pater-Brown--Krimis, sondern und gerade in den Essays.

Die "guten Bücher", sie zeigen eine böse Welt, die schlechten Bücher zeigen eine gute Welt, und beide Seiten wollen überhaupt nicht, daß es anders wird. »Der Kämpfer, der unerschrocken gegen eine Welt von Verbrechern antritt«, der Universitätsprofessor bekämpft ihn in den Heftromanen. »Der Western-Held läßt sich seine Probleme nicht von anderen und schon gar nicht vom Schicksal lösen, sondern regelt seine Angelegenheiten selbst«, mäkelt Literatursoziologe Walter Nutz. Zorro, der Rächer der Enterbten, wendet sich nicht an Gesetzeshüter, sondern nimmt das Recht (anderer und seins) in die eigene Faust.

Festgefahrene Handlungen werden in diesen unseligen Schmonzetten vorangetrieben durch dramaturgisch günstige Schicksalsfügungen ihrer Autoren, während die Verfasser literarischer Literatur es vorziehen, jede ordinäre Handlung, die sich bedrohlich anbahnt, nicht nur durch die Charakterlosigkeit der Helden unverzüglich zum Stillstand zu bringen und durch bloße Absichtserklärungen zu ersetzen, welche natürlich im reichen Innenleben der Protagonisten steckenbleiben.

Schundromanen wird vorgehalten, daß sie kein Innenleben ihrer Figuren zulassen und dieses Innenleben ganz auflösen in hastige Handlung, die durch unwahrscheinlich glückliche Zufälle in Gang gehalten wird statt durch die Konsequenz der Charaktere und der Situationen. Wird nicht Innenwelt aber durch Außenwelt erzeugt? –

»Die Geschichte, in der immer die große Liebe zwischen zwei Menschen im Mittelpunkt steht, soll möglichst aktionsreich sein, d.h. die Handlung wird nicht durch innere Vorgänge, sondern durch Ereignisse von außen vorangetrieben.« Was aber bei einem Charles Dickens von seinem Genie zeugen darf, wird dem Serienautor übel angerechnet, als wäre es nicht immer noch hundertmal besser, die verschmutzte Innenwelt des Helden durch den Plot einer Story zu ersetzen als das Handeln der Person durch seitenlange Inventur ihrer so überaus bemerkenswerten Kopfinhalte. Man sagt, der Groschenroman male schwarzweiß. Das ist wahr, und das ist weitaus besser als die so überaus differenzierte Betrachtungsweise, welche lieber im Bösewicht den Helden und im Engel den Teufel entdeckt haben will.

Nach jedem happy end wird *jewöhnlich abjeblendt*, aber im modernen E-Roman gibt es die *vabrühte* Milch und Langeweile eben schon *vor* dem happy end, zu dem es deshalb nicht kommen kann, Tucho hin, Tucholsky her.

Der moderne E-Roman, heißt es, kennt keinen allwissenden Erzählergott mehr, der die Handlung steuert. Die schlimme Wahrheit ist, daß dieser Roman weder einen Erzähler mehr kennt noch so etwas wie eine Handlung oder einen Gott, und die Unwissenheit der Antihelden wetteifert mit der Impotenz der Autoren, auch nur die Abwesenheit jeder Handlung zu steuern. Diese oft nur beliebigen Aneinanderreihungen beliebiger Tagebuchnotizen mögen alles Mögliche sein, auch alles mögliche Gute und Interessante, nur Romane sollten sie sich nicht nennen dürfen, falls diese Markenbezeichnung noch einen guten Sinn behalten soll. Die zwingenden Erfordernisse einer 64-Seiten-Dramaturgie rechtfertigen oft die groteskesten Willkürakte des Autors, aber daß die Wahrscheinlichkeit der Tatsachen Opfer einer künstlerischen Dramaturgie wird, ist immer ungleich unterhaltsamer gewesen, als wenn die Spannung ein Opfer der Tatsache wurde, daß der Autor nichts zu erzählen hat.

In der "Massenliteratur" werden Dinge nur so weit beschrieben, wie sie den Fortgang der Handlung nicht stärker verzögern, als nötig und wünschenswert ist. Ihre Gegner beschreiben Menschen und Dinge so ausführlich in die atomare Struktur hinein, bis kein Leser mehr weiß, wozu sie eingeführt wurden und wozu das alles wissenswert ist. Seit wann muß in einem Roman, also in einem Erzählwerk von mindestens 200 Seiten Umfang, weniger passieren als in einer Fabrik, damit er lebensnah gescholten werden darf? Diese "Romane", die stolz darauf sind, daß in ihnen weniger passiert als in einer Fabrik, sind wirklicher als die Wirklichkeit, sie spielen auf so vielen Ebenen der Betrachtung und aus so vielen Blickwinkeln unterschiedlichster Personen, daß sie auf keiner Ebene mehr spielen und aus gar keinem Blickwinkel mehr geschrieben sind.

E-Romane und die Kritiker der U-Romane sind zu oft die Nebelwerfer, für deren Bekämpfer sie gehalten werden möchten. Trivialliteratur biete ihren Opfern »Affirmation: Wiedererkennen und Bestätigung, vermittelt das Gefühl von Sicherheit und Geborgenheit und Behaglichkeit« (Literaturwissenschaftler Otto F. Best). Tausend Publikationen analysieren inzwischen die Groschenhefte als »Herrschaftsinstrumente, die teils didaktisch, indoktrinierend, teils therapeutisch, beruhigend operieren ... Die Rute wird also mit einem bunten Band umbunden, das tägliche Prügelquantum mit ermunternden Reden begleitet ... Bald wird Zufriedenheit anempfohlen, bald werden das Schicksal und die >Verhältnisse< verantwortlich gemacht«, aber nicht so von Volkskundeprofessor Rudolf Schenda.

Doch die Verhältnisse, die sind nicht so, und man könnte ja den Schuldigen orten, aber die *Volkskunde* macht die gesellschaftlichen Verhältnisse nicht verantwortlich. »Die Leser werden auf diese Weise verführt, in den von ihnen erfahrenen Widersprüchen auszuhalten«, rügt Philologe Peter Nusser, als wäre der Drang zu gesellschaftlichem Engagement und sozialer Aktivität für das niedere Volk nicht selbst jene Dummheit, die dadurch aufgehoben werden soll, und als wäre der uralte Spruch, daß sich ja doch nichts ändern lasse, nicht der Anfang der Weisheit des Volkes, sondern sein Ende. Dem Leser wird sogar noch die Öko-Nische literarischer Drogenräusche geneidet, wenn er sich nicht sozial mobilisieren läßt von seinen mittelständischen Kritikern für mittelständische Interessen.

Die großen Romane zeigen heute ganz realistisch nur noch unsere kleinmütigen Gefühle unterm Mikroskop erstklassiger Autoren. Die großen Leidenschaften und Taten dagegen haben sich kleinlaut zurückgezogen in die kleinkarierten Hefte drittrangiger Verfasser. Daß in den kleinen Heften die große Liebe alle Klassen- und Rassenschranken zwischen Negern und Weißen, Baron und Dienstmädchen niederreißt, daß der kleine Unterschied die großen Standesunterschiede überwindet, kommt bei Balzac und in literarischen Räuberpistolen vor, aber nicht bei Flaubert und Proust,

Walser und Joyce. Wer nicht davon träumt, als Ritter ohne Furcht und Tadel die wunderschöne Prinzessin und andere Zauberschätze aus den Klauen des hohnlachend Bösen zu befreien, will wohl die soziale Realität engagiert reformieren, hat aber längst vergessen, wofür eigentlich.

Man sagt, der Arzt im Schundroman sei so gut, wie der Mediziner in seiner Praxis schlecht sei. »Dr. XYZ« kann auf 64 Heftseiten in jeder Woche alles heilen, nur nicht die Angst des Lesers vor der Heilkraft seines real existierenden Hausarztes. Die harmlosen Heftchen haben in ihren Lesern kaum je etwas Schlimmeres angerichtet, als ihren akademischen Kritikern die Verrisse in die Federn zu diktieren und sie zu Überlegenheitsgefühlen über das gemeine Volk zu inspirieren.

Wer Trivialromane liebt, ist ein guter Mensch trotz dieser Romane und wäre auch ohne sie ein Übelmeier geblieben. In den kleinen Heften träumt der kleine Mann davon, sich auf Fürstenschlössern mit schönen Frauen und Champagnerströmen königlich zu amüsieren, zu seinem Glück träumt er nicht von Friedens- und Umweltbewegungen.

Der Eliten-Autor träumt vom sozialen Engagement, das „vulgäre“ Volk träumt vom Unmöglichen, von Gold und Gerechtigkeit, Wunder und Ruhm und der Liebe exotischer Südseeschönen, wo es in seiner Weisheit keine Minute lang vergißt, daß man ja doch nichts machen kann. Wenn dem Schundroman vorzuwerfen ist, daß er die Schranken der Realität allzu großzügig überspringt, ist seinen Verächtern vorzuhalten, daß sie es nicht einmal zu verlierbaren Illusionen je gebracht haben.

Trivialliteratur ist des Geisteswissenschaftlers liebstes Kind, an dem er seine Existenzberechtigung exekutieren kann, wenn ihm die Themen ausgehen. Der Trivialroman, hat man gesagt, rede nur davon, daß der Held geistreiche Reden führt, während der literarische Roman ihn wirklich geistreich sprechen lasse.

Will man diesen Unterschied zum Qualitätskriterium machen, haben die Volksbücher sich nie geändert, während ihre anspruchsvolleren Rivalen vom Helden längst nicht einmal mehr unbewiesen versichern, er habe so etwas wie Geist und sei nicht nur ein blutloser Quäl- und Poltergeist.

Autor B. bekennt ohne Erkenntnis

Man betont gern den expressiven und kommunikativen Aspekt dieser „heillosesten aller bürgerlichen Einsamkeiten“ (Sartre). Aber was drücke ich im Gedruckten wie weshalb aus, um es wem mitzuteilen? Schreiben statt Reden oder gar Handeln? Warum gerade diese Art der Äußerung? Ich finde bei der Introspektion mindestens drei psychologische Wurzeln : narzißtische Ruhmsucht, Allmachtsphantasien und sublimierte Wut, in dieser Reihenfolge. Ist das zu subjektiv? Sehen wir zu.

In einer Welt, die mir als Einzelnem wenige Präsentationsmöglichkeiten als unverwechselbares Individuum bietet, will ich mich selbst darstellen : Kunst als meine Eigen-Art. Ich öffne nicht im Park vor empört-befremdeten, belustigt-belästigten Passanten meinen Regenmantel, unter dem ich nackt bin, um mit meiner Furchtlosigkeit anzugeben und andere zum Erröten und in Verlegenheit zu bringen, sondern exhibitioniere mich in liebeshungrigen Texten, welche auch die Textur meiner nackten Haut enthüllen. Ich stelle mich nicht höchst selbst auf die Stripteasebühne, sondern stelle an meiner Stelle gewisse Objektivationen meiner Innerlichkeit aus, die selbst eine Verinnerlichung objektiver Sachverhalte ist. Warum das? Der »Akt« des Schreibens decouvriert sich schon etymologisch, denn »Schreiben« heißt eigentlich : »mit dem Griffel eingraben, einschneiden«. (siehe englisch : to write - ritzen - reißen). Es handelt sich ganz zwanglos um eine aggressive phallische Tätigkeit, ob nun mit dem Schreibstift, der

Feder oder der knallenden Schreibmaschinentaste der jungfräuliche Papierbogen defloriert wird. Ich glaube, daß die »dichterischen Ergüsse« symbolische Ejakulationen und die literarischen Expressionen nur Nachfolger der einst den Eltern stolz geschenkten Exkremente sind. Die Spuren, die ich auf dem unbeschriebenen Blatt hinterlasse, die Druckerschwärze ist sublimierte Scheiße, und die Tintenfeder erinnert ans pissende Zeugungsorgan. Freud sagte, das alles sei zwar sehr gesucht, aber auch sehr gefunden. Aber das Schreiben ist für mich nicht nur eine solche genital maskuline Verrichtung, sondern ich will meine Bücher auch in die Welt setzen wie Frauen ihre Kinder. Vor der tabula rasa des weißen Bogens bin ich nicht nur ein kleiner Schöpfergott, sondern ebenso läßt mich eine Art femininen Gebärneids mit Werken schwanger gehen, die die Welt erobern sollen. Wenn es nämlich stimmt, daß das Kind für die Frau ein Ersatz für den fehlenden Penis ist, dann ist das Buch für mich, der ich nur ein Mann bin, Surrogat für ein Kind, das ich nicht austragen kann.

Und natürlich soll mein geistiges Kind schön sein und gefallen. Genauer : Ich will durch dieses Erzeugnis hindurch auf mich stolz sein dürfen, obwohl es sich von mir abnabelt und frei macht, um sein eigenes Leben zu führen, draußen, unter euren strengen Richteraugen. Ich lebe in permanenter Angst, von kritischen Blicken entmannt zu werden, Eure Urteile sind reine Kastrationsdrohungen und Liebesverheißungen. Als Autor hoffe ich nun, mein Werk sei großartiger als meine eigene Person, die ich nicht dem direkten Blick ausliefern mag. Ständiges potentielles Opfer eurer Verrisse, schiebe ich zwischen euch und meinen verwundbaren Körper als Puffer das Buch und zwinge euch, mich durch mein Elaborat hindurch zu begutachten. Dieser Aspekt meines Schreibens setzt vielleicht eine sehr subjektive Idiosynkrasie voraus, empfinde ich doch meine bloße leibliche Sichtbarkeit als eine solche beunruhigende Anstrengung, daß ich es vorziehe, mich hinter literarischer Selbstentblößung zu verschanzen und mich in imaginären Verkleidungen zu offenbaren. Euer Blick fällt auf die Seiten meines Buches, und dort bin ich ganz, in diesen Buchstaben, und doch ganz weit dahinter, ebenso verwundbar wie unbelangbar.

In einer Veröffentlichung kann ich mich furchtloser öffnen als einem leibhaftigen Gesprächspartner oder vor einem Raubtierauditorium. Kurz : Ich schreibe aus Schüchternheit, wenn man die schizoide Sichtbarkeitsphobie einmal abzieht. Aber warum diese Heidenangst vor eurem Urteil und eurer Verurteilung, daß ich mich lieber zu einem Buch mache, als euch face-to-face gegenüber zu treten? Warum stelle ich mich (und verstelle mich weniger) als Schriftsteller? Warum dieser alberne Verfolgungswahn, diese Flucht vor dem Leben ins Lesen und Schreiben? Ich höre euch sagen : Aber wir wollen dir doch gar nichts tun! Nein. Aber ich Euch. Und da habe ich doch allen Grund, Vergeltungsschläge zu fürchten. Meine Anschläge auf der Tastatur sind weniger Anschläge auf euer Leben als vielmehr Attacken auf eure inneren Abwehrsysteme.

Und natürlich prostituiere ich mich in meinen literarischen Produkten als glänzendes Objekt auf der Suche nach den Freiern. Meine Feder macht beifallheischende Kunst-Stücke auf dem Drahtseil der Papierzeilen, hoch unter der ästhetischen Zirkuskuppel. Der Zuschauer soll sich gedemütigt fühlen durch das Gefühl, es nicht so gut zu können und zum Konsumenten verdammt zu sein. Sicher realisiert sich die irreale Literaturwelt erst durch die Phantasie das Lesers, den ich gleichwohl mir vom Leibe halten möchte. Ich lade nicht zum anbiedernden Mitmachen ein, meine Werke sind noch als Fragmente hermetisch verschlossen, das Entscheidende an meiner Kunst ist schon getan, wenn mein Leser mir nahetritt. Er soll mir nachfolgen und mich umwerben, ich laufe ihm nicht nach in seine ignorante Spieltriebbequemlichkeit. Will sagen, um kein Mißverständnis aufkommen zu lassen, ich verteidige die esoterische Kunst, die elitäre Literatur gegen jene, die den Massen nach dem Munde reden, statt sich zum Anwalt ihrer wahren Möglichkeiten zu machen, dessen, was sie wirklich verdient haben. Es gilt, weder Zugeständnisse an den herrschenden Geist der Herrschenden zu machen noch ans korrumpierte Sensorium der von ihnen Bestochenen und Deformierten. Handkes »Stunde der wahren Empfindung« scheint mir revolutionärer als Schneiders »Lenz«. Dauernd droht der hohe Stil abzustürzen und mich der Lächerlichkeit preiszugeben, dem tödlichen Verriß.

Ich will fesseln und bestricken, verzaubern und behexen, in Bann schlagen, um den Bann zu lösen, und Macht gewinnen über eure Gemüter, in euren Köpfen leben und überleben. Ihr sollt von mir träumen, davon träume ich. Verliert ihr euch in der imaginären Welt, die meine Bucher eröffnen wollen, dann soll euch der Boden unter den Füßen weggezogen werden, ihr sollt in meine Gruben fallen, Eure Selbstsicherheit und -gefälligkeit verlieren. So panzere ich mich gerade durch die Fragilität meiner Erfindungen, die gleichzeitig unangreifbar vollkommen und vollkommen unverwertbar sein sollen. Ich eifere den Mallarmés, Flauberts, Georges, Ponges, Roussells,

Valérys nach, die perfekte Dinge aus Sprache schufen, Diamanten, welchen die unreine Herkunft aus der dreckigen Kohle nicht mehr anzusehen ist, wie Genet sagte. Die abweisende Kälte des nutzlos Perfekten ist einer meiner sadomasochistischen Literaturträume und enthält vielleicht mehr Humanes als die menschelnde Hordenduselei der Neohumanisten des gutgemeinten Wortes.

Es gibt eine weitere wichtige Funktion des Schreibens für meinen seelischen Haushalt. Wenn es denn stimmt, daß Künstler, ohne deshalb gleich infantil zu sein, irgendwo nicht ganz erwachsen geworden, sondern Halbstarke im Geiste geblieben sind, dann dürften für den professionell pubertierenden Schriftsteller seine Manuskripte so etwas wie Versuche sein, zwischen dem »Abschied von den Eltern« (Peter Weiß) und der fortdauernden Bindung an ihre übermächtigen Phantasiebilder zu vermitteln. Meine Bücher sind für mich ein bißchen das, was für das Kind die Puppe und der Teddybär wohl sind : irgendetwas auf halbem Wege zwischen den Kleinen und den Großen. Ich kehre den Spieß um und bin Vater und Mutter meiner geistigen Kinder, und zugleich trösten sie mich über den endgültigen Verlust meiner Erzeuger und Beschützer hinweg. Schreibend erbringe ich eine Leistung. Aber nur eine solche, die dem bürgerlichen Akkumulationsfleiß sich verweigert. Ich schreibe, statt zu handeln, und das Schreiben will gleichzeitig eine Arbeit sein, die mehr ist als Arbeit. So versuche ich, schreibend zwei widersprüchliche Appelle an mich auf einen Nenner zu bringen, und das Kunstwerk will die widersprüchliche Synthese eines Widerspruchs sein, des Widerspruchs zwischen dem spielenden Kind und dem arbeitenden Erwachsenen, die beide ihre gebieterischen Forderungen an mich stellen. Als wortspielendes Kind will ich erwachsener sein als die arbeitenden Großen, ohne deshalb aufzuhören, verantwortungsloses Kind zu sein, d.h. als ein arbeitender Erwachsener kindlicher als ein spielendes Kind. So wollen meine Bücher die zerreißend widersprüchlichen Wünsche nach Abhängigkeit und nach Selbständigkeit phantasmagorisch versöhnen, nach gleichzeitig bergender und verschlingender Symbiose und die Haßliebe zu meiner eigenen gleichzeitig stolzen und verlassenheitsängstlichen Individuation : ein labiles Gleichgewicht zwischen An- und Ablehnung. Hier lasse ich meine widerstreitenden Regungen personifiziert in Romanfiguren gegeneinander antreten, projiziere auf sie meine Trennungs- und Verschmelzungsängste, lasse meine Abnabelungs- und Vereinigungswünsche in verteilten Rollen auftreten, meine Kastrationspaniken, meine Schuldängste und Selbstbestrafungstendenzen, werfe die Psychodynamik meiner Triebkonflikte auf den Projektionsschirm der weißen Schreibmaschinenseite und in die Handlungsmotorik meiner erdachten Geschichten, vermische die inneren Selbst- und Objektrepräsentanzen in lyrischen Zustandsbildern. Noch meine Vorliebe fürs hassenswert Häßliche, grausam Deformierte, für die Negativität der Erfahrung steht im Dienst »illusionärer Wunscherfüllung« (Freud): Bannung des Schreckens, symbolische Schockverarbeitung und – Freude an der Folterung des Lesers.

Machen nicht auch noch Kafka und Beckett das Grauen genießbar (ohne aufzuhören, den Appetit zu verderben)? Immer bleibt von sicherer Warte aus der tosende Abgrund in mir und um mich herum touristisch goutierbar : Kein Buch springt dem Leser an die Gurgel. Immer darf er sich schmeicheln, wie der Autor selbst das Schlimmste wenigstens im Imaginären unbeschadet zu überstehen, ja zu meistern. Eine subjektive Grenze der Kunst, neben ihrer objektiven, die reale Welt nicht direkt ändern zu können? Also doch Opium für die Verdrängungselite?

Zu ertragen, ja mundgerecht serviert sind selbst die Werke von Kafka und Beckett, nicht das, worüber sie schreiben : das schizoide Universum, die Weltuntergangsleere des kollabierenden Ichs, primärnarzißtische Narrenfreiheit, sadomasochistische Omnipotenzträume, Fragmentierungen, prä-ödipale, archaische Anarchismen, Depersonalisation und das Ende, das kein Ende nehmen will. Der Mitvollziehende ist betroffen – und getröstet zugleich: Die literarische Technik macht selbst das Grauenerregende zum einfühlbaren Identifikationsangebot an die unbewußte Bedürfnisdisposition des Konsumenten, und gefahrlos kulinarisch kann ich mich wiedererkennen sogar noch in Gregor Samsa und Molloy und Malone.

Auch wenn Adorno Freud einen Kunstbanausen schalt und alle Kunst, die heute zähle, asozial nannte: selbst dissonanteste Werke treiben mit dem Entsetzen Scherz, sublimieren Schrecken und verwandeln den anarchischen Trieb in »sozial höher bewertete Tätigkeit«. Wodurch anders als durch literarische Formung der „freiflutenden Primärprozesse“? Es ist wahr, daß der Künstler seine Triebe weder berserkerhaft auslebt noch neurotisch verdrängt (oder die Welt psychotisch verleugnet), sondern ausdrückt. Aber jeder Ausdruck ist eine Symbolisierung, die das Gemeinte gleichzeitig enthüllt und verschleiert, ja durch Enthüllung verschleiert und durch Verschleierung enthüllt. Die >unbewußten Sachvorstellungen< werden durch >vorbewußte Wortvorstellungen< gezähmt und hantierbar gemacht im halluzinatorischen Probehandeln im Kopf des Autors und seiner Klientel. Und was schreiben die Romanciers anderes als den »Familienroman« (Freud) ihrer Kindheit? Ist nicht der »Ursprung des Romans« (Marthe Robert) immer der Roman über den Ursprung des Verfassers? Die Begabung der verbalen Metaphorisierung einmal vorausgesetzt, wird ein Autor aber erst berühmt, wenn er durch ähnliche Sozialisationsformen hindurchgepreßt wurde wie seine potentielle Lesergemeinde, die sich im phantastisch weitergesponnenen Herkunftsroman ihres Literaten wiederfinden können muß, in den Konfigurationen der Hauptimagines seiner literarisch sozialisierten Privatträume.

Papier ist geduldig. So ohnmächtig ich im Wirklichen bin, soviel Macht beanspruche ich über die Ausgeburten meiner literarischen Phantasie, dieser Miniatur-Enklave, in der ich dem Schmettergefühl universaler Nichtigkeit entgehen zu können glauben darf. Dort und nur dort schalte ich mit den Elementen des Irrealen wie Gottvater mit der realen Welt, deren Bilder zum bloßen Rohstoff meines kopfdemiurgischen Willens depotenziert sind. Bin ich da noch an Spielregeln gebunden, die ich nicht selbst erfunden habe, deren Gültigkeit ich nicht verantworte und die ich nicht jederzeit suspendieren kann? Natürlich appelliere ich auch da an eure Freiheit, mich fallenzulassen, nach Belieben mit mir zu verfahren, mich auszulachen. Welche Abhängigkeit von Euch!

Wenn ich schreibe, dann deshalb, um gut angeschrieben zu sein. Ich will erkennen, um >erkannt<, d.h. biblisch : geliebt zu werden, auch und gerade dort, wo ich angreifend ergreifen will, überführend verführen. Verschreibe ich mich euch da nicht vollends? Sind eure Erwartungen nicht Ausschreibungen, auf die hin ich mich melde, um anderen Bewerbern um eure Gunst vorgezogen zu werden? Ist nicht noch der Protest gegen eure Leseerwartungen ein Test, bei dem ich durchfallen kann?

Nun gibt es Werke, und die von mir verfaßten wollen dazugehören, die es sich zur Ehre anrechnen, (in aller Eitelkeit) nicht jedem gefallen zu wollen, schnippisch spröde sich zu gerieren. »Finnegan's Wake« von Joyce hat verschwindend wenige unakademische Bewunderer, ein Werk gleichwohl von höchstem Rang. Natürlich ist umgekehrt nicht jeder Verkannte ein Genie, aber in Büchern allein wage ich für Euch zu hoch zu sein – höher, als Er selbst mir je steht : eine Potenz, welche die vaginale Rezeptivität des potenziellen Lesers in einem Akt symbolischer Vergewaltigung sprengen will. Schuldgefühle sind da ermäßigt, steht es doch jedem Konsumenten frei, das Buch zuzuklappen und sich zu verschließen oder zurückzuschlagen. Ich schreibe nicht für Gott, aber auch nicht für Lieschen Müller, die das bleiben will. Ich schriebe gern ein Buch, das so gut ist, daß jeder, der es abwehrte, der Feigheit oder Dummheit überantwortet wäre. Was will ich verbreiten außer rachsüchtige Scham und widerwilligen Neid? Ich will diejenigen erniedrigen und beleidigen, die nicht bereits vom Leben gedemütigt sind. Das ist Ressentiment, ich weiß, und nur durch Reflexion à la Hegel aufzuheben.

Ich mache allzu leicht aus der zeitgemäßen Tugend einer Sprache, die sich literarisch heute zu ihrem eigenen bevorzugten Gegenstand macht, die Not, die masturbierenden Worte auf keine anderen Dinge mehr zu richten als auf sich selbst. Wenn Poeten und Psychotiker darin übereinkommen, daß sie nicht nur nicht mehr übers Ich hinauskommen, sondern auch nichts als imaginäre Dinge aus nichts als verabsolutierter Sprache schaffen und deren Selbstreflexivität betört willfährig erliegen, dann neige ich zum irren Dichter. – Wie das?

Worte haben für mich zwei Dimensionen : einmal sind sie Zeigefinger, welche prosaisch auf benannte Sachverhalte deuten. Andererseits haben sie ein substanzielles Eigenleben, eine autonome Materialität, eine dunkle Schwerkraft und opake Konsistenz, mit der sie sich weigern, sich nur auf signifizierte Objekte überschreiten zu lassen. Sie sind Namen für Dinge und doch auch selbst Dinge, auf die ich gerade in Realitätsängsten und -verlusten zurückgreife. Sie sind Fensterscheiben, die ich nicht sehe, sofern ich durch sie hindurch die Welt sehe. Aber sie können auch wie die bunten Kirchenfenster sein, die ich ansehe, statt durch sie hindurchzuschauen. Literarischer Stil ist für mich nun genau diese sehr persönliche Synthese aus der prosaischen Transzendenz und der poetischen Immanenz der Sprache. Viele jüngere Autoren neigen dazu, den Stil als Verfälschung eines vermeintlichen Rohmaterials zu verachten. Je ausgekotzter es klingt, desto natürlicher. Das ist natürlich töricht. Für mich ist Spontaneität und Unmittelbarkeit kein Ausgangspunkt, sondern die Frucht aufreibendster Formarbeit. Kein kosmetisches Ersticken bluttriefender oder nur morgenrotzarter Ursprünglichkeiten. Der Stil ist eine einzigartige Chance, in einem einzigen Satz mehrere Sätze unterzubringen, um ihm vibrierende Vieldeutigkeit zu verleihen, also leben zu lassen. Dazu muß ich die Sprache selbst so >libidinös besetzen< (wie Freud sagen würde) wie oft die Objekte schon nicht mehr, die sie bezeichnen und von denen sie sich irgendwie abgeschnitten fühlen. Worte werden dann zu eben jenen Dingen selbst, die sie nicht mehr benennen. So liebe ich Fremdworte wie exotische Frauen und hasse das Wort »Güte« in dem Maße, in dem ich die Güte selbst liebe. Sind nicht heute im Formalistischen die eigentlichen Gehalte zuweilen besser aufgehoben als beim neuen Naturalismus, der ständig vom Realen redet – aus Realitätsverlust? Das wäre immerhin der Rede wert.

In einem gewissen Widerspruch zu meinen formalistischen Vorlieben steht mein Plädoyer für eine Literatur des tiefenpsychologischen Realismus, die in dem Maße stets totgesagt ist, in dem alles nur verdrängt scheint, was für veraltet erklärt wird. Ich meine nicht Literatur als freudianisches Kreuzworträtsel und Illustrationsbeispiel psychoanalytischer Theoreme. Ich denke da etwa an die Romane Nathalie Sarrautes, deren Forschungsmethoden weiterentwickelt werden könnten, zum Beispiel. Ihr böser Blick auf die rationalisierenden Klischees im bildungsbürgerlichen Alltagsdenken reicht in Bewußtseinszonen, die kein Romancier vor ihr je beleuchtet hat. Im Innenleben der schönen Seelen entdeckt sie kein tröstliches Refugium idyllischer Selbstgewißheit, sondern eher Morast als Natürlichkeit. Die sarkastische Härte des pathetischen Verdachts und der zersetzenden Bloßstellung fängt die Futilität unscheinbarster innerer Handlungen ein, die selbst von der Psychoanalyse noch kaum begrifflich eingeholt sind und uns doch irgendwie befremdend vertraut sind.

Frau Sarraute endet nicht wie die Jünger Freuds bei Musterkatalogen fix und fertiger Letztmotive, sondern das Beste an ihrem Stil ist dieses tastende Umkreisen und sich immer neu durchstreichende Anformulieren der amöbenhaften Mikrobewegungen in uns, die von der Sprache in statu nascendi ertappt werden sollen. Die Sarraute kommt aus mit einem Minimum an realen Auslösern, an denen sich die krebsartig wuchernde, alles überdeterminierende Sprache entzündet, der Riesenaufwand phantasmagorischer Intuition, sobald das unmittelbare Selbst- und Weltvertrauen der klassischen Erzählhaltung nicht mehr durch die Konsenssignale der Gemeinplätze anrufbar ist. Aber keine strukturalistische Kälte, hier feiert die Sprache nicht sich selbst, wie Wittgenstein warnte. Sie zielt nur auf Realität, auf deren Erfassung sie eigentlich nicht vorbereitet ist. Hinter unserem offiziellen Diskurs wird eine unterirdische hysterische Subkonversation entdeckt, das prädialogische Murmeln eines phantastischen seelischen Rohstoffs als wahren Täter unserer Taten. Umkreist wird der mysteriöse Ort, an dem unsere Vorstellungen, Gefühle und Aktionen erst entstehen, wo die Karten noch nicht verteilt sind und die Kinder noch keine Namen haben und noch nichts an der Realität gemessen und geprüft werden kann. Nichts hier ist von der larmoyanten Trivialität und Beliebigkeit der psychischen Privatissima bei der Neuen Innerlichkeit. Diese subatomaren Dramen im Herzen unscheinbarer konventioneller Gesten faszinieren vielleicht deshalb besonders, weil hier noch hinter ödipale Problematik zurückgegriffen wird. Hinter der charakterbildenden Trotzphase erster analer Abgrenzungsmanöver des Menschenkindes gegen elterliche Zumutungen liegt die seelische Steinzeit oraler Ur-Akte: Ein Bewußtsein versucht ein anderes zu absorbieren, um nicht von ihm verschlungen zu werden, belagert es, gibt sich Scheinblößen, um es in eine Falle zu locken, liefert sich aus, um entsetzt zurückzuzucken in tödlich verletztem Stolz, verschlingt sein Verschlungensein vom anderen usw.: Ein kunstvolles Spiel von Anziehungen und Abstoßungen, Assimilationen und Ausscheidungen, von Einverleibungen und Ausschlürfungen der gleichzeitig süßen und ekligen Substanz des fremden Bewußtseins. Die Sekundentragödien werden in Zeitlupe vorgeführt, in immer neuen fiebrigen Anläufen folgt die nervöse Sprache der Quecksilbrigkeit ihres sehr verhuschten Gegenstandes. Das unterirdische Murmeln der >unbewußten Sachvorstellungen<, die Logik dessen, was Freud den >Primärprozeß< nannte (und dem der Schizophrene ausgeliefert ist, ohne ihn mit seinen weltlichen Möglichkeiten vermitteln zu können), soll(te) eingefangen werden wie scheuestes Wild, bevor sich der Kompromiß mit den erlaubten kulturellen Interpretationen dieser Regungen gebildet hat. Diese verschämten Mikro-Akte unterhalb des fassadären Austauschs der konventionell abgesegneten Absichtserklärungen möchte ich in meinen Büchern darstellen.

Die Sprache soll genau diesen Prozeß wiedergeben, in dem die namenlose Begierde auf ihre inneren und äußeren Widerstände trifft, sie umgeht und untertaucht, ihren Fluß spaltet, um das Hindernis zu umfließen, sich verkleidet, um die Zollbehörden zu täuschen, sich vorwagt, eröffnet und beherzt oder verzagt in den Rachen der eigenen Angst greift usw.

Dieses Unternehmen ist ebenso schwierig wie paradox, weil die Worte hier sagen sollen, wie sie es anstellen, ihre Liebesobjekte gleichzeitig anzurufen und vor den Richterinstanzen zu verstecken – ein Unternehmen, das nach Wittgensteins berühmtem Traktat logisch unmöglich ist. Aber die Literatur vollzieht genau diese logische Unmöglichkeit in der Nachfolge des Lebens selbst, das sich der Logik des Todes entwindet. Hier spricht die Sprache mit und über sich selbst, indem sie über die Art spricht, wie sie über die Welt spricht. Freud fand Worte für die Untiefe, aus der das Sichtbare und Denkbare auftaucht. Wir sollten Worte finden dafür, wie diese Unterwelt ihre Worte findet und im Tageslicht zu überleben sucht in den Masken der Kultur. Wir fordern eine Literatur, die sensibel genug ist, die Wege der Sensibilität selbst zu bahnen, die Verletzlichkeit als Erkenntnisinstrument zu entdecken. Natürlich habe ich schon lange den unvermeidlichen Einwand im Ohr, wo denn bei aller Formalität oder Subjektivität nun die reale Welt bleibe. Psychoanalysiere ich nicht nur meine Vorliebe und Schwäche für psychologische Literatur?

Es stimmt, daß ich mich darauf beschränke, diese äußere Welt im Spiegel unserer Ängste und Sehnsüchte und Aufgebrachtheit zu zeigen. Die Partei der Realität, und sei es der umzuschaffenden, nehme ich allein dadurch, daß ich den Anteil interessierter Verzerrung und Verfälschung unserer Wahrnehmungen eben als Projektion kenntlich mache und durchblicken lasse. Und das nicht aus Verliebtheit ins Gefängnis unserer Innerlichkeit.

Ich spreche mit anderen, mache Zukunftspläne und glaube schon dadurch über mich und das Bestehende hinauszugehen, daß ich etwas tue, egal was. Aber weiß ich immer, was ich will, wenn ich es will? Will ich wirklich das sagen, was ich zu sagen glaube? Bin ich oft nicht anders zu verstehen, als ich mich selbst verstehe, ohne deshalb mißverstanden zu sein? In der Tat beruht ja das Denken von Marx und Freud auf dieser kränkenden Unterstellung. Außerhalb unseres Kopfes gibt es eine Wirklichkeit, die uns bedeutet, wer und was wir sind, während wir zu wissen glauben, was sie ist. Dasselbe gilt seit Freud von dem, was innerhalb und unterhalb das Ichs und an ihm vorbei sich abspielt, hinter seinem Rücken, unbewußt und realitätsgerecht verdrängt. Das Sein bestimmt das Bewußtsein, und dieses Sein ist innere nicht weniger als äußere Natur. Das Bewußtsein ist nach Marx bewußtes Sein, und das Sein nach Freud ein unbewußt gewordenes Bewußtsein. Um zu leben, muß ich aber wissen, wieweit ich gelebt werde. Der psychologische Realismus nimmt die unbewußte innere Natur ernst – um willen unserer Stellung und Chancen in der Außenwelt. Aufklärung will das Ich stärken, damit es ein wenig mehr verzichten kann auf die Selbsttäuschung, gewöhnlich mehr zu sein als die Rationalisierung aller Rationalisierungen von Abwehr und Verleugnung, Reaktionsbildung, Idealisierung, Regression, Projektion, Introjektion, Sublimierung, Ungeschehenmachen, Wendung gegen die eigene Person usw. Ich nenne jede Literatur progressiv, die sich zum Anwalt unterdrückter sinnlicher Regungen macht und das Ich ermutigt, seine verschwiegensten Bedürfnisse nicht vor dem versagenden Weltprinzip im neurotischen Symptom zu verstecken, sondern ein Stück weit gegen den Weltlauf durchzusetzen. Zu zertrümmern gilt es das *falsche* Überich, das ins Ich der Ausgebeuteten installierte Es der Herren. Dem Ich und Es ist zum Recht zu verhelfen gegen falsches Überich und Realitätsprinzip auch und gerade dort, wo das Scheitern am Ich-Dystonen gestaltet wird.

Es genügt, daß an Vielem wirklich einfach noch immer nicht genug da ist für alle und daß Wenige dieses zu Wenige den Vielen auch noch wegnehmen und vorenthalten. Traurig wird es, wenn ich mir selbst jenen Teil vom großen Kuchen nicht zu nehmen wage, der mir real gar nicht verwehrt würde, langte ich zu. Wenn hinter der begründeten Realangst eine Verfolgungsangst, hinter dem realen Machthaber außerdem noch der eifersüchtig verbietende Vater der Kindheit lauert und in der begehrten Mater-ie die vaginale Matrix der inzestuös geliebten und verbotenen Mammi von einst steckt, dann bekommt alles einen doppelten Boden, und nichts ist mehr das, was es zu sein scheint. Dann verständigt sich das Unbewußte des Autors und des Lesers hinter beider Rücken miteinander, vorbei an dem, was sie verstehen und verstehen zu geben glauben. Dann wird aber in gewisser Weise auch der allwissende Erzählergott der traditionellen Kunst wieder rehabilitiert, der das vermutet, argwöhnt und unterstellt, was die Helden nicht wissen (wollen) und vor sich und voreinander verbergen. Oder jede Erzählfigur ist für jede andere genau diese Anmaßung, das von ihr zu wissen, was sie selbst nicht wissen kann und will. Dann wäre Literatur die Aufzeichnung und das Protokoll jener >wilden Analysen<, die jeder mit jedem anderen anstellt, ohne daß der Autor als allwissender Therapeut das Chaos der Übertragungen und Gegenübertragungen zu entwirren vermöchte, sobald jeder Analytiker und Analysand jedes anderen geworden ist.

Das ist für mich Literatur : die totale Analyse ohne neutralen Analytiker, Kunst am Ende der Religion, nach dem Tode Gottes, die Sensibilisierung als Ort der heillosen Verstrickung ins Imaginative, die Einkreisung der Wahrheit von ihrem Gegensatz her, dem vollendeten Wahn, das Wirkliche ex negatione. Und wenn ich nicht so >sozialistisch< dichte, wie ich nicht denke, dann deshalb, weil der Marxismus die Macht des kollektiven Überich unterschätzt und begrifflich wegrevolutioniert, wenn die Söhne in den Proletariern gegen die Elternfiguren in den Machthabern antreten sollen. An die Führer, von denen sie ausgebeutet werden und sich ausbeuten lassen, bleiben die Erniedrigten vorerst homosexuell gebunden, und die rebellierenden Gruppen schweißen sich zusammen durch höchst ambivalente >Terror- Brüderlichkeit<, wie Sartre gezeigt hat. Literatur kann die Welt, wie sie ist, beschreiben, aber muß dazu schon moralisch über sie hinausgegangen sein, um sie als Hölle enthüllen zu können. Über Bestehendes hinausgehen, es transzendieren heißt aber zurückgehen auf die Erinnerung unterdrückter Wünsche, heißt Anamnesis unter antipsychotisch geprüften, realen Umständen. Die weltüberschreitenden Bilder selbst jedoch werden am Rande der Paranoia vom Künstler geschöpft aus dem >primärnarzißtischen Größenselbst< (Kohut) der frühesten Kindheit, die wir alle als etwas Absolutes zu leben gezwungen waren.

Ich will gute Bücher schreiben. Wie werden sie gut, wann sind sie gut? Ich glaube, ich muß mich in zwei einander entgegengesetzte Extreme hineintrauen, in extreme Realitätsgerechtigkeit und extreme Realitätsentfremdung. Das Buch soll die Einheit dieses Widerspruchs verkörpern, und diese Einheit kann nicht harmonisch geschlichtet sein, sondern muß dialektisch gespannt bleiben : Indem ich mich rückhaltlos in mein Material versenke, darf ich mich nicht meinem Sujet gehorsam anpassen, und nur indem ich mich distanziere von meinem literarischen Gegenstand, kann ich mich ihm einfühlend hingeben. Die erkennende Distanz und utopische Differenz zum Objekt, der Realitätsverlust, ermöglicht erst die Empathie. Umgekehrt muß ich mich ins Objektive heillos verstricken, um durch Entfremdung geschmeidig dem Gang der Dinge folgen zu können, damit Identifikation mit den Dingen mich nicht verdinglicht.

Geistreisen : Esoterik und Mystik heute

Mittelalterliche Mystiker schwärmten vom erfüllt ewigen Augenblick des *Nunc stans*, von ekstatischer Aufhebung jeder schmerzlichen Kluft zwischen Gott und Seele, Subjekt und Objekt, Mensch und Mitmensch, Sein und Bewußtsein, Natur und Geist, Sinn und Sinnlichkeit, Zeit und Ewigkeit. Noch Robert Musil, Romancier als Ingenieur, Ingenieur als Romancier, pflegte neben dem Realitätssinn den „essayistischen Möglichkeitssinn“ für den "ganz anderen Zustand des intellektuellen Eros".

"Epiphanien" eines James Joyce, die "unwillkürliche Erinnerung" eines Marcel Proust, die >Seinsgewißheit< eines Aldous Huxley unter Mescalineinfluß, das „Tat-Twam-Asi“ eines Buddhisten, die >coincidentia oppositorum< des Nikolaus Kues, die LSD-Halluzinationen eines Timothy Leary?

Gemeint ist wenn nicht das Gleiche, so doch etwas sehr Ähnliches, das in dürren Begriffen seltsam überschwänglich und beängstigend klingt. Unter solcher "Aufhebung von Raum und Zeit und Kausalität" tun sie es nicht. Jede Person betreibt ihre eigene Depersonalisation, es geht um sinnlos übersinnliche Anschauung, auf jeden Fall um Auflösung des abgegriffen Gewöhnlichen und gängig Allzuvertrauten, der alten Konventionalbestände.

Heiß verhießen werden metaphysische Abenteuer und Ferien von Ich und Alltag. Ob nun durch Religion oder durch Drogen oder aus heiterem Himmel oder durch das alles zugleich, immer geht um ganz Ungemeines, nur wenigen Eingeweihten nach langen Exerzitien in wenigen Augenblicken selten Zugängliches und lebenslang Nachwirkendes, allemal als höchst erstrebenswert Geschildertes, auch wenn nicht gleich vom Trott zum Gott katapultiert wird. Geht es nicht um säkularisierten Religionsersatz, so doch um eine "Revolution der Denkungsart", welche die Revolution der realen Verhältnisse nicht etwa vorbereiten, sondern ersetzen und seltsam überflüssig machen soll.

Die Dinge werden betrachtet unabhängig von möglichem Nutzen und von menschlicher Bedeutung. Das >Ding an sich< ist das, was übrig bleibt, wenn alles von ihm abgezogen wird, was es für mich oder dich sein könnte. Der ganz >andere Zustand< schüttet den eventuellen Gebrauchswert der Dinge zusammen mit ihrem kapitalistischen Tauschwert aus. Er stellt die "transzendentalen Bedingungen der Möglichkeit" her, die Dinge unabhängig voneinander und vom Subjekt darzustellen, das etwas mit ihnen anstellt oder sie sich nur vorstellt. Was ist die >Sache selbst<, wenn ich nichts von ihr will?

Der moderne Mensch sucht mystische Erfahrung, um keiner Gottheit glauben zu müssen. Das platonische Verhältnis zur Welt, die interesselose "Wesensschau", unverzerrt von menschlichen Machenschaften : Welche Interessen stecken hinter dieser demonstrativen Interesselosigkeit?

Um der bösen Welt nichts erst abringen zu müssen, gibt der Adept vor, sie schon überwunden zu haben. Mit einem Satz ist er bei der Aufhebung des Satzes vom Widerspruch. Kein *Entweder-Oder* Kierkegaards hemmt ihn, er steht über allen Gegensätzen der gemeinen Realität. Genauer : Er will alles zugleich, Leben und Tod, Krieg und Frieden, Sein und Nichtsein, heilige Armut und bequemen Reichtum. Dieser asketische Säulenheilige gibt sich mit nichts zufrieden; sobald er seinen Teil vom großen Kuchen hat, schreit er auch schon nach dem Gegenteil, das in denselben Eintopf verrührt wird. Alle Differenzen sind Schein, letztlich ist alles eins und dasselbe und gleich, also doch wohl gleich-gültig.

Der Mystagoge ist der Herr Sowohl-als-auch-weder-noch; das klingt so indisch, wie es sein soll, und so kindisch, wie es nicht sein will. Dieser Grenzüberschreiter und blockübergreifende Allesverdauer hat einen vorzüglichen Magen, der vor Widersprüchen keineswegs zurückschreckt. Allgemeine Denkregelverletzungen ersetzen ihm die soziale Revolte. Aus der Not der Weltfremdheit ist die Tugend der Weltüberwindung gemacht, und Kontemplation spielt die Rolle der Kontestation gegen die gemeine Menge. Sind spirituelle Erfahrungen meist mehr als infantile Wichtigtuereien?

Wer gar nichts sieht, kann immer noch schwören, daß er alles sieht, auch wenn er keinen Baum vor lauter deutschem Wald sieht. Wer nicht logisch oder nicht gern nachdenkt, der denkt eben einfach alogisch und hat sich aus den Schnürstiefeln der Logik befreit. Am liebsten tut er mal dies, mal das, je nach freiem Belieben. In aller launischen Souveränität springt er mit Natur- und Denkgesetzen um. Heute achtet, morgen ächtet er sie, wie es gerade in den Kram paßt.

Wer sein Leben nicht recht meistert, der führt eben ein Doppelleben und meistert mehr als das gewöhnliche Leben. Wer nicht ganz von dieser Welt ist, weil er sie nicht versteht und sich nicht auf sie versteht, ist eben von einer anderen Welt, wenn er sie nicht ändern kann. So ist er immer fein raus, was er auch tut oder läßt. Welcher Wunsch ist hier der Stiefvater der Gedankenlosigkeit?

Der >andere Zustand< (Musil) ist immer etwas anderes als die ureigene Zuständigkeit. Der eingeweihte Priester dieser bequemen Irreligiosität ist nur auf eins festgelegt : sich auf nichts festlegen zu lassen. Der Musilmann ohne Eigenschaften, Ulrich, will und muß immer auch ganz anders können, in aller vorpubertär verspielten Verantwortungslosigkeit. Nichts soll irreparable Folgen und unaufhebbare Ursachen haben, ja, die strenge Abfolge von Motiv und Effekt soll für den gnädigen Herrn persönlich suspendiert sein.

Nietzsche nennt den Menschen das nicht feststellbare Tier. Ausgezeichnet, ruft unser Paranoiker, der sich vor jeder verfolgbaren Identität in Sicherheit bringen muß, nicht, weil er etwas Böses, sondern nur seine Allzu-menschlichkeit zu verbergen hat, also wirklich nichts Besonderes.

Das große Ganze ist mehr und anderes als die Summe seiner Teile, jeder Mensch ist immer mehr und anders als die Summe aller Urteile über ihn, sagen moderne Anthropologen, und die Existenzialisten nicken dazu. Es nützt nichts, hinter meine Fassaden zu schauen, ich bin immer anders(wo), als ich bin : Diese Ideologie ist eine prächtige Tarnkappe für Faulpelze und Feiglinge.

Im Kampf mit dem Schißhasen ist der Igel immer schon am Ziel. Und dieser Großstadtbuddhismus verträgt sich mit allen Segnungen der Zivilisation, mit Kündigungsschutz, Krankenversicherung, Pensionsberechtigung und Urlaubsgarantie. Asketische Völlerei, weiser Blödsinn, apathische Güte : alles ist vertauschbar, nichts ist an seinem Platz.

Wer irgendwo antreffbar ist, wäre dort ja für einen Schützen auch zu treffen, und diese Identifizierbarkeit scheut unser aufgeklärter „Myst" wie der Teufel das Weihwasser. Identität ist das Schwarze auf der Zielscheibe. Ja oder Nein : Die Zumutung, sich zu entscheiden, wird als terroristische Schwarzweißmalerei verteufelt. Dagegen wird aber nicht die Farbnuance verteidigt, sondern das Grau in Grau der theorielosen Wurstelei.

Der Spiritualist gehört weder zu denen da oben noch zu denen hier unten. Er ist keins von beiden und beides zugleich, die Mitte ist so mittelmäßig, Knecht unter ihren Herren zu sein und Herr über ihren Knechten. Alles soll für mich gleichzeitig am gleichen Ort, also dort sein, wo ich selber bin. Von dem, was ich gern und wie ich's gern hätte, möchte ich nicht räumlich und zeitlich getrennt sein, nicht erst Mittel und Wege kennen müssen, es mühsam zu erreichen über Hürden hinweg. Die High-Tech-Mystik ist der Zauberstab, ohne sich zu rühren, mit einem Sprung im Schlaraffenland zu sein.

Die moderne Technik wird verachtet, aber nicht, weil sie zu weit geht, sondern noch nicht weit genug ist. Mit den elektronischen Sklaven geht es den Edelleuten noch nicht schnell und sanft, sauber und sicher und leise genug auf Knopfdruck vom Sessel aus. Mikroelektronische Digitalrobotik verspricht feudale Magie, aber vorerst ist das noch Zukunftsmusik. Die Traumreise nach Utopia ins Gelobte Land der intrauterinen Präexistenz, in den Kindergarten Eden, ist bis dahin eher ein Designerdrogentrip. Da ist alles immer schon vollbracht und erreicht und gleichzeitig wieder ganz anders, als der Laie es sich denkt. Nichts fehlt mehr, der Mensch ist dort, wohin er will, aller Kenntnis von Natur- und Sittengesetzen überhoben; der Lehnstuhl als Lehrstuhl wird Raumschiff und Traumschiff für intergalaktische Unterweltreisen.

Kurzum : Kein lästiges Nebeneinander, Nacheinander und Gegeneinander mehr. Hart im Raume stoßen sich die Dinge, im Binnenraum wird alles weicher, und diese Aufweichung wird die neue Abweichung vom Üblichen. Die Welt der komplizierten Vermittlungen und Zwischenschritte fällt weg, jeder ist zur Erfüllung seiner Wünsche unmittelbar wie früher zu Gottvater selbst, der heute eher als der lästige Dritte im Bunde von Guru und Kosmos, Teilchem und großem Ganzen der Big Brothers empfunden wird.

Entweder versteckt der Eigenheim-Mystiker sich vor seinen imaginären Verfolgern im großen Ganzen oder im unscheinbar Kleinen. Wer da begreifbar ist, ist (an)greifbar. Begriffe sind Übergriffe, und wer die Augen davor schließt, sieht alles und gar nichts. Er ist immer anders(wo), um nicht an einem bestimmten Ort zu einer bestimmten Zeit (an)treffbar zu sein. In jeder Begegnung droht ein Gegner, in jedem Gegenüber ein bloßer Gegenstand. Der "andere Zustand" heißt überall und nirgends sein, unbestimmbar, jederzeit und niemals, nur nicht dieser hier oder jener dort.

Heisenbergs Unschärfe-Relation ist wie eine physikalische Analogie dazu : Wer an unserem paranoischen Mystiker den jeweiligen Standpunkt bestimmt, kann nicht mehr sicher dessen Richtung ausmachen; durch ein Rattenloch entwischt er immer seinen Klassifikateuren. Wer seine träge Masse mißt, kennt nicht seine Impulsivität, und umgekehrt.

Etwas Bestimmtes sein heißt mit anderen vergleichbar sein, über, unter, neben, vor und hinter anderen sein. Der Spiritualist verschwindet in seinen Absencen, er ist nie ganz da und bei der Sache, immer anderswo und nirgends und auf dem Quantensprung in die nächste Dimension. Diese einzige Weigerung, Objekt und Subjekt von Urteilen zu sein, ist für sich selbst immer mehr und anders, als er je in den Augen anderer sein könnte, deren Urteil er sich nie stellt. Das Große Ganze ist Flucht vor Differenzen, und der Einzelne versteckt sich darin wie in Mutters Schoß. Lieber eins sein mit dem All als mit allen Leuten, lieber alles und nichts als nur einer unter anderen. Untaxierbar überlegen bin ich dann allen meinen Leistungen und Verdiensten, Motiven und Determinanten.

Die Kluft zwischen Subjekt und Objekt ist durch Magie überwunden, auf *einen* faulen Zauberschlag und nicht durch ehrliche Arbeit. Der Urschrei sagt : »Fixieren Sie mich nicht so!« Der vollkommen Gelähmte fühlt sich unendlich beweglich, dazwischen gibt es nur den grauen Alltag. Wer keine Pläne schmiedet und sich in keine Handlungen stürzt, um nicht auf den Widerstand der Dinge zu treffen, überfliegt eben die sperrige Welt. Wer in die Zukunft plant, lebt in der Gegenwart : Schmerzlich wird er in jeder Minute daran erinnert, daß er noch nicht dort ist, wohin er möchte, und noch dort ist, woher er kommt.

Aber der Spiritist nimmt sich nichts vor, um nicht aufgehalten zu werden, er ist immer schon angekommen. Wer über Raum und Zeit und Kausalität sich erhaben dünkt, schafft die Wirklichkeit wahnhaft um und lebt nicht in der Welt der Mittel und Wege, der Ziele und Zwecke, der Pläne und Ursachen. Wer auf etwas hinaus will, muß sich in Kleinarbeit verlieren, weil jeder Wille Widerwille erregt, der gebrochen sein will oder besänftigt.

Aus allen Projekten schert er aus in bloße Projektionen. Die Welt? Man muß sie erkennen und anerkennen, um sie ändern zu können. Der *andere Zustand* ist für anderes zuständig. Geschichte? Viel zu mühsam. Schöner ist der Querschnitt und Schnappschuß, der die Welt am Zielpunkt in Momentaufnahme erstarren läßt. Das ist Einheit *vor* aller Vielfalt, nicht jene AllgemEinheit, die erst der Begriff aus vielen Puzzlesteinen mühsam ermittelt. Wer den Umgang mit lebenden Menschen scheut, pflegt umso lebendigeren Umgang mit toten Dingen und Menschen.

Der Impotente sucht die Verschmelzung mit dem All statt mit dem anderen Geschlecht, versenkt sich in Mineralien, Pflanzen, Tieren, Planeten, kosmische Energien, spricht mit ollen Pharaonen und grünen Männchen, nur nicht mit dem Nachbarn. Nicht jeder, der an seine verlorene Kindheit denkt, wenn er einen in Tee gestippten Keks auf der Zunge zergehen läßt, ist deshalb auch schon ein Marcel Proust.

Aber es ist die Welt selbst, die meinen Ruf und Anspruch reflektiert wie eine Bergwand, und das Echo fällt bekanntlich anders aus je nach den Objekten, auf die meine Schreie treffen. Wenn ich Ruf und Resonanz im Kopf vergleiche, ist die besondere Art der Verzerrung eben der spezifische Beitrag des getreu reflektierenden Objekts. Kurzum : Das Echo auf meine Rede verrät mir ebenso viel vom Objekt wie von mir selbst, und wer nicht in den Wald hineinrufen will, will entweder nur wenig von sich und der Welt erfahren, oder er ähnelt dem Mann, der Diana im Bade überraschen und paradox etwas sehen will, bevor sein Blick je darauf gefallen ist. Der Wunsch nach einem Blick auf das berühmte Ding-an-sich kann natürlich auch der bloße Wunsch nach weiblicher Unberührtheit sein, also das Ergebnis männlicher Angst vor Vergleichen mit anderen Männern. Steckt in der Sehnsucht nach der ersten Berührung unberührter Dinge mehr als nur ein neurotisches Virginitätsideal?

Nicht erst seit Kant mißtraut die Vernunft sich selbst. Schon immer wurde im Auge nicht nur das Mittel gesehen, um Dinge zu sehen, sondern auch das Mittel, um sie nicht zu sehen, wie sie sind. Das Auge verbirgt uns, welcher Ausschnitt aus der Realität ihm zugänglich wird. Wir sehen etwas, aber nicht, was wir übersehen, hinzusehen und *wie* wir sehen. Das kann nur mühsam erschlossen werden mit dem geistigen Auge, wie Plato sagt, und unsere Augen mögen uns betrügen, aber ohne sie würden wir nicht einmal falsche Dinge falsch sehen. Wer nicht in den Wald hineinruft, macht es ihm unmöglich zu antworten mit allerlei Angaben z. B. über das Nutzhölzerne der Bäume und den ästhetischen Wert des Hintergrundrauschens.

Aber wenn die Antworten der verhörgefolterten Natur nur Echos auf peinliche menschliche Fragen sind, entsteht leicht ein Gedanke, den Kant >Traum eines Geistersehers< nannte : Nur wer von den Dingen gar nichts wolle und nichts mit ihnen anstelle, dem geben sie sich so, wie sie wirklich sind, dem kehren sie nicht nur die Kehrseite unserer Bedürfnisse zu, sondern ihr Innerstes, das nicht nur ein Spiegel menschlicher Innerlichkeit ist.

Eine solch gelassene Neugier ist zwar nur passiv, aber von einer äußerst aktiven Passivität, die das Objekt nicht zwingen will, sich von einer selektiv bevorzugten Seite zu präsentieren, sondern es gewähren und dorthin lassen will, wohin es von sich aus möchte, falls es von Natur aus überhaupt etwas möchte. Wenn die Bilder, die ein Gegenstand mir zeigt, von dem abhängen, was ich jeweils mit ihm vorhabe, dann liegt der Gedanke nahe, daß meine Ansichten umso objektiver werden, je mehr ich die subjektiven Absichten daraus tilge. Was sind Objekte ohne Affekte und Projekte der Subjekte?

Aber wer an sich von den Dingen nichts will, um sie nicht verfälschend zu beeinflussen, kann natürlich auch jemand sein, der einfach nur Angst vor ihnen hat oder aus der Not, nichts mit ihnen anfangen zu können, die zweifelhafte Tugend macht, sie durch eigenes Schweigen zum Sprechen zu bringen.

Er könnte so etwas wie einen Ödipuskomplex in Bezug auf die ganze Natur haben. Vielleicht will ein solches Menschenkind Mutter Natur so sehen, wie sie an sich und nicht, wie sie für den Vater im Himmel da ist. Was nicht für mich da ist, ist wider mich, weil es für andere da ist : So wird mein Gegenstand, der mir einen Korb gibt, zu einem enttäuschenden Widerstand gegen meine Erkenntnispotenz.

Neben dieser neurotischen Weigerung, etwas zu einem Dingsbums-für-mich zu machen, gibt es auch psychotische Widerstände. Immer ist notiert worden, daß manche Schizophrenen das beglückende oder nur beklemmende Gefühl haben, Dinge zu erleben, bevor menschliche Fettfinger ihre Spuren auf ihnen hinterließen, Dinge ohne menschliche Bedeutung im Roh-

und Reinzustand. Aldous Huxley spricht in den »Pforten der Wahrnehmung« von solch schizoiden Empfindungen nach Einnahme der Droge Mescalin. Schizophrenie ist der Wahn, die Welt ohne wahnhafte Verzerrung zu erleben, das Nettogewicht nach Abzug aller menschlichen Passionen.

Reine Objektivität ohne affektive Zutat, das ist reine Subjektivität ohne Einspruch der objektiven Realität. Wenn es stimmt, was die moderne Psychiatrie behauptet, dann rettet sich ein Mensch aus Beziehungsfallen der *double-binds* in die ängstliche Weigerung, bestimmte Objekte mit bestimmten libidinösen Besetzungen zu versehen, wenn er die Erfahrung machen muß, daß jede Form seiner Beziehungen bestraft wird. Affektiv besetzt er Objekte nur, um die Beziehung zu ihnen affektiv zu leugnen, und er leugnet diese Beziehung, um sie halbwegs angstfrei aufrechterhalten zu können.

Wenn jede Form der Beziehung sich bestraft fühlt, kann jede *Kathexis* der Objekte aufgegeben und das Individuum sein einziges narzißtisches Objekt werden. Wer dann etwas so zu sehen glaubt, wie es unabhängig von ihm ist, erliegt nur einer Illusion, denn sein Übermaß an unkontrollierter Subjektivität ist es, das ihm diese Objektivität vorspie(ge)lt, und er sieht die Dinge nicht, bevor sie ihm etwas bedeuten können, sondern umgekehrt, nachdem sie aufgehört haben, ihm etwas zu bedeuten.

In diesem Stadium gleichen Dinge eher erloschenen Vulkanen als unberührtem Neuschnee; ihr reines Weiß ist eher Leichenweiß als Hochzeitsweiß. Jeder Adam holt aus Mutter Natur mehr heraus, als er zuvor in sie hineingesteckt hat, da die Natur aus seinem

Phallus ein Kind macht und aus diesem Kind ihren Phallus. Kant war ein unfruchtbarer Junggeselle, bei ihm geht die geistige Amortisation um nichts hinaus über rationale Investition in sinnliche Erfahrungen.

Manisch und panisch zieht der >Schizo< dem Allzumenschlichen das Unmenschliche vor. Ihm wird die Grenzsituation zum Alltag, weil ihm das Alltägliche zur Extremsituation wird. Aber *daß* er dieses Vormenschliche sucht, ist nur allzu menschlich, wo umgekehrt das Allgemeinmenschliche un(ter)menschlich dünkt. Die verzweifelte Suche nach dem Übermenschlichen ist meist nur Angst vor dem Allzumenschlichen, und die Bekämpfer des banalen Nützlichkeitsdenkens sind oft nur schlicht unfähig, Nutzen aus sich und den Dingen zu ziehen und ihren kleinen Alltag zu meistern. Aus der Not, Frau Welt nicht erobern zu können, wird die zweifelhafte Tugend gemacht, die blaue Blume eines Bumsdings-an-sich zu suchen. Oft schlägt so einer das >System< und meint nur seine eigenen Siebensachen, und wer das Gewöhnliche nie kann, kann deshalb noch nichts Ungewöhnliches.

Naturwissenschaftler erheben den schon nicht mehr naturwissenschaftlichen Anspruch, von der Natur zu wissen, was objektiv an ihr ist. Kant rechnete ihnen vor, mit welch unreflektiertem Vorverständnis und Vorurteil dieses objektive Interesse gemeinhin behaftet ist. Der Naturforscher selbst, nicht erst der technisch-industrielle Nutzanwender, habe der Natur immer schon auf den Mutterleib zugeschnitten, was seine leidenschaftslose Leidenschaft als ihre objektiven Merkmale klassifizierend aufgesammelt haben will.

Der Irre und der Positivist sind nur Kehrseiten derselben Medaille. Der "Schizo" ist selbst das Ding an sich, das er zu sehen glaubt, wie es noch *vor* seinem Blick ist. Er *ist* das tote Ding an sich, das er nicht hat und nicht erkennt. Das verbindet ihn mit dem Logiker, dessen Gegner er ja angeblich ist. Mathematik und Schizophrenie haben oft dieselbe menschliche Wurzel, wie oft notiert wurde. Der "Schizo" ist alles andere als der heute glorifizierte Widerstandskämpfer gegen eine naturbeherrschende Systemrationalität, sondern selber der rationale Machtwille, dessen Todfeind er sein soll. Seine Unvernunft ist nur der auf die Spitze getriebene und zu Ende gelebte Affekt reiner Rationalität selbst. Das Ding an sich, das er ist, ist die durch kein Realitätsprinzip und keine logische Disziplin gefesselte Willkürorgie, die sich für ihr Gegenteil hält und ausgibt, und gleichzeitig passiver Spiegel der eigenen undurchschaut objektiven Strukturen. Wer unsere Welt zum Objekt seiner Willkür macht, kann sich selbst nicht verschonen. Er macht auch denjenigen zum Objekt, der alles zu seinem Objekt macht, und er macht vor allem zum Objekt, *daß* er alles zum Objekt macht. Es gibt nichts Unaussprechliches, sondern nur *Normopathen*, die etwas verbergen wollen oder sich nicht ausdrücken können. Mystiker kennen verlorene Mutterkindsymbiosen besser als objektive Natur pur. Mystik 2000 ist mystifizierter und mystifizierender Machtwille.

Vorsicht Satire **: „Wer was kann, tut es; wer nichts kann, lehrt es.“**

Der >Neue Schullehrer< ist dadurch Pauker, daß er keiner sein will. Seine Autorität übt er aus, indem er sie vor seinen Schülern, vor deren Eltern und vor sich selbst sorgfältig verbirgt – indem er verbirgt, sie davor zu verbergen. Natürlich stellt er sich stets auf die Seite seiner Erziehungsbefohlenen gegen deren Eltern und seine eigene Schulbehörde. Er will sie nicht autoritär erziehen, d.h. er unterwirft sich blind der Autorität seiner Schüler und deren Dummheit. Dafür strafen ihn die Schüler mit Verachtung. Er ist Lehrer und einer seiner Schüler zugleich. Ununterbrochen entläßt er andere Menschen in ein Leben, in das er selbst nie eingetreten ist – sofern er Lehrer wurde, um die Schule nie verlassen zu müssen. Er wurde darauf vorbereitet, Menschen auf ein Leben vorzubereiten, das er selbst gar nicht kennengelernt hat. Entweder genießt er es, Abhängige unter sich zu wissen oder selbst einer von ihnen zu sein. Er ist nicht nur abhängig von seinen Vorgesetzten, sondern auch von den Abhängigen, die vor ihm sitzen. Pädagoge ist er geworden, weil er den Konkurrenzkampf und das Leistungsprinzip der freien Marktwirtschaft fürchtet. Er verwahrlost die Jugend, aber das tut er progressiv. Der alternative Anti-Pädagoge macht das kleine Klassenzimmer zu einem Hort der Klassenkampflosigkeit und der Freiheit von Wettbewerb und Spitzenleistung. Begabte Kinder sind undemokratische Egoisten und stören nur den Gemeinschaftsgeist, dem sie zu opfern sind. Der Lehrer weiß nichts, also nicht mehr als seine Schüler. Er ist nur einer unter ihnen, also steht er noch unter ihnen und ist stolz darauf. In seinen vier Schulwänden wenigstens soll das klassenlose Klassenzimmer als freier Kinderspielraum verwirklicht sein, die schon vorweggenommene klassenlose Miniaturgesellschaft. Leistet er seine volle Pflichtstundenzahl ab, geht er zum Mittagessen bereits wieder nach Hause und seinen Hobbies nach. Um nicht die Kinder totzuschlagen, schlägt er dort die Zeit tot. Vom Mittagessen erholt er sich durch langen Mittagsschlaf, um dem Vormittagsstreß seiner pädagogischen Erfolglosigkeit nicht zu erliegen. Danach geht er der berufsspezifischen Gewohnheit nach, Kaffee zu trinken, spazieren zu gehen, im biodynamischen Wildwuchsgarten herumzupusseln und Tischtennis mit den eigenen Kindern zu spielen. Mehr als Halbtagsarbeit hätte er, wenn er seine Nachmittage wirklich mit jenen Konferenzen und Korrekturarbeiten zubrächte, über die er gewerbsmäßig stöhnt, nicht weil er sie ableistet, sondern weil er sie eigentlich ableisten müßte. Kurzum: Er ist der Schüler seiner Schüler, die die Lehrer ihres Lehrers sind. Seine Rehabilitierungskuren ersetzen die Fortbildungskurse. Da er jeden Morgen unvorbereitet in das geht, was er seinen Unterricht nennt, fühlt er sich permanent überlastet durch Arbeiten, die eigentlich zu tun wären, d.h. sein Berufsleben ist ein einziger legaler Bummelstreik. Was ihn drückt, ist nicht das schlechte Gewissen, sondern höchstens die Last der Arbeit, vor sich selbst und vor der Bevölkerung, der er Rechenschaft schuldet, einen halbwegs überarbeiteten und unterbezahlten Eindruck zu machen. Nur ganze vier Prozent aller Pädagogen erreichen das volle Rentenalter, 96 Prozent flüchten sich rechtzeitig in die Schulunfähigkeit, die sie ja von Anfang an hatten. Zwanzig Wochenstunden lang kämpft seine unrationelle Schussligkeit nun gegen die Vierzigstundenwoche, die der Lehrer hätte, käme er seinen Pflichten wirklich nach, statt ungestraft überbezahlte Halbtagsarbeit zu leisten. Worin besteht seine Arbeit? Er arbeitet mit Kindern vermeintliche Defizite auf, die meist eher seine eigenen sind. Von der Bevölkerung, d.h. von der Presse, vom Volksmund, von den Eltern seiner Zöglinge, fühlt er sich ewig verkannt als Edelpenner mit 80 Ferientagen im Jahr. Der exzeptionelle Schwierigkeitsgrad seines Berufs soll darin bestehen, als Erwachsener mit Jugendlichen zu arbeiten statt wie andere Erwachsene mit Erwachsenen oder am toten Material. Und an den Nerven zerrt seine Tätigkeit nicht etwa deshalb so unverhältnismäßig, weil er für seinen Beruf eigentlich gar nicht geeignet ist, sondern weil ... aber da höre man ihn lieber selbst. 80 Prozent aller Lehrkräfte haben nicht erst im Amt ihre Nerven verloren, sondern schon aus neurotischen Gründen diesen Job gewählt, vermuten Kenner. Zu einer ernsten Beschäftigung mit den Fächern, die sie unterrichten, hat es nie gereicht, aus Mangel an Talent und Neigung. Wer von Anfang bis Ende des Studiums, vorher wie nachher, nie so recht wußte, was er im Leben werden sollte, wurde aus Angst vor der marktfreien Wirtschaft eben Schullehrer, der leider kein Einpauker mehr ist. So braucht er nie mehr zu lernen, als er ohnehin schon weiß und aus der eigenen Schulzeit mitbringt. Staunend darf er im Dienst entdecken, daß es fast noch Dümmere gibt als ihn und Menschen, die es noch weniger interessiert als ihn selbst, was er ihnen vermitteln muß. Eine Zeitlang wundert er sich noch, seine Schüler nicht stärker >motivieren< zu können, als er selbst motiviert ist, nämlich gar nicht. Aber der Lehrer wird dafür bezahlt, sein Schüler nicht. Betroffen macht nur, daß er Schüler von allem möglichen Unsinn >betroffen< machen will. Die >Betroffenheitspädagogik< sucht ständig neuartige Tricks, um

Heranwachsende für etwas zu interessieren, was entweder völlig uninteressant ist oder diesen Lehrer genauso wenig interessiert. Den Lehrer interessiert nur, daß Schüler sich dafür gefälligst zu interessieren haben. Er fordert ständig kleinere und teurere Schulklassen und noch weniger Unterrichtsstunden, um dem einzelnen Schüler – und nicht etwa sich selbst – gerechter zu werden. Braucht er mehr Zeit und Geld und Schlaf für sich selbst weil für seine Zöglinge oder umgekehrt? Konferenzen, Verwaltungsaufwand, Elternabende, Korrekturarbeiten, Unterrichtsvorbereitung und -nachbereitung, Referendarsausbildung, lediglich Überforderungen zerren da an ihm, seine 60-Stundenwoche ist ein einziger Skandal. Eine 30-Stundenwoche hätte er bei souverän rationeller Organisation seiner Arbeit, an der seine neurotische Faulheit ihn hindert, die er dann auf der psychotherapeutischen Couch auch eher auslebt als behebt. Natürlich passiert ihm überhaupt nichts, wenn er wie üblich gar nichts tut. Niemand guckt ihm über die Schulter und kontrolliert die Qualität seiner Arbeit; er kann tun und lassen, was er will, innerhalb seines Klassenzimmers souveräner als ein König. Um die Schüler nicht sexuell zu verführen, unterläßt er es, sie auch nur intellektuell zu verführen. Er wird dafür überbezahlt, seine vielen Macken an den wehrlosen Schülern ungestraft austoben zu dürfen. Kritik an ihm ist entweder konstruktiv, also gar keine, oder nur ein neidisches Vorurteil der üblen Nachrede. Und wenn er zufällig einmal stolz darauf sein kann, kein Tyrann zu sein, benutzt er seine Machtvollkommenheit eben nur dazu, sie nicht immer zu benutzen. Will man ihm glauben, ist er ein Vorkämpfer. Während die Arbeitnehmer draußen in der sogenannten Wirtschaft vergeblich gegen die Massenarbeitslosigkeit um die 35-Stundenwoche kämpfen, hat der Lehrer auf eigene

Faust in aller Zivilcourage immer schon die 25-Stundenwoche für sich erbummelt. Deshalb ist er immer geschafft und ausgepumpt und bedient, also echt kaputt, du. Täglich einen ganzen Vormittag lang als unfertiger Mensch vor unfertigen Menschen stehen, das macht schon fix und fertig und nicht erwachsener. Befeuert vom pädagogischen Eros, arbeitet dieser ungewordene Mensch an werdenden Menschen, die er ins sogenannte Leben entläßt, um nicht selbst dorthin zu müssen. Einer zarten >Pädophilie< wird kaum noch ein Pädagoge überführt oder auch nur verdächtigt. Liebe zum Lernenden ist ein Fremdwort. Der moderne Lehrer ist anti-autoritär, er weiß und kann nicht mehr als seine Opfer. Gegen die Autorität ihrer Ignoranz ist er machtlos, und erst wenn er mindestens so kindisch ist wie sie, strengt der Unterricht nicht mehr an. Für der Weisheit letzten Schluß hinter vorgehaltener Hand gilt inzwischen, sich von Schülern nicht mehr ausnutzen und auf der Nase herumtanzen zu lassen, also die Rückkehr zur bequemen Paukschule mit linken Parolen gefällig zu verbrämen. Mit dem Walkman im Ohr steht er inmitten seiner Fellows als jeansgezwängter Anbiedermann und Unwichtigtuer, mit dickerem Bauch und lichtem Haar der einzige Jungbewegte unter so vielen frühvergreisten Kids. Die Stunden werden damit verbracht, die Comic-Hefte zu besprechen, die sie mitbringen, und Techno-Musikdisketten auf ihre Botschaft hin zu analysieren. Er bietet seinen Pfleglingen keine Angriffsfläche mehr, gerade dafür wird er angegriffen, und man wundert sich, daß er sich darüber wundert. In jedem neuen Schuljahr erprobt er eine alternative Pädagogik, um die Schattenseiten der gestrigen durch die Nachteile der morgigen zu kompensieren, bis die Frühpension amtsärztlich bewilligt ist. Nachts träumt er von den sozialen Bedingungen der Möglichkeit anti-pädagogischer Kindesentfesselung, also von seiner eigenen Emanzipation von allen Emanzipationsbedingungen. Legt er etwa als Deutschlehrer doch noch Wert auf ein Mindestniveau, macht er aus der Not, die Mindestqualifikationen bürgerlichen Rollenverhaltens nie ganz gelernt zu haben, die zweifelhafte Tugend, seine viel lebenskundigeren Schüler mit dem armen Kafka zu traktieren, um auch ganz up to date zu sein.

Am Ende ist er so sehr einer der ihren, daß er ihnen mit Erfolg nichts mehr beibringen kann, weder Kenntnisse noch Flötentöne. Zum Glück sind die meisten Jugendlichen robust genug, es später im Leben doch zu etwas zu bringen, trotz der Schule und nicht dank der Schule. Sie lernen es, ihre geübten Schwächen in Kopfrechnen und Rechtschreibung als Stärken zu verkaufen. Die »mündliche Sprechkompetenz«, die gesammelte Sachinkompetenz vor allen Ko-Ignoranten frei und ungeniert offen zu vertreten, wird ja im modernen Anti-Unterricht mit und ohne Kafka gründlich erworben, d.h. der Stolz darauf, von nichts eine Ahnung zu haben, also die nun als >Umwelterziehung< getarnte Verachtung derer, die zwei linke Hände haben, für bloße >Kopfwichser<.

Im Wein, sagt der Volksmund, steckt Wahrheit, wie sie Kindermund spricht, aber niemand wird sie soweit verdrehen zu sagen, daß sie aus dem Mund eines betrunkenen Kindes kommt. Ist der Kluge immer der Dumme? Fragt man ein Schulkind, wen es für den verächtlichsten Menschen der Welt hält, wird es häufiger den Primus seiner Schulklasse nennen als seinen Klassenlehrer selbst, dem der Primus als einziger Schüler besonders unkritisch zu folgen und zu gefallen sucht durch gute Noten und gutes Betragen. Jeder weiß, daß der Musterschüler nicht nur unter Mitschülern und Gegenschülern, sondern auch unter eigenen wie fremden Eltern, also unter allen ehemaligen Schülern eine viel schlechtere Presse hat als der Klassen-Esel oder der schlimmste Klassenrüpel, unter dem alle leiden, ohne sich wehren zu können. Gegen leise Musterschüler kann man sich wehren, indem man sie verachtet und sich ihrer Überlegenheit für überlegen hält. Nur auf den ersten Blick ist es am verwunderlichsten, daß vor allem der Lehrer, obwohl der dämliche Flegel seiner Bequemlichkeit ja doch am wenigsten schmeichelt, diesen viel tiefer respektiert als dessen positiven Antipoden. Das wird mehr als deutlich an der Geste, mit der ein Lehrer auf der Schulabschlußfeier, die alle Schulinsassen ins sogenannte Leben entläßt, beim großen Besäufnis sich eher verbrüdert mit dem Klassenrowdy, der ihn dauernd zur Weißglut brachte, als mit dem Klassenprimus, der ihm dauernd nach dem Munde redete und anders als der Lehrer selbst die übermittelten Werte und Worte beschämend ernst zu nehmen wagte. Der Lehrer, wenn er wie üblich keiner von beiden war, sondern im breiten Mittelfeld mitrannte, wäre als Schüler, hätte er wählen müssen, selbst lieber der rüpelige Rebell als der blasse Streber gewesen. Wir lernen in der Schule, daß wir nicht für die Schule lernen, sondern für das Leben, und der wilde Klassenletzte, scheint es, lernt so wenig für die Schule wie der Klassenerste für das Leben. Seltsam doppelte Buchführung : Der offiziell Respektabelste bei Jung und Alt ist der insgeheim Verächtlichste, während der öffentlich Verdammteste der geheime Held aller ist. Offiziell wäre jeder allzu gern der Stubenhocker mit den vielen Einsen im Zeugnis, den er haßt, und insgeheim wäre jeder lieber der berüchtigte doofe Kotzbrocken – auch und gerade, wer es am wenigstens zugeben darf, der Lehrer selbst. Tief innen, wenn niemand zusieht und zuhört, glaubt fast jeder, daß die Note Sechs im Leben der Schule nichts ist als eine Eins in der Schule des Lebens und umgekehrt, so daß das Ressentiment der nur schwach Ankultivierten gegen die lebensuntüchtige Weltfremdheit der bebrillten Büchernarren als geprüftes Urteil firmieren darf. Kurzum : Ein Schulwissen, das später nie zu sozialen Privilegien führt, gilt immer als Hochform der Dummheit, aber soziales Prestige muß umgekehrt gar nicht kulturell legitimiert sein.

Der Durchschnittspädagoge hält selbst so wenig von dem, was er lehrt oder wenigstens lehren sollte, daß er einen Schüler, der alle Maßstäbe der Schule an Leistung und Auftreten erfüllt, nur verachten kann. Seine Verachtung weiß er nur in den Dank zu hüllen, daß dieses Exemplar seine Nerven am meisten geschont hat und eben trotz aller pädagogischen Bemühungen etwas gelernt hat und geworden ist, was der Lehrer sich dann ganz zu Unrecht, als Entschädigung für diese Beleidigung, auf sein Konto zu schreiben wagt.

Wenigstens ist das alles so oder so ähnlich zu der Zeit gewesen, als meine Altersgenossen noch Schüler waren. Angeblich hat sich das inzwischen alles zum Besseren in sein Gegenteil verkehrt, seit die Lehrer in dem lobenswerten Bemühen, die Kluft zwischen Schule und Leben schon auf der Schule weitgehend zu schließen, nicht mehr den als falsch durchschauten Ehrgeiz haben, ihre Anbefohlenen im Klassenzimmer ein bißchen von dem wieder vergessen zu lassen, was sie in Filmen, Discos, Comics und Websites heute lernen müssen vom Leben.

Lehrer, Schüler, Eltern und Kultusbehörden sind sich längst einig im zeitgemäßen Urteil, daß Latein und Griechisch ihren verdienten Tod an den Schulen nicht überleben sollten, und daß Mathematik sehr leicht zur geistigen Onanie verleite, wie die exakte Naturwissenschaft der Hauptschuldige sei an der industriellen Dauerschändung der jungfräulich reinen Mutter Natur. Ich weiß nicht, ob die Befreiung des Schülers in der Schule von der Schule inzwischen erfolgreich abgeschlossen werden konnte, d.h. ob der Klassenletzte von früher heute offiziell der Klassenbeste sein darf, der er inoffiziell immer schon war, und der alte Primus inzwischen ein unnützer Vollidiot ist, weil das Buchwissen nur beim Überleben stört. Als ich viele Jahre nach der Aushändigung des Reifezeugnisses ehemaligen Mitschülern im wirklichen Leben draußen zufällig wiederbegegnete, um zu sehen, ob die unter vielen Opfern in sie investierten Erwartungen sich in Karrieren und Lebensglück amortisiert hatten, war das eine denkwürdige Entdeckung, die der Rede wert ist. Aus den aufmüpfigen Rabauken von ehedem, die sich nur durch Grunzlaute und Faustschläge miteinander zu verständigen pflegten und denen die Muttersprache immer jene exotische Fremdsprache geblieben ist, die sie an Gastarbeitern als grobes Assimilationshindernis verurteilten, und die immer lieber mit Rauf- und Saufkumpanen als mit Zahlen gerechnet hatten, aus diesen dümmlich rülpsenden Schnöseln von damals waren die Spießbürger und konformistischen Musterschüler des Lebens geworden, während die am wenigsten Kompromißbereiten von heute früher einmal die ewigen Streber und Mucker gewesen waren. Es bleibt unklar, welches Licht damit geworfen ist auf das geheime Wunschziel jeder Lehrkraft, eher ganze Kerle als hasenherzige Mimosen zu produzieren.

Man könnte sagen, daß die Fähigkeit, die deutschen Kaiser und Könige vorwärts und rückwärts aufzusagen, noch keine besondere Befähigung zur Führung von Konzernen andeutete. Man könnte daraus mit ähnlicher Berechtigung aber auch lernen, daß jemand, der als Schüler so blöd war, Schiller zu lieben und auswendig zu lernen, später schlau genug zu sein droht, weder Fließbandarbeiter noch Fließbandaufseher zu werden oder die Deutschlehrer herzustellen.

Daß über Beamte zu viele Vorurteile kursieren, ist das größte Vorurteil. Haben sie ihre totale Daseinsfürsorge noch zu bezahlen mit Streikverbot und Niedrigbezügen? Sie gehen für alles auf die Straße, ohne je auf der Straße zu liegen. Sie demonstrieren gegen alles, nur nie gegen ihre Privilegien. Ist die deutsche Demokratie eine Berufsbeamtenoligarchie?

Beamtentum 2000 ist Feudalismus 2000, Staatsdiener sind die wahren Edelleute von heute, 1789 ist lange her. Statt sich z.B. auf eigene Kosten eigene Sanatorien zu bauen, nutzen sie öffentliche Krankenhäuser kostenlos mit. (Das klassenlose Krankenhaus ist die Krankheit, für deren Sanierung es sich hält.)

Sind Lehrersozialisten fähig und willens, das Volk erwerbsfähig und die Wirtschaft wettbewerbsfähig zu machen?

Ungerechte Richtigkeit : Adorno recalled

Was denkt Adorno, wenn er ans "Nichtidentische" denkt, das ihn sinnlich berührt, ohne sich gewaltlos identifizieren zu lassen? Es soll so wenig Seiendes sein wie Heideggers >Seyn< und so wenig bloß Subjektives wie allgemeingültig Objektives. W. Adornos >Nichtidentität< läßt sich erkennungsdienstlich aber identifizieren, ohne sie, was er vor allem zu fürchten scheint, wie einen Untäter zu verfolgen. Seine Ergriffenheit durch eine Sache will alles andere sein als die Ergreifung eines Untäters durch die Gedankenpolizei.

Er macht sich einen Begriff von dem, was Begriffe ihren Gegenständen antun, also vor allem von dem Begriff, den jeder sich von der Welt macht. Kein nominalistischer Philosoph vor ihm hat den Einzelnen so unübertrefflich geschildert als getroffenes Opfer der Angriffe und Übergriffe von Allgemeinbegriffen, die sich an Individualisten vergreifen. Adorno hat einen Begriff von Begriffsstutzigkeit, die mehr begreift als der Polizeigriff der professionellen Identifizierer.

Aber die Wirkung auf seine Leser ist dialektisch wie sein Denken selbst. Wer nicht will, daß ihm selbst auf die Schliche gekommen wird, wer sich nur als Opfer und nicht auch als Komplize des herrschenden Systems begreifen möchte, identifiziert sich nur zu gern mit einem Autor, der die Nichtidentitätsausweise verschafft und uns vor dem Verdacht auf Verfolgungswahn oder auch Verdunkelungsgefahr philosophisch schützt. Täter werden geradezu eingeladen, sich zu identifizieren mit der Rechtfertigung jeder Flucht vor

Identifikation. Wer Identifizierung zu scheuen hat, weil er entweder gar nichts oder nichts Gutes zu verbergen hat, darf sich mit Adornos Segen fast schon als großer Dienstverweigerungsindividualist fühlen. Damit keine Unschuldigen identifiziert und verfolgt werden, stellt Adorno die Identifizierung der Täter ein und begnügt sich damit, die Verurteilungstechnik zu verurteilen.

Wer verurteilt werden können soll, muß eindeutig identifizierbar sein, aber Adorno fürchtet, schon durch die Identifizierung vorverurteilt zu sein. In jeder Behauptung wittert dieser Verteidigungsphilosoph eine Enthauptung, in jedem Urteil über ein Objekt, das zum grammatikalischen Subjekt eines Satzes wird, wehrt er dessen definitive Verurteilung ab. Lieber läßt er die Täter mit ihren Opfern laufen, als die Opfer mit den Tätern zu fassen. Für den Erkenntnistheoretiker Adorno ist jede Aussage vor dem Gerichtshof der Erkennungsdienste schon durch ihre logische Urteilsform, also unabhängig vom Inhalt des Satzes, so etwas wie ein rechtskräftiges Todesurteil über ihren Gegenstand, Berufung hin, Berufung her. Das grammatikalische Objekt des Satzes prätendiert gleichsam, über das von vornherein (a priori) zweifellos zweifelhafte Satzsubjekt etwas Objektives zu prädizieren. Spätestens seit Kant sind logische Urteilsformen zugleich die kategorischen Gegenstandsformen. >Kategorie< meint ursprünglich, was jemandem auf der Agora, also öffentlich vor aller Augen auf den Kopf zu gesagt wird. *In dubio pro reo*, und res, die Sache selbst, ist ja der Angeklagte : Dubito, ergo sum, et de omnia dubitandum, sagte Descartes.

Adorno neigte mit Nietzsche dazu, jedes Urteil für ein Vorurteil zu halten, also für eine Vorverurteilung des

Delinquenten, weil die besonderen Umstände jedes Falles nie soweit berücksichtigt würden, daß bei einem Verfahren (Methode) mehr herauskäme als eine kastrierende Subsumption bloßer Fälle unter die allgemeinen Gesetze. Gerade das gerechte Urteil sei ungerecht schon dadurch, daß es ein Urteil ist, ein erledigter und erledigender Fall unter anderen, während doch in Wahrheit, wenn nicht in Wirklichkeit, jeder Fall ein Präzedenzfall und sein eigenes Gesetz sei.

Um diese Lex Adorno ist es hier zu tun. Manchmal steht er kurz davor, von der Ungerechtigkeit des bloßen Rechtes auf die böse Rechtfertigung des Unrichtigen zu schließen. Richtigkeit des Grund-Satzes sei keine Gerechtigkeit des Gesetzes. Der Iustitia wirft er gerade die Blindheit vor, die ohne Ansehen der Person vorgeht. Die Gleichheit vor dem Gesetz wird ihm zum Unrecht a priori gegen den Angeklagten. Den Beruf des Philosophen legt er so aus, daß er gegen jedes Urteil Berufung einlegt, nicht nur gegen jene, die im Namen des Volkes ergehen, sondern auch jene, die im Namen Gottes das Jüngste Gericht spricht.

Wenn Adorno selbst ein Urteil spricht, dann nur gegen die Form des Urteils. »Einspruch, Euer Ehren« meint den Widerspruch gegen die bloß positivistische Widerspruchsfreiheit. Geständnisse hält Adorno für erpreßt. Vernunft ist ihm eine Sonderform der Vernehmung und peinlichen Befragung, die gerade keine zwanglose Einigung von Vernehmern und Vernommenen erlaube. Die Spurensuche und Tatsachenermittlung ist da immer schon die Untat selbst, die sie zu verfolgen trachtet. Für Freispruch plädiert A. nur in einem >Falle< nicht: im Falle des Gesetzgebers selbst, dem er nicht in die Falle der Gerechtigkeit gehen will. Jeder Fall sei >ganz anders< und ein Fall für sich, jedes Exemplar einer (sozio)logischen Klasse sei eine Klasse für sich. Der Einzelne solle nicht für frei erklärt sein, nur um verurteilt werden zu können, und wer gegen das Absolute verstößt, findet Adornos Absolution.

Die Verkettung von Vorsatz, Tat und Folge sei mythisch und Kausalität nur das säkularisierte Schicksal. A. führt Kafkas »Prozeß« gegen den Prozeß, der jedem gemacht werde, der nur ein Individuum sein wolle, und plädiert für Freispruch und für Einstellung des methodischen Verfahrens bei voller Rehabilitierung des Beschuldigten. Aber er will nicht wahrhaben, was sein Lehrer Walter Benjamin über das Verfahren gegen K. sagte : »Es führt weit hinter die Zeit der Zwölf-Tafel-Gesetzgebung in eine Vorwelt zurück, über die einer der ersten Siege geschriebenes Recht war.« (Gesammelte Werke II.2, Frankfurt 1977, S. 412). Adorno glaubt, es gehe bei Kafka um das Gesetz der Väter, wo es doch, ohne daß Kafka das immer selbst zu trennen wußte, gegen matriarchalische Vorzeit geht, weil das Gesetz der Väter eben nicht mehr in Kraft ist, weder bei Kafka noch bei Adorno. Bei Kafka handelt es sich um geschriebenes, aber geheim gehaltenes Recht, um die vergessenen biblischen Schriften und Gottes Gesetzestexte, und Adorno wehrt in Benjamin nicht nur Brechts grobes Denken, sondern auch Scholems monotheistisches Denken ab. Die pure Individualität selber sei es, die primär bestraft werde, noch vor jedem besonderen Vergehen.

Wahrheit sei nur Geständnis unter der Folter, die Herren holen da nur heraus, was sie zuvor hineingesteckt haben, und hören nur, was sie hören wollen. Wenn Adorno dem Über-Ich den Prozeß macht, das seinem Es den Prozeß mache, greift er in seinem

Über-Ich das Ich seines Vaters an und dessen Über-Ich, die Religion der Väter. Der Vater wird in jenem geschichtlichen Moment attackiert, wo seine gesellschaftliche Macht nur noch blanke Ideologie ist. Der Verdacht liegt nahe, daß er nicht angegriffen wird, weil er zu stark, sondern weil er gegen *Big Brother* nicht stark genug ist, mit dem er immer hartnäckig verwechselt wird und den er zu Hause nur ohnmächtig karikiert.

Auch das Gericht über alle Gerichte, das Jüngste, findet nicht Adornos Gnade. Er lehnt das eine Gesetz ab, vor dem alle gleich genug wären, daß jeder das gleiche Recht auf seine Verschiedenheit von jedem anderen hätte. Seine Empfindlichkeit gegen die Ungerechtigkeit der Gerechtigkeit ließ ihn das kapitalistische Unrecht auch im "gerechten Tausch" von Arbeitslohn und Arbeitskraft entdecken, aber mehr darin, daß der einzelne Arbeiter seine Besonderheiten seinem allgemeinen Markt- und Tauschwert opfert als dem Kapitalisten den Mehrwert.

Fortschrittlich ist Adorno, wo er gegen die totale Vergesellschaftung eine Reprivatisierung des Sklaven fordert. Adorno sucht »Hingabe an die spezifische Differenz« und »rückhaltlose Versenkung ins Einzelne, Kleinste, Vielfältigste« auch und gerade bei der Deutung von Kunstwerken, die ihm noch am treuesten die utopische Wahrheit bewahrten. Aber aus seinen exegetischen Versenkungen taucht er nur allzu schnell wieder auf, und die Nummernkombination zum Safeknacken der Texte ist simpel. Nichts ist vor dieser >mikrologischen Analyse< sicher, die makrologischer ist, als sie vorgibt. In jedem Grashalm wird nicht weniger als das ganze Universum, wenn auch nicht nur eine Universität entdeckt. Die "immanente Interpretation" (G. Kayser) mündet ziemlich rasch ein in nichtidentitätsphilosophische Theoreme, ohne sich dem Eigenleben der heiliggesprochenen Texte im Ernst zu überlassen, alles unter dem Vorwand, es gehe um den philosophischen Wahrheitsgehalt der Texte, ihr Verhältnis zum Stand gesellschaftlicher Produktivkräfte, nicht bloß um ihre positivistische Faktizität.

Der Leser vergleiche z.B. Adornos Aufsatz »Zum Gedächtnis Eichendorffs« (»Noten zur Literatur«, Frankfurt 1981, S. 69 ff.) mit der Interpretation eines Eichendorff-Gedichtes durch Richard Alewyn, die alle Anforderungen erfüllt, die Adorno an sich selber stellt und dann doch nie erfüllt. Das Einzige, was Adorno an Alewyn vermissen könnte, wäre jene philosophische Konstruktion, vor der er ständig selber warnt.

Philosophen sind schlechte Kunstinterpreten, und Adorno macht darin keine Ausnahme. Kunstwerke sind ihm bloße Illustrationsobjekte für seine Theorie, daß sie keine bloßen Illustrationsobjekte für Theorien sein sollten. Seine eigenen Deutungen von Dichtern, Denkern und Komponisten sind nicht weniger monoton, als er seinen Intimfeinden vorrechnet, denn alle sind für Adorno immer wieder nur darin gleich, den Urteilen über sie nicht ganz zu gleichen. »Erkenntnis, die den Inhalt will, will die Utopie«, schließt die Einleitung zur »Negativen Dialektik«. Das sind Freuds »unbewußte Sachvorstellungen«, aber Adorno ist immer wieder mehr interessiert an der Form der Nichtidentität als am mater-ialen Inhalt des "Nichtidentischen". »Inmitten des Bestehenden erscheint es darum als abstrakt«, abstrakt wie seine eigene Theorie des Konkreten. Den phänomenologischen wie den existenzphilosophischen Wesensdeskriptionen warf er vor, das sozial nur Konservierte zu anthropologischen

Invarianten hypostasierend zu verewigen. Mit anderen Worten hat er selber nie die Aphorismen geschrieben, die er im Valéry-Essay als einzig legitime Form moderner Philosophie philosophisch rechtfertigt. Das >ganz Andere< verschwindet bei ihm in einem Nichtidentitätssystem von systemsprengenden Fragmenten wie nur das *Immergleiche* in den Identitätssystemen seiner geschworenen und geborenen Widersacher.

An Adorno frappiert die »spezifische Differenz« zwischen seinen Ansprüchen und ihrer Einlösung, eine Differenz, die er an seinen Gegnern nie unkritisiert ließ. Er enttäuscht nicht weniger, als die Idealisten der Tradition ihn enttäuschten, und ging wie Scheler nicht selber den Weg, den er wies. Er macht neugierig auf etwas ganz Besonderes, welches das mythisch Immergleiche endlich einmal durchbräche, wenigstens in intellektueller Vorwegnahme dessen, was immer gesellschaftlich hintertrieben wird oder noch nicht reif ist. Adorno ging nur ins Allgemeinzelne.

Aber wo man ihn auch aufschlägt, er sagt immer das Gleiche : daß es nicht nur das immer Gleiche sein soll. Das ganz Besondere an ihm ist nur eine ganz besondere Art und Weise zu verschweigen, was an ihm selber das ganz Besondere war. Aus Furcht, identifiziert zu werden, ist er so wenig "offen und aufgeschlossen", wie er es seinen Widersachern vorrechnet. Dieser Denker der anti-proletarischen Individualität verweist uns sofort auf seine vorindividuellen Bestandteile und auf die amorphe Natur, wenn wir nach seiner eigenen unverwechselbaren Identität fragen.

Dem Über-Ich widersteht er durch sein Ich, seinem Ich aber wieder nur durch sein Es. Die Resultate sind so trivial wie die Methoden anspruchsvoll subtil.

Dabei hat gerade Adorno nur das eine Programm, keine bloßen Programme zu haben, aber dieses Programm führt er weniger aus als nur vor. Die Details, die immer gefordert werden, sind die des Projekts und nicht der Verwirklichung. Die Gesellschaft hält nicht ihre realen Versprechen, Adorno nicht einmal seine geistigen, ihr das vorzuhalten. Er hat eine sehr komplexe Art, simple Dinge zu sagen, statt auf grobe Weise sehr feine Dinge zu sagen wie sein Mentor Benjamin im Gefolge Brechts, den Adorno verachtet.

»Als Konstellation umkreist der theoretische Gedanke den Begriff, den er öffnen möchte, hoffend, daß er aufspringe etwa wie die Schlösser wohlverwahrter Kassenschränke : nicht nur durch einen Einzelschlüssel oder eine Einzelnummer, sondern eine Nummernkombination.« ("Negative Dialektik", Frankfurt 1975, S. 166)

Um welche Schätze ging es diesem philosophischen Einbrecher, dem jedes Eigentum Diebstahl war, aber nicht Diebstahl an Gott, sondern am Bürger. Er verfügte über weniger phallische Einzelschlüssel, als er glauben machen wollte. Seine Verführungskünste, um Mutter Natur aufzuschließen oder auch nur zu enthüllen, waren sie nur raffinierter als die seiner philosophischen Nebenbuhler? Auch Adorno hatte nur einen Schlüssel und wollte nur das Eine, auch wenn er an das >ganz Andere< dachte.

Es lebe der kleine Unterschied!

Im Februar 1959 wird in München das Rubensgemälde »Höllensturz der Verdammten« vorsätzlich beschädigt. Von den Psychiatern erhofft sich der Herostrat das Attest, kein Fall für die Psychiatrie zu sein. Was hat Walter Menzel gegen Rubens? Nichts. Was hat alias Paul Brecher gegen den »Höllensturz der Verdammten«? Nichts. Die verdammte Welt soll ihn nur endlich anhören oder zur Hölle fahren. Was hat er zu verschenken? Nichts weniger als absolute Wahrheit. Wem soll sie zugutekommen? Nicht weniger als der ganzen Menschheit. Wer es darunter nicht tut, kann schon jahrzehntelang vergeblich versuchen, auf sich aufmerksam zu machen. Wer ist dieser PB? Ein Sozialfürsorgeempfänger und Denker in Sachen Weltverbesserung. Kein Verleger, der seine Manuskripte nicht zurückgehen ließ, kein Echo durch Vorträge, unverbindliche Antworten auf Briefe an Prominente. Brecher hat an jeden geschrieben, an den sich wendet, wer ein »Anliegen« hat. Und Brecher-Menzel hat ein Anliegen. Zuerst schreibt er an Fachphilosophen, dann an Behörden, Kulturpolitiker und Wirtschaftsführer, schließlich an die Großen der Welt, an Chruschtschow, an Kennedy. Kurzum : ein Verrückter, ein Weltbeglücker von eigenen Gnaden, ein Megalomane? 1959 beschließt Brecher, das zu sein, wofür man ihn hält. Er tut uns den Gefallen durchzudrehen. Ein Überzeugungstäter riskiert es, durch einen Verzweiflungsakt seine Botschaft endgültig zu diskreditieren. Wie wird man ein „Irrer“? Indem man sich in seinen Irrtümern nicht beirren läßt, sich einen Ruck gibt und etwas Verrücktes anstellt. Aber in einem irrt unser >Irrer<. Man interessiert sich plötzlich für Rubens und für Brecher, für Brechers Evangelium interessiert sich niemand. Die Welt zieht es vor, im Stande der Verblendung ihrem sicheren Untergang zuzutreiben, die Stimme in der Wüste verhallt ungehört. Philosophie ist ohnehin schon Blödsinn, und die Philosophie eines *Irren* eine verrückte Verrücktheit, ein Wahnsinn in Quadratur.

Brechers Philosophie verbirgt uns den Menschen, und nur um den Menschen Brecher ist es uns zu tun: Der Denker in dürftiger Zeit entstammt einer alten sudetendeutschen Uhrmacherfamilie, in der einige schon immer letzten Dingen nachgrübelten. Typ Jakob Böhme & Co. Lehre als Geometer. Nach dem Tod der Mutter löst der Vater den Haushalt auf. Der 17jährige schließt sich einer befreundeten Familie nach Brasilien an. Nach eigenem Zeugnis arbeitet er mal hier, mal da, mal dies, mal das. An der Grenze zwischen Brasilien und Bolivien will er dann irgendwann von philosophischen Visionen überfallen worden sein. 1931 glaubt er, nach Deutschland zurückkehren zu müssen, um auf Berliner Abendhochschulen zu lernen, daß die großen Philosophen der Vergangenheit ihn nicht lehren, seine neuen Wahrheiten besser zu begreifen. Von nun an philosophiert er auf eigene Faust und Kosten, ohne Rückhalt bei Wissenschaft und Tradition, einsam, besessen, monomane Jagd nach dem großen Durchbruch. Enttäuschte Rückkehr nach Rio de Janeiro. Nach dem Kriege Lehrer an einer kleinen deutschen Schule in Uruguay. 1955 Rückkehr nach Deutschland. Keine Resonanz. Seine selbstverlegten Bücher läßt er in Zeitschriften annoncieren, ohne die Inserate bezahlen zu können. Niemand hat jemals das Buch angezeigt, das hier besprochen werden soll : »Das Geheimnis der Menschwerdung«, Selbstverlag, Bonn 1971, Copyright Paul Brecher. In der Januarausgabe 1972 gab das Satirikon PARDON den philosophischen Wirrkopf noch einmal dem Gelächter preis. Eine hoffnungslose Biographie. Ignorieren wir in Brecher einen irrenden oder einen irren Denker? »Das Gegenteil eines mathematischen Satzes ist ein falscher Satz, das Gegenteil eines philosophischen Satzes ist ein philosophischer Satz.« *(C. F. v. Weizsäcker)*

Wie also Wahrheit und Wahn in der Philosophie auseinanderhalten, wenn das Verifikationskriterium, der Vergleich philosophischer Sätze mit der Wirklichkeit, daran krankt, daß diese Wirklichkeit selbst ein eminent philosophischer Begriff ist? Philosophien werden in ihrem Wahrheitsgehalt ja nicht an einer Realität jenseits aller Philosophien gemessen, sondern an ihrem eigenen Realitätsbegriff oder an dem einer anderen Philosophie. Aber die Subjektivität eines Philosophen hinter dem Objektivitätsanspruch seines Denkens ist nicht das Ursprünglichere, kein unreduzierbar Letztes, sondern selbst Ausdruck objektiver Verhältnisse, die in dem Philosophen subjektiv ihrer selbst innewerden. Wie eigentümlich sich die reale Verfassung der Welt in Brechers Werk bricht, ist Gegenstand und Rechtfertigung dieses Versuchs über PB. Wenn Subjektivität, auch die eines Philosophen, keine unhinterfragbare Ursubstanz ist, sondern selbst wieder Niederschlag einer spezifischen und von der Realität erzwungenen Interaktionsform mit eben dieser Realität, dann ist philosophische Objektivation nicht die Sprache eines isolierten Subjekts, sondern Symbolisierung einer gesellschaftlichen Interaktionsform das Philosophen mit dem Ganzen der Welt.

Kant und Schopenhauer fühlt Brecher als Geistesverwandte, solange der Verdacht ihn irritiert, seine

Inspirationen könnten nicht weniger subjektiv sein, als wie es diese Philosophen dem Geist jedes Menschen vorrechnen. Wie also entgeht man seiner subjektiven Befangenheit? D.h. für PB dem Argwohn, nicht ganz richtig im Kopf zu sein. Was er denkt, soll nicht schon dadurch infrage gestellt werden können, daß *er* es denkt. Man sieht, Brecher sorgt sich von Anfang an darum, daß die Wahrheit nicht als *seine* Wahrheit, schlimmer : als Irrtümer eines Irren abgetan werden können. So verfällt er der fixen Idee, gegen die er so heftig polemisiert : Er wirft der gesamten bisherigen Geistesgeschichte vor, sie habe stets nur einen partikularen Bestandteil der Welt zum Urprinzip das Ganzen verabsolutiert. Wie aber dem Absoluten selbst gerecht werden, ohne es durch etwas Relatives zu bestimmen, durch eine seiner partiellen Erscheinungen zu erklären? Welche dazu herhalten mußte in der Kette aller irrigen Weltbilder, hing nur von der subjektiven Beliebigkeit des jeweiligen Denkers ab. Es gebe so viele Philosophien, wie es Partikularitäten gibt, die dem Seienden im Ganzen als Sinn nur untergeschoben worden seien. Brecher wähnt, dem Bannkreis seiner Subjektivität entronnen zu sein, indem er es verschmäht, die Welt durch einen ihrer noch so ausgezeichneten und privilegierbaren Teile zu verstehen. Und doch beginnt auch er wie alle Philosophen bei einem Erstprinzip, aus dem der Rest des Alls herausgesponnen werden soll; nicht ohne zu schwören, es sei kein Produkt seiner privaten Wahl und eben nicht dem Arsenal innerweltlicher Erscheinungen entnommen. Wie kann subjektiv sein, was Subjektivität allererst ermöglichen soll? Wie kann bloße Erscheinung sein, was alle Phänomene überhaupt erst erscheinen läßt? »Das eine ist die hervorbringende, das andere die hervorgebrachte Welt«. Der Erkennende und das zu Erkennende sind

»Effekte einer einzigen Ur-Substanz, der Totalen Unterschiedlichkeit an sich, die selbst undefinierbar, alles Definierbare hervorbringt.«

An sich, weil sie nicht verwechselt werden soll mit dem schlichten Unterschied zweier schlicht verschiedener Dinge, sondern die empirischen Unterschiede innerweltlicher Objekte zuvörderst möglich zu machen hat. Man sieht, Brecher hat sein Transzendental gefunden, sein vermeintlich außerweltlich-weltbegründendes Apriori, den intelligiblen Angelpunkt des Universums. Der Berg kreißt, und die Maus ist geboren : Unterschiedlichkeit als Wesen aller Unterschiede, als Bedingung der Möglichkeit dessen, was für Brecher notwendig ist : daß nichts ist wie das andere. Es gibt nicht zwei identische Dinge auf der Welt, jede Erscheinung ist ein »Individualist par excellence«, durch einen Abgrund von Unaustauschbarkeit von jeder anderen getrennt. Jedes Seiende ist absolut einmalig, unwiederholbar, unverwechselbar, nicht einmal identisch mit je sich selber. Was ein Etwas jetzt und hier zu gerade diesem und keinem anderen macht, ist sein momentaner flüchtiger Stellenwert als Schnittpunkt aller Weltlinien, als »Bezogenheitsmitte« aller »Variationsreihen«. Seine Identität ist jeweilige Konstellation aller Bezugsketten, in die es gebettet ist, und diese Konfiguration ist eine ständig andere, die die Identität jedes individuellen Moments unaufhörlich auffrißt. Stellt sich doch einmal so etwas wie Gleichheit her, sorgt das »Urvorwirkliche« der Unterschiedlichkeit dafür, daß die »zusammenprallenden Identitäten auseinandergesprengt werden« und auf eine »andere Unterschiedsebene ausweichen«. Auffällig ist die Affinität zu Adornos These, alles Konkrete, Individuelle, sei nicht Exemplar, sondern »Konstellation« von Universalien.

Ich würde gern zeigen, daß Brecher vor allem gelegen ist an seinem Unterschied zu unseren Urteilen über ihn (und seinesgleichen), also an dem Unterschied zu seinen Artgenossen, der ihn erst mit ihnen verbindet, während unsere Vergleichungen ihn von uns trennen. Er fühlt sich von jedem unserer Urteile über ihn zu Recht zu Unrecht verurteilt. Wozu verurteilt? Zur Pseudo-Aufhebung seines Unterschieds zu anderen Beurteilten und zu uns urteilenden Schiedsrichtern über ihn, verurteilt zur Zwangsintegration, zur Sozialisierung. Sozial ist nur sein Asozialismus. Als eine Art von Schizosophie will dieses Denken außerdem verhindern, daß die unselige Subjekt-Objekt-Spaltung zwischen oben und unten sich fortsetzt in eine innere „schizophrene“ Aufspaltung des Subjekts selbst, etwa zwischen Körper und Geist und Seele.

Brecher denkt von ganz unten her, vom Unterschied des unter-worfenen Sub-jekts, von seiner abgesonderten, ausgesonderten, absonderlichen Besonderheit her. Sein >Zurück zum Unterschied< kleidet er in ein >Zurück zur Natur<, weil seit alters her das Individuationsprinzip gedacht wurde als leibliche Materie in Raum und Zeit, die Einzelheit als Zahl : Einmaligkeit. Brecher verkleidet seine Revolte in einen Naturaufstand gegen Sozialisierungen; das unbrauchbare Arbeitsmaterial formt da seine Verformer. Ich will mich nicht dazu versteigen, ihn zum neuen Sokrates oder Jakob Böhme hochzujubeln. Aber ich wüßte seiner proletarischen Philosophie keine größere Ehre zu erweisen als durch einen unbeholfenen Versuch, PB vor seiner eigenen Unbeholfenheit ein wenig zu schützen, mich von ihm zum Weiterdenken anregen zu lassen und ihn der Lächerlichkeit zu entreißen. Wer den nicht ernst nimmt, der die Unterschiedlichkeit derer ernst nimmt, die niemand ernst nimmt, kann sich selbst nicht ernst nehmen. Brechers ständige Beispiele aus der Musik dürften nicht zufällig sein. Tiefenpsychologisch ist Musik Bändigung archaischer Verfolgungsangst. Für Paul Brecher beschwichtigt Musik die Paranoia aber gerade nicht kraft ihrer rhythmisch umspielenden Wiederholungen, sondern weil jeder Ton ein immer anderer ist, als dürfe jeder folgende, den eben verklungenen verfolgende Ton ihn nicht identifizieren, nicht dingfest machen können. Seltsam ist das Tabu, das in der Welt Brechers wie in der Welt eines verfolgten Verbrechers über der *Identität* liegt. Als fürchte sich jeder und jedes davor, durch bloße Ähnlichkeit, Teilidentität, mit einem anderen bereits infiziert zu werden wie von einer seltsamen Krankheit. Ein jedes Seiendes hält auf Distanz. Jedem kontaminierenden Vergleich entzieht sich die geheimnisvolle Berührungsangst jedes Dinges vor jedem anderen durch automatische Flucht auf eine Ebene, auf der Abstand wiederhergestellt ist. Jedes scheint geradezu aus dieser Flucht vor jedem anderen zu bestehen, aus dieser Furcht, das andere zu werden. In Brechers fensterlosen Monaden spiegelt sich nichts, nichts als die Wahrheit, daß jedes Ding sich ständig zu einem anderen macht oder gemacht wird als jedes andere, als hinge seine Existenz an der Nichtidentität mit jeder anderen Existenz.

Jeder Vergleich, jeder Begriff, der zwei unvereinbare Dinge auf perspektivische Gemeinsamkeiten hin untersucht, erzwingt eine partielle Merkmalseinheit zwischen den Dingen, der sie sich entziehen durch Flucht vor dem verallgemeinernden, vergesellschaftenden Begriff in eine andere Perspektive, vor der diese Identität wieder zergeht. Alles Erkennen, Unterordnen des Seienden unter einen Allgemeinbegriff, kupiert die Besonderheit, Andersheit des Einzelnen, zugunsten einer Identifikation, der sich das Einzelwesen aber immer schon je wieder entzogen hat in seine Individualität hinein, dem Zugriff des Begriffs entrückt, der auf gleichen Nenner bringen will. »Totale Unterschiedlichkeit an sich« läßt die Welt also zerfallen in eine potentialunendliche Mannigfaltigkeit von desperat Disparatem. Gleichzeitig propagiert Brecher, keine andere Welt ermögliche so sehr die Realisierung der Einheit der Welt, sozialutopisch verstanden. Ein e.V. ist beantragt. Einziges Mitglied der IVE : Menzel-Brecher. Aufgabe der Internationalen Vereinigung : Gründung einer Privathochschule für Friedensforschung mit einem Institut für philosophische und auch politische Grundlagenforschung. Letztes Projekt : „Union 2000“ zur Förderung zukunftsweisender Gedanken. Alles à la Brecher.

Kein Weltfriede ohne Welteinheit. Aber der Welteinheit steht das Weltprinzip der Ur-Unterschiedlichkeit entgegen. Durch einen Taschenspielertrick löst Brecher den Widerspruch zwischen diesen beiden Bedürfnissen, die ihm beide zu teuer sind, als daß er das eine dem anderen opfern könnte : das Bedürfnis nach Einheit und das Bedürfnis nach Unterschiedlichkeit. Er will anders sein dürfen als jeder andere, seine tief erlittene und stolz übernommene Andersheit will aber nicht in Angst erstarren vor dem Restblock einer Welt, in der alle anderen sich einig sind in der Art, anders zu sein als er. Also sprengt er die Identität, die Einigung der anderen, die seine Paranoia gegen ihn zusammenschweißen könnte, indem seine Angst zu einer Metaphysik greift, in der auch die anderen untereinander uneins sind. Jede Verschwörung gegen ihn läßt er im Vorhinein scheitern an seiner Philosophie, die er als magischen Fetisch gegen die anderen, gegen uns, hält. Er hetzt uns nicht gegeneinander auf, sondern läßt uns von seiner Kosmologie in heillose Isolation voneinander treiben. Man versteht jetzt die magische Funktion seiner Philosophie, die einen desolidarisierenden Keil in jedes mögliche Komplott gegen ihn treiben soll. Trennungsangst wird beschwichtigt, indem Getrenntheit, Abgeschiedenheit, zum Urphänomen sub specie aeternitatis verschicksalt wird. Droht die ferne Gefahr, daß zwei sich zusammentun, um sich einig zu werden gegen den großen Einzigen, dann hat das supponierte Urprinzip ihr beunruhigendes Bündnis immer schon aufgebrochen. Nur diese kosmische Gewißheit entlastet Brecher von der entnervenden Anstrengung, uns dauernd im Blick behalten zu müssen, argwöhnisch zu belauern, jedes Tuscheln zu registrieren. Er kann sich beruhigt schlafen legen : Sein Urprinzip arbeitet für ihn, nicht nur, indem es die Welt von Anlässen zu paranoischen Anfällen befreit. Sein Fremdsein erträgt Brecher durch die Hypostase, daß alle Menschen, ja jedes Seiende überhaupt, einander fremd ist, d.h. koalitions- und konspirationsunfähig gemacht. Aber mit der Angst, die anderen könnten sich miteinander gegen ihn identifizieren, mit der oralen Trennungsangst also, wird auch die Angst davor gebändigt, selbst in Identifizierungen mit anderen und mit anderem zu zergehen. Psychoanalyse sieht in der Selbstidentität den Niederschlag ehemaliger Identifizierungen mit primären Bezugsobjekten : keine Selbstidentität ohne vorangegangene Identifikate. Wo Identifizierungen eo ipso nicht als Material, sondern nur als Bedrohung einer Selbstidentität erlebt werden, die doch erst Produkt aller aufgegebenen Identifikationen wäre, da fürchtet das schwache Ich in jeder Konfrontation, seine Individualität an eine symbiotische Beziehungsfalle zu verlieren, ausgelöscht und absorbiert zu werden.

Nur die ihrer selbst nicht sichere Ichschwäche kann in jeder Gegenüberstellung die Gefahr wittern, überwältigt zu werden, vereinnahmt, wie die Tinte vom Löschblatt aufgesogen. Diese Angst vor Identifizierungen als Angst um Selbstidentität, die doch erst Überbleibsel riskierter Identifikationen wäre, fürchtet in jedem anderen paranoid das Spinnennetz, die Leimrute, den verschlingenden Sog der Ur-Identität mit der Venus dentata, der gefräßigen Urmutter, die nicht aus der Einheit freigeben will: »Würde das Neue ins Alte, das Kommende ins Vorhandene - sich auflösend - eingehen, so gäbe es zwischen beiden keinen feststellbaren Unterschied. Schüttet man Wasser in einen Teich, am Wasser selbst ist nichts nachzuweisen.« Man wende nicht ein, Brecher spräche in diesem Passus über seine Erkenntnistheorie. Eben : PB könnte nicht erkannt, d.h. geliebt werden, wenn er wie Wasser in Wasser – mütterlich Unbewußtes – wieder aufgelöst würde, in den Teich, aus dem wir nach dem Storchenmärchen stammen. Gewagt sei die heikle Vermutung, diese Erkenntnis-Theorie wehre magisch die Versuchung und Gefahr einer melancholischen Introjektion der gestorbenen Mutter ab, die suizidale Identität mit der Toten. Aber der Wert unserer Untersuchung hängt nicht an der Wahrheit dieser waghalsigen Interpretation. Abschied von mütterlicher Scheide in die „Totale Unterschiedlichkeit"?

Der Trick jedoch, der es Brecher erlaubt, sich dem Bann der Ur-Identität entronnen zu wähnen, gleichzeitig anders als alle anderen (und der Andere schlechthin) sein zu dürfen und doch in der warmen Einheit mit allen anderen angstfrei »aufgehoben« (herausgehoben, vernichtet und bewahrt ineins) zu sein, scheint uns einfach. Das einzig Gemeinsame aller dieser so wesenhaft verschiedenen, auf ewig getrennten Dinge seines Universums ist eben diese Andersheit, diese Unterschiedlichkeit selbst als der Schiedsrichter aller Trennungen und aller Abschiede.

Wenn alle Menschen nichts als das eine miteinander gemeinsam haben, nichts miteinander gemeinsam zu haben, dann ist die Gemeinschaft, die Einheit der Menschheit, auf dem Boden ihrer grundlegenden und totalen Entfremdung und Atomisierung vollzogen, nun unter philosophischen Weihen. Die Vereinigung, Versöhnung dieser Einheit und dieser Unterschiedlichkeit der Welt, was Hegel die Identität von Identität und Nicht-Identität nannte, ist hier nicht oberster Satz von Dialektik, sondern versuchte Überwindung eines für Brecher mörderischen persönlichen Widerspruchs, einer hohen Konfliktspannung, durch eine Psychopatho-Logik. Der Ausgeschlossene gewinnt den verlorenen Anschluß an die Welt, ohne in die Ur-Falle tödlicher Symbiosen zu laufen: to eat the cake and to have it. Es gibt nichts auf der Welt, wofür alles, was Brecher in der Welt sieht, so sehr Beispiel wäre, wie >Totale Unterschiedlichkeit an sich<, auf der die intersubjektive Einheit seiner mit unserer Welt paradox beruhen soll. »Denn jeder lebt das Leben jedes Menschen.« Wir hoffen, deutlich gemacht zu haben, daß diese Philosophie im gleichen Atemzug als Metaphysik eines „Proleten“ ein Versuch ist, der Schizophrenie zu entgehen. Brecher verabsolutiert in der Tat keinen abgespaltenen Anteil seines Bewußtseins zur Dominante über seine übrige Welt, sondern »Unterschiedlichkeit«, also schizoides Abspalten selbst, ist das geheime Organisationsprinzip, gegen dessen Gefahr seine Philosophie sich abarbeitet. Es ist absolut, weil losgelöst von der ichsyntonen Formation seiner Persönlichkeit und so hinterrücks gerade erst das geheime Konstitutionszentrum seiner

Welt. Sein Absolutes ist so wenig subjektiv, daß es Subjektives überhaupt erst ermöglicht; die Struktur seiner Subjektivität selbst, die als Fremdes, von außen her die subjektiven Empirizitäten, das Spiel aller Erscheinungen reguliert und determiniert. Auch bei Kant sind das Ding-an-sich und das transzendentale Subjekt in ihrer Struktur identisch. Brechers Ur- Erfahrung, ein anderer zu sein, unabänderlich anders als alle anderen, ist auch die Erfahrung, für sich selbst immer ein anderer zu sein als er selbst. Die Flucht vor Identifizierungen, wir sahen es, verhindert eine Selbstidentität als deren Erbe. »Unterschiedlichkeit an sich.« An wem? Nun, an Brecher selbst. Er fühlt sich nicht als Herr im eigenen Hause, uneins mit sich, stößt er auf ichfremde Regungen im Herzen seiner selbst. Immer, wenn Disparates zu so etwas wie Einheit der Person zusammenschießen will, kann diese Integration nicht vollzogen werden, reproduziert sich die fundamentale Dissoziation auf anderer Ebene »aufs Neue«. Warum? Brecher ist anders als alle anderen, die anderen sind anders als Brecher, also ist Brecher anders als er selbst, in sich selbst unterschiedlich. Anders als alle anderen aber, ist er der andere selbst : Seltsame paranoide Paralogismen.

Selten ist die formale Struktur der schizoiden Welt so auf den Begriff gebracht worden wie im Brecherismus, der sie in eine Supra-Struktur bannen will. Die Projektion dieser transzendentalen, weil der Verfügungsgewalt des Ich entrückten Depersonalisierung auf den kosmischen Großbildschirm entlastet das Ich. Wenn das Ego sich von sich selbst unterscheidet, dann nicht deshalb, weil es in unerträglicher Einsamkeit inmitten einer intakt-identischen Umwelt als einziges zerfällt, sondern weil diese permanente Sprengung im Chor aller ko(s)mischen Detonationen der Identität geborgen und aufgehoben ist. Was PB im Innersten zusammenhält, ist der Wahn, daß die Welt in ihrem Innersten permanent auseinanderfällt. Schizophrenie heißt Krise, ohnmächtiger Versuch, sich der Einheit seiner Person durch zwanghafte Riten zu vergewissern. Die Integrationsfähigkeit lockert sich, das Bewußtsein erkennt sich in den Bruchstücken seiner eigenen Spontaneität nicht wieder, die zu inneren Antifinalitäten gerinnen. Warum hört Brecher keine Stimmen?' Weil seine Philosophie jene Stimme ist, die er gleichzeitig spricht und hört. Es ist in ein und derselben Bewegung *seine* Philosophie und die Wahrheit, die sich seiner Person nur als Sprachrohr bedient, um sich auszudrücken. Brecher hält sein Denken deshalb für nicht subjektiv, weil seine Subjektivität erst einem Ur-Sprung entspringt, der seinem subjektiven Belieben allerdings in dem Maße entzogen ist, indem das schizoide Transzendental, das »Unterscheiden an sich«, an Brecher, den empirischen schizoiden Befunden allerdings transzendent ist, kein Teil seiner Welt, weil konstitutiv für diese Welt im Ganzen. Erkennen der Wahrheit, also Identität von Subjektivem und Objektivem, geht dem Subjektiven voraus: Subjekt und Objekt, das Erkennende und das zu Erkennende, sind erst Spaltprodukte der qualitäts- und quallosen Ureinheit eines Ur-Sprungs in jedem Seienden, durch den es sich von sich selbst abscheidet, ur-teilt und jene Unterschiede entspringen läßt, die empirisch konstatierbar werden, allem voran » ... grundeigentlich die Spaltung des Seins in Erkennendes und Erkanntes ... «.

Die »Erkenntnis«-Theorie Brechers dient einer Philosophie des Friedens. Ein Amerikaner ist anders als ein Russe. Der Platz für das Wesen Russe ist für den Platz, den das Wesen Amerikaner einnimmt, bereits besetzt. Aggression, Haß, Gewalt, Kriege sind nach Brecher sinnlos, gegenstandslos, weil sie die Andersheit des jeweils anderen aufheben wollen, was das Ur-prinzip des Kosmos doch verbietet. Ein Russe will einen Amerikaner zum Russen machen und umgekehrt. Jeder ist unaufhebbar anders als der andere. »Sonst nichts! Nichts weiter!« Die Andersheit des anderen aufheben bedeutet Veränderung, die Brecher mit den Eleaten für den Schein bloßer Erscheinungswelt hält. Im Universum des PB läßt sich gerade deshalb nichts ändern, weil und obwohl alles ständig anders ist als jedes andere. Mit Heraklit will Brecher nicht zweimal in denselben Fluß steigen können, aber mit dessen Protagonisten Parmenides ist Veränderung ebenso unmöglich, welche die dauernd sua sponte und physei sich produzierende Andersheit eines jeden als jedes andere aufheben, es also gleichsam gleichschalten würde. Die universale Veränderung *physei* ist *thesei*, durch menschliche Machenschaft also, nicht mehr zu verändern, kommt ihr zuvor. Veränderung wäre Veränderung der kosmischen Dauerveränderung, also gerade nicht Aufbrechen verhärteter Identitäten, sondern eine Gleichschaltung, unmögliches Abschließen des Identitätssystems oder auch nur eines Subsystems.

Creatio continua : »Die Erschaffung der Welt (ist) ein permanenter ... Vorgang ... das Ende der Welt findet in jedem Erkenntnisakt statt«.

Ausdruck und Sekundärtugenden

Wenn Leseratten mit Bücherwürmern

Die Psychologie hat uns ein für alle Mal darüber belehrt, daß jedes Menschenkind zum ersten Mal in seinem Erdenleben sein entschiedenes und wirkungsvolles Nein äußern kann, wenn es um die Zumutung geht, den eigenen Eltern die prompte Herausgabe der unverdaulichen Reste jeder den Eltern zu verdankenden Mahlzeit zu verweigern. Da unsere Eltern uns die erste Mahlzeit unseres Lebens kostenlos geben, gehören ihnen auch die ersten Ausscheidungen unseres Lebens. Die Nahrungsaufnahme gilt zwar gemeinhin nicht als Form anrüchiger Selbstbefleckung, die regelmäßige Darmentleerung aber ist als Hoheitsakt kultureller Ur-Reinlichkeit einzuüben. Wer der Humanwissenschaft glaubt, erkennt hochachtungsvoll das erste bewegliche Eigentum unseres Lebens in der Scheiße, die wir unentwegt bauen und von Anfang an nicht leichter herausrücken als später das liebe Geld. Nicht jeder sitzt zwischen zwei Stühlen, aber jeder lebt zwischen zwei Stuhlgängen, jeder macht nur Scheiße aus dem, was er lebenslang zu sich nimmt an leiblicher und geistiger Nahrung. Ein Menschenkind, das am Freitisch von seinen Eltern die Kost ebenso annimmt, wie es ihnen den Kot nicht gönnt, den es daraus verfertigt, ist nur in der >analen Trotzphase< seiner Entwicklung zum nützlichen Glied der Gemeinschaft. Es ist banal, aber erst kommt die Mm-oral und dann das Anale, denn aus nichts kommt nichts, und wer etwas gut ausdrücken will, muß es erst zum Fressen gern gehabt haben, obwohl niemand das Arschloch sein will, das er unfehlbar hat.

Die Verdauung ist die Durchgangsphase jeder Nahrung, und jeder Mensch muß in die Durchgangsphase hinein, das Angenommene durch ein Festhalten am Durchgang zu hindern, aber er selbst muß durch diese Phase, nichts durch sich hindurchzulassen, ebenso hindurch, wie die Nahrung durch ihn hindurch muß. Wer nicht hergibt, was billigerweise von ihm verlangt werden darf, ist ein Scheißkerl, weil er seine Investitionen nicht amortisiert, und wer nicht in der Arbeitswelt umkommt, soll im Hunger umkommen, sagt der Volksmund. Bevor wir die Erde bearbeiten, um aus der Welt eine Arbeitswelt zu machen und aus häßlichen Rohstoffen schönere Dinge herzustellen, verarbeiten wir das Brot zu Kot, damit Mutter Natur wieder Brot aus unserem Kot macht. Vom einen trennen wir uns nur aus Liebe zu den Eltern, vom anderen nur gegen Entgelt.

An den ureigensten Kotmassen, an der Möglichkeit, sie für sich zu behalten oder andere zu bescheißen, lernt jeder, erst Mein und Dein zu unterscheiden und dann seine Meinung von der Deinung. Ist der Darm entleert, ist der erste Geldbeutel des Lebens leer, und mancher gibt seinen Scheißdreck erst her, wenn er dafür irgendeinen anderen Scheißkram eintauschen kann. Ein Blick auf die Innereien, in denen wir uns täglich ausdrücken, ist ein Blick ins erste Sparbuch des Lebens. Wer seine Eltern lieb hat, gibt ihnen freiwillig und mit Freuden diese angehäuften Urschätze heraus, und mehr gibt später niemand seinen lieben Mitmenschen. Eltern wollen unsere Scheiße nicht aus einem Bereicherungstrieb, sondern weil sie uns clean wollen.

In diesem Lande rufen nur jene nach Aufhebung staatlicher Ordnung, die nicht einmal ihre privaten

Siebensachen in Ordnung halten können. Hier wird gegen den Terrorismus der Stechuhren von denen rebelliert, die jeden Termin gezielt verschlafen und die Gleichzeitigkeit und Rechtzeitigkeit für rechtsextreme Gleichschaltung halten. Wenn der Reiche morgens nicht pünktlich im Chefsessel sitzt, fängt die Konferenz nicht ohne ihn an. Wenn der Arme nicht täglich auf die Minute genau ebenso zur Stelle ist auf seiner Arbeitsstelle wie zum Stelldichein mit der Geschichte, fängt die fällige Revolution nicht auch ohne ihn an, hört die ewige Konterrevolution auch ohne ihn nicht auf. „Alle Räder stehen still …"?

Für den Reichen ist Sparsamkeit eine kleinkarierte Tertiärtugend, ein Laster oder eine Marotte, für den Armen ist sie eine Überlebensnotwendigkeit. Ein Armer, der mit seinen knappen, sauer verdienten Mitteln nicht haushälterisch umgeht, der nicht jeden Groschen dreimal umdreht, bevor er ihn den Sozialisten nicht spendet, ist ganz verloren. Wenn der Gutbetuchte sich nicht wäscht und seine Wäsche nicht wechselt, beweist er sich und seinen Freunden nur seine Unabhängigkeit. Wenn sein Sklave nicht jeden Morgen mit reinem Wasser in Berührung kommt, beweist er nur seine Dummheit und verliert seinen Arbeitsplatz und seine Gesundheit auf Nimmerwiedersehen.

Wenn der Reiche zu spät aufsteht zum Frühstück, kommt er nur früh zum Mittagessen. Steht der Arme nicht Punkt 12 Uhr Schlange an der Essensausgabestelle, muß er sich mit geistiger Nahrung begnügen. Wir tun so, als sei die Sorgfalt, die Einstein zur Relativitätstheorie führte, widerlegt durch die Pedanterie, mit der Massenvernichtungen organisiert wurden. Wir tun so, als sei körperliche Sauberkeit etwas moralisch Schmutziges, weil jeder Pilatus der Weltgeschichte sich die Hände in Unschuld wäscht. Wir tun so, als sei der Arme nicht reich, weil er die Sekundärtugend und das Primärlaster der Knauserigkeit überwunden hat und nun mit beiden Händen unters Volk streut, was er nicht besitzt. Wir tun wirklich so, als sei der Arme sparsam, weil er Molières Geizkragen ähnelt, wo wir doch sehr wohl wissen, daß in Wirklichkeit ein Mensch eher arm wird, weil er Revolutionär ist, als daß er Revolutionär wird, weil er arm ist. Wir tun so, als ginge der Linke freigebig mit dem Geld seines Vaters oder von Vater Staat um, weil er so revolutionär wäre, obwohl er doch nur Linker wird, weil er nicht wirtschaften kann. Wir tun gerade so, als sei der hingebungsvollste Fleiß, der zur „Menschlichen Komödie" eines Balzac nötig war, endlich diskreditiert durch alle Fleißarbeit, die zu unmenschlichen Tragödien nötig war.

Sie erwarten keine Meisterwerke und vermissen sie nicht, weder in den Künsten noch in den Wissenschaften. Es ist ihnen stoisch gleichgültig, ob Karl Popper und Anthony Burgess neue Bücher herausbringen oder in China ein Sack Reis umkippt. Kein Gedanke, der diesen Namen verdient, hat sie je berührt, gepackt, umgetrieben und umgekrempelt, ganz davon zu schweigen, daß er ihnen nie selbst als erste gekommen ist. Denken heißt, daß jede Geburt eine Reise ohne Wiederkehr und Rückfahrkarte ist, und daß die Vertreibung aus dem Paradies des Mutterleibes der Natur nie ein Paradies sein wird, außer in der Kultur, in den Künsten und Wissenschaften.

Das Gefühl dafür, daß es nicht schön sein kann, eine Atombombe direkt auf den Kopf zu kriegen, füllt heute die Köpfe und gilt als staunenswertes Ergebnis besonders tiefen Nachdenkens einer hochsensiblen Bevölkerung statt als gedankenlose Banalität, die von Schlimmerem ablenken soll, z. B. daß Umweltschutz und Umweltschmutz mit verteilten Rollen dasselbe Spiel der Erdöl- oder Windkraftkonzerne gegen die vielleicht ökologischere Atomindustrie treiben.

Wenn es wahr ist, daß einer nur so lange geliebt wird, wie das, was er sich für andere ausdenkt, was er für sie findet oder erfindet, wohlwollend von ihnen aufgenommen wird, darf sich heute niemand mehr geliebt fühlen. Wer ist schon beglückt über das, was einer seinem Nächsten voraus hat, also zur gefälligen Prüfung anzubieten hat? Wollen Sie sich über mich erheben und mir zeigen, welcher Dummkopf ich bin, der nicht selbst darauf kommt? Wenige Menschen haben viele Ideen, viele Menschen haben wenige Ideen, die keine fixen Ideen sind, und kaum einer hat sich in seinem ganzen Leben je auch nur einen einzigen Gedanken gemacht, den nicht alle teilten, die für sein Fortkommen wichtig sind. Kunst, Politik, Religion, Philosophie – Fehlanzeige – nie gehört. Als genügte es nicht, keine eigenen Gedanken zu haben, machen sie ihr Haus außerdem zu einem bevorzugten Ort, an dem niemand neue Gedanken vortragen darf.

Sie dulden in ihrer Leibesgegenwart keine Gedanken, die ihre eigene Gedankenlosigkeit blamieren könnte, welche sie >unverkopfte< Sinnlichkeit nennen. Und die Frauen, die früher jene Rosen ins Geschäftsleben flochten, welche ihre Männer verdienten? Es müßten ja nicht gleich schöne reiche Damen die ärmsten und geistreichsten Dichter und Denker an ihre Salons binden wollen wie vor der Französischen Revolution, aber der Neofeminismus müßte auch nicht unbedingt seine Gewitztheit so weit treiben, den Intellekt für eine monotheistisch-patriarchalische Unverschämtheit zu halten und jede *Dame* für etwas besonders Dämliches. Die Frauen sind nicht mehr anspruchsvoll genug, sie haben Angst sitzenzubleiben, wenn sie etwas mehr Niveau fordern. Keine Nachfrage schafft sich mehr ein Angebot, und kein anspruchsvolleres Angebot schafft es, sich eine anspruchsvollere Nachfrage zu schaffen. Es genügt, daß ein intellektuelles Angebot da ist, um die Nachfrage nicht zu erzeugen. Man greift nicht zu, und man läßt es nicht, weil das Angebot zu teuer, zu gut oder zu schlecht, sondern weil es ein Angebot ist. Die meisten Bücher heute sind breitgewalzte Titel. Wer den Titel liest, kann sich die Lektüre sparen, da das Buch nur ein mißglückter Aphorismus ist. Nimmt einer von uns einmal ein Buch in die Hand, dann nur deshalb, weil er vorweg weiß, worauf es hinausläuft und um sich bestätigen zu lassen, was er ohnehin schon denkt und weiß. Der Umweltreport GLOBAL 2000 war ja nicht in aller Munde, weil er gelesen wurde, sondern er wurde gelesen, weil er allen nach dem Munde redete.

Der eine interessiert sich eben für Philatelie, der andere für Philosophie, mancher für beides, das eine ist so gut wie das andere und bewahrt vor Selbstmordgedanken. Jeder ist so intelligent, wie Mutter Natur ihn bedacht hat oder wie er es glaubt, nötig zu haben. Der eine wird gemieden, weil er etwas zu sagen hätte, und dem anderen wird die Bude eingerannt, weil er garantiert nicht mehr zu bieten hat als seine Besucher. Wer etwas zu sagen hat, beleidigt alle, die er zu Abnehmern degradiert. Bücher werden nicht gemieden, seit es Fernseher gibt, aber seit es Internet gibt, gibt es einen Prügelknaben für alle, die auch schon vorher nie gelesen hatten. Gäbe es kein TV oder PC, würden die Gründe für den allgemeinen

Analphabetismus nur deutlicher werden. Sicher lesen Deutsche keine Bücher, aber nicht, um sich eigene Gedanken zu machen, und sie nennen das, was sie tun, Nachdenken, um nichts lesen zu müssen.

Wer seinen Körper durch Jogging und Biokost vernachlässigt, ist dadurch ebenso wenig ein Geistesheld, wie einer schon ein athletischer Adonis ist, der nur schwachsinnig ist, sich aber körperlich fit genug hält, um jederzeit intellektuell besser einschlafen zu können.

Wenn es heute wirklich eine überschätzte *Sekundärtugend* gibt, die einer edleren Anstrengung würdig wäre, dann ist das nicht die anale Retentionskunst, sondern das verkrampfte Ideal entspannter Gelassenheit. Die Unterschicht lebt ebenso in Anspannung aller ihrer Kräfte, wie der Mittelstand sich ständig entspannen muß. Wer sich dauernd zu entspannen hat, will ja offenbar glauben machen, sein Leben sei allzu spannend und könne sich nur unter Aufbietung der letzten körperlichen und geistigen Kraftreserven einfach gehen lassen. In Wirklichkeit, man ahnt es, entspannt sich natürlich umgekehrt jeder kleinbürgerliche Feiertag und Feierabend von nichts anderem als von der nervenaufreibenden Langeweile sinnlosester Alltagsroutine und nicht etwa von den Geburtswehen einer Neunten Symphonie. Fernsehen ist das Relax-Yoga des kleinsten Mannes, aber man hört immer nur von Entspannungstechniken bei TV oder TM, leider nie von viel notwendigeren Anspannungsübungen. Statt ständig abschalten zu müssen von erzidiotischen Beschäftigungstherapien, wäre es ja ungleich unterhaltsamer, seine Kräfte auf lohnendere Ziele konzentrieren zu lernen. Für eher schöpferische als produktive Arbeiten, die diesen Ehrentitel auch verdienen würden, sind wir aber nun leider meist viel zu entspannt und nicht etwa zu nervös. Der übliche quirlig aufgekratzte Stumpfsinn bringt es ja gar nicht erst bis zu jener nervösen Reizbarkeit, die anregend und aufregend genug wäre, um einen Menschen in eine für das Verfassen der „Kritik der reinen Vernunft“ oder „Phänomenologie des Geistes“ günstige Stimmung zu bringen.

In Wirklichkeit wäre die einzige Meditationstechnik, die kein transzendentaler oder tranzendenter Unfug ist, nichts anderes als das gute alte ruhige Denken, aber heute wird ja nur meditiert, um nicht nachdenken zu müssen, während früher nachgedacht wurde, um nicht durch nabelbeschauliche Selbstversenkung an der eigenen inneren Leere >zum Grunde< zu gehen. Wer seine Augen schließt, ist eingeschlafen oder mit seiner eigenen Leere allein, die zuweilen angenehmer sein mag als ein überfülltes Kaufhaus.

Man kann sich versenken, man kann ein Schiff in Grund und Boden versenken, man kann beides tun, um Tranquilizer durch autogenes Training zu ersetzen. Wir sind nicht zu nervös, den Stumpfsinn des Arbeitsweltschmerzes zu ertragen, weil wir nicht nervös genug sind, um der dramatischen Jagd Pans entgegenfiebern zu können und um uns den faulen inneren Frieden stören zu lassen durch die Befriedigung, etwa die »Kritik der reinen Vernunft« verstehen zu können, wenn wir alle Kräfte unsäglich anspannen und nicht fragen wozu.

Ein Kant wollte sie durch Experimente nötigen, auf menschliche Fragen zu antworten, aber »die Natur verstummt auf der Folter« (Goethe). »Die Folter, das ist die Vernunft« (Foucault) für alle, denen das

Denken schwerer fällt als das Leben, welches dadurch zu erleichtern ist. Geist haben, das heißt, menschenleere Gebiete wenigstens schon einmal mit Gedanken bevölkern und wenigstens im Kopf als erster dorthin kommen, wo noch nie ein Mensch war.

Das Probehandeln im Kopf ist immer noch einfacher als das Probedenken mit Händen und Füßen, sollte man denken. Für ihre Berufsexamina haben sie eine Handvoll Bücher lesen müssen, um Zugang zu Scheckbüchern zu bekommen und sich ins Grundbuch eintragen zu dürfen. Danach haben sie keinen Grund mehr, je in ihrem Leben wieder ein Buch aufzuschlagen, das über mehr spricht als über Gartenbau und Hausbau, Pornographie und Kindererziehung, Steuerrecht und Ernährungstricks. Dann machen sie den Alltagskram zu einer Philosophie, um die Philosophie nicht zu ihrer Alltagsbeschäftigung machen zu müssen, und keine Wahrheit treibt sie je um außer ihrer Besitzstandswahrung. Mit Beruf und Familie überlastet, haben sie keine Zeit, sich noch mit etwas anderem abzugeben, obwohl sie sich für intellektuelle Fragen um keinen Deut mehr interessierten, als sie noch viel Zeit hatten, weil sie weder Frau und Kinder noch einen Arbeitsplatz hatten. Was sie vor ihrem Berufsleben nicht fesselte, wird sie auch nach ihrem Berufsleben nicht mehr fesseln.

Und sollte ihnen wider alle Wahrscheinlichkeit der vorgeschobene Existenzkampf um die besseren Plätze doch noch ein Quäntchen Kraft und Atem für einige Feiertagsgefühle lassen, darf man sicher sein, daß, wenn alles übrige rationell geregelt ist, irgendeine obskurantistische Form von trübstem Irrationalismus blühen wird. Die großen Romane der Weltliteratur sind offenbar von Schriftstellern für Schriftsteller geschrieben, die großen Essays von Intellektuellen und für Intellektuelle, die großen philosophischen Werke von Berufsdenkern und für Berufsdenker. Wer denkt an etwas anderes als an Hirnwäschen, wer schreibt mehr als Lebensläufe für Stellenbewerbungen, wer zeichnet etwas anderes als Quittungen ab, wer dichtet etwas anderes als Fenster ab, wer dramatisiert anderes als sein Ehegezänk? Wer schlichtweg stinkt, gilt nicht als Dreckschwein, sondern als Volksgenosse, der gerade seinen kleinbürgerlichen Waschzwang glücklich überwunden hat.

Wer grünroten Schlabberfummel trug, wurde nicht ausgelacht als jemand, der sich einfach nicht zu kleiden versteht, sondern wurde begrüßt als jemand, der gerade den kleinbürgerlich steifen Krawattenzwang bezwungen hatte. Dante hatte aus der Gedankenwelt des Thomas von Aquin eine *Göttliche Komödie* gemacht; wer macht aus den Ergebnissen der modernen Naturwissenschaft wieder mal eine ästhetische Spielwiese und die theoretische Physik zum Rohmaterial poetischer Schöpfungen? Auf hundert Menschen, die selber denken, verfallen zwei auf eigene Gedanken und der Rest dem klinischen Größenwahn. Mutter Natur ist stumm oder stottert, es ist eine Kunst und an der Kunst, sie zum Sprechen zu bringen, ohne ihr Worte in den Muttermund zu legen oder ihr die Widerworte im Mund herumzudrehen. Vielleicht ist die Natur mehr als nur schlafender Widerspruchsgeist und der menschliche Geist etwas mehr als eine aus dem Schlaf gerissene Natur, aber die Kultur ist stets so schön und fein und glatt, wie Natur grell und häßlich und grotesk ist. Sobald die beiden mal ihre Kleider tauschen, glauben sie schon, eine Revolution gemacht zu machen.

Wenn es stimmt, daß Mutter Natur ein stummer Dauerappell ist, entziffert zu werden, heißt das nicht, daß sie als Ziffernkombination eines Safes geknackt sein will. Die meisten Leute lassen sich von ihr dumm machen, wenn sie sich von ihr nicht herausgefordert fühlen, sie durch Wissen zu beherrschen. Aber wenn die Natur schläft, verhält sie sich zur Wissenschaft eher wie der Traum zur Deutung als der Stahl zum Wolkenkratzer. Mutter Natur ist von Sartre als die dickste und doofste aller Frauen beschrieben worden, als Tabula rasa menschlicher Projekte und Projektionen. Wenn sie durch die Blume spricht, bedient sie sich der Fremdsprache von Formen, Posen und Grimassen. Ist sie die rätsellose Sphinx, die Oscar Wilde in jedem Weibe sah, oder ist sie eher das Welträtsel, welches jede Lösung eines technischen Problems darstellt?

Objektiver Geist des subjektiven Faktors

Das neuzeitliche Denken beginnt mit der Emanzipation des Subjekts aus kosmosozialen Determinanten. Seither ist als Willkür und Gewalt jede Berufung auf eine Autorität objektiver Wahrheit verworfen, die sich vor der stolzen Selbstgewißheit des cartesianischen *Ego cogito* nicht ausweisen kann. Die Autonomie des Subjekts reflektiert sich in der Aufklärung, der Ideologie des aufstrebenden Bürgertums, das die Legitimation seiner Herrschaft nicht mehr aus dem feudalistischen Gottesgnadentum beziehen kann. Das Modell freier Subjektivität wird schließlich der Unternehmer, der im liberalistischen Konkurrenzkapitalismus seine Ellbogenfreiheit behauptet. Urobjekt dieses bourgeoisen Subjekts ist nicht sein Marktrivale, sondern der Arbeiter, der seine eigene Subjektivität nicht aufrechterhalten kann gegen seinen Brotherrn, sondern nur noch gegen sein totes Arbeitsmaterial, das er in eine für den Herrn genießbare Form verwandelt. Revolutionäre Hoffnung entzündet sich einzig an Hegels Dialektik, daß die Herrschaft des Gebieters über die Herrschaft des Sklaven über die Dinge eine verletzliche Abhängigkeit des Herrn von der Abhängigkeit des Dieners ist.

Seit Max Weber gilt der Protestantismus als Vernunft des selbstbeherrscht freien Unternehmers, dessen innerweltliche Askese unfinalisiertes Kapital akkumuliert und der die innere Natur derer ausbeutet, die für ihn die äußere Natur ausbeuten. Subjekt ist, wer im Fremdsubjekt sein Objekt hat, ohne selbst Objekt eines Fremdsubjekts zu sein, aber Subjekt sein heißt nicht nur, Objekte zu haben, sondern diese Objekte nicht objektiv erkennen zu können – und zu müssen, sondern subjektiv befangen sein zu müssen – und zu dürfen. Seine Subjektivität verteidigt, wer sich der Welt nicht erkennend angleicht, .sondern umgekehrt die Welt seinen Wünschen und Interessen anzubequemen vermag. So ist er im Kerker seiner Subjektivität gefangen, aber dieser Kerker hat tendenziell die Größe des Universums, das er sich einverleibt. Gefangen in einem All, das ich gefangen nehme, habe ich am Ende nichts mehr außer mir : Subjektivität wird zur idealistischen Allmachtsphantasie, der Geist wird zum Bauch der Welt. Zwei Denker haben im letzten Jahrhundert die gefräßige Selbstherrlichkeit des bürgerlichen Subjekts nachhaltig unterminiert. Marx entzauberte die kapitalistische Subjektivität als bloße »Charaktermaske« objektiver sozialer Mächte und ökonomischer Gesetze; Freud löste das Ich auf in ein labiles Kräfteparallelogramm verinnerlichter Repräsentanten und entdeckte in der stolzen Ratio eine einzige Rationalisierung hilfloser Triebverdrängungen. Die Gesellschaft und das Unbewußte, Geschichte und innere Natur, zehren seither am selbstbewußten Gotteskomplex des Subjekts und machen es wieder zum sub-iectum, zum Unterworfenen, weder Herr der Welt und des Schicksals noch auch nur Herr im Haus der eigenen Haut.

Außerhalb meines Kopfes gibt es eine Welt, die mir bedeutet, was ich bin, während ich zu wissen glaube, was sie ist, und unsere Antennen filtern aus der Weltatmosphäre nur die uns zuträglichen Informationswellenlängen heraus. Das Bewußtsein ist nach Marx ein >bewußtes Sein<, während das Sein nach Freud ein unbewußt gewordenes Bewußtsein ist, realitätsgerecht verdrängt, etwas, das sich gleichzeitig im Herzen des Ich und hinter seinem eigenen Rücken abspielt: die Triebe der inneren Natur und die zur zweiten Natur sozialer Gewalt gewordene Beherrschung der äußeren Natur. So verkommt Autonomie zur Ideologie, zur Selbsttäuschung des Ich über seine objektive Bestimmtheit. Beide, Marx wie Freud, haben das Subjekt dezentriert : seine Wahrheit liege außerhalb seiner selbst, es sei bloßer Schnittpunkt von Kraftlinien. Das marxistische Individuum als soziales Atom der Ensembles hat eine von Freud entdeckte Infrastruktur, ist ein Mikrokosmos, der treu den gesellschaftlichen Makrokosmos spiegele. Das selbstbewußt freie Ich ist dabei nur eine der Instanzen im Herzen der Subjektivität und nicht die stärkste. Dagegen revoltierte Kants „Autonomie".

Bei Marx beginnt der Mensch, sobald er sein erstes Geld verdient, bei Freud fängt seine Selbstentfremdung bereits im Mutterleib an. Marx wollte das Ur-Objekt aller bisherigen Geschichte zu deren Subjekt machen, und Freud entdeckte einige Gründe, die uns hindern, uns unseren Teil vom großen Kuchen selbst dann zu holen, wenn alle Umstände einer Umwälzung der Macht- und Eigentumsverhältnisse günstig sind. Schließlich bestand Freuds Vorbehalt gegen den Kommunismus in dem Vorwurf, dieser nehme die Macht des kollektiven Über-Ich nicht ernst genug. Wenn die Unterdrückten sich gegen ihre Ausbeuter auflehnen, erheben sich Kinder gegen Elternfiguren und ersticken an ihren Schuldängsten, indem sie ihre Schuldängste im Blut ersticken, das sie vergießen müssen auch und gerade dort, wo der Weg zur Macht eigentlich frei ist. Wo Es und Überich sind, soll Ich sein − damit das Objekt sich zum Subjekt seiner Geschichte machen kann. Umgekehrt muß das Subjekt schon im Besitz des Klassenbewußtseins den realen

Klassenkampf aufgenommen haben, um seine Projektionen nun fortschrittweise korrigieren zu können. Dieser Zirkel ist die Dialektik von Theorie und Praxis. Aber für Marx ist die Subjektwerdung des Objekts ein selber objektivistischer Prozeß, der beinahe ganz ohne die voluntaristische Subjektivität der Beteiligten ablaufen soll, in quasi naturnotwendiger Geschichtsautomatik. Subjektivität ist hier eher als Produkt objektiver Änderung angesetzt, nicht als ihr Werkzeug oder Hindernis vorausgesetzt. Marx hat gar nicht zeigen können oder wollen, wie die soziale Objektivität sich im Einzelsubjekt auswirkt, reproduziert und fortsetzt. Ebenso wenig hat er diesem Subjekt zugetraut, den objektiven Block autonom von sich zu wälzen. Die Revolution hat bei ihm so wenig wie die menschliche Naturgeschichte das proletarische Subjekt nötig und setzt die Vorgeschichte deshalb nur fort. Erst das Ausbleiben einer jeden Revolutionsautomatik führte zum Bedürfnis, sich einmal diesem *subjektiven Faktor* zuzuwenden und ihn wie eine objektive Gegebenheit zu untersuchen, wie eine Störstelle im weltgeschichtlichen Countdown. Hier konnte Freud helfen, soweit er nicht schon von der gutbürgerlichen Anpassungspsychologie vereinnahmt war. Wahre Revolution ist unmöglich, solange sie als Elternmord der Erdenkinder phantasiert wird, als ein unbewußter Matrizid oder Patrizid, und solange die Massen an ihre Führer homosexuell gebunden sind.

Neben einer Analyse der objektiven Ursachen für das Fehlen revolutionärer Situationen müßte es eine Psychoanalyse subjektiver Motive geben, die auch dann wirksam sind, wenn die objektiven Gründe minimiert erscheinen. Wenn Neurosen *Stützen der Gesellschaft* sind, dann heißt das nicht, daß die Seelencouch zu Guerilleros erzieht. Das erklärte Ziel der bürgerlichen Psychologie, das Ich zu stärken gegen die Außenweltprojektionen eines Überich, durch das es sich zwingt, seine eigenen sinnlichen Regungen vor sich selbst zu verstecken, scheint eine notwendige, aber kaum hinreichende Bedingung zu sein, um vom Neurotiker nicht zum reibungslos funktionierenden Kleinbürger zu avancieren, sondern zu einem ausdauernden Widerstandskämpfer. Vielleicht ist es doch nicht müßig, den heute dominierenden Sozialcharakter, der zwischen alternativer Natursehnsucht und technischer Funktionslust schwankt, einmal zu studieren auf seine weitgehende Unfähigkeit und Unwilligkeit hin, sich einem gleichzeitig repressiven und permissiven Realitätsprinzip solidarisch zu widersetzen. Gibt es so etwas wie Grundstrukturen heutiger Subjektivität, welche die Chancen zur Änderung objektiver Systembedingungen abschätzen lassen? Wir haben gelernt, hinter den >Charaktermasken< politökonomische Agenturen, aber auch hinter den >genitalen Persönlichkeitstypen< prägenitale Entwicklungsstufen zu entlarven. Tendenziell bringen es immer weniger Menschen überhaupt noch zu jener klassischen ödipalen Problematik, deren hysterische oder zwangsneurotische Symptomatik die heilige Dreieinigkeit von „Mama-Papa-und-ich" voraussetzt, also familiäre Vorsozialisation als Übungsgelände für den Ernst des Lebens draußen. Kulturklinisch überwiegen inzwischen narzißtische Charakterstörungen, psychosomatisch larvierte Depressionen und offen regressive Suchtbilder, die das Patriarchat nachgerade als eine Utopie erscheinen lassen.

Wo alle Leiden(schaften) als soziogen eingeklagt werden, ist in der Sündenbockpauschale der *Gesellschaft* eigentlich nicht mehr ein strenger *Vater Staat* angegriffen, sondern im Kapitalisten eine ausbeutende Urmutterfigur, die oral-materielle Gratifikationen bereithält für die Missionen, welche die delegierten Menschenkinder für sie ausführen. Analytisch gesprochen : Ohne eigenen Penis bin ich der Penis der kastriert-kastrierenden Mutter Sozialstaat, einer alimentären Versorgungsgottheit. Kaum noch konkurriere ich mit übermächtigen Vatergestalten im ödipalen Kampf um den inzestuösen Besitz der Mutter Natur, der Magna Mater jedes Materialismus. Seit der allwissende Familienvater des 19. Jhs. zum ohnmächtigen kleinen Angestellten depotenziert ist, arbeite ich mich nicht länger an ihm ab, um an ihm den anti-autoritären Widerstand zu proben. Das Überich ist kaum mehr ein Internalisat kastrationsdrohender Vaterfiguren, kein Urbild des versagenden Realitätsprinzips. Seine permissive Ermäßigungsform droht heute eher mit prä-ödipalem Liebesentzug als mit demütigender Entmannung. Das Gewissen hat nicht mehr die Gewissenhaftigkeit des puritanischen Arbeitsethos, aber auch keine Züge eines freien, gütig strengen, gerechten und mächtigen Vaters ins Ich-Ideal integriert. Das scheint die antitotalitäre Risikobereitschaft zu schwächen.

Kein väterliches Über-Ich steht mehr als Puffer zwischen dem schwachen Ich und der anonymen Gewalt kollektiver Gesellschaftsinstitutionen, denen das Ich resistenzlos anheimfällt, weil sie phantasiert werden als ambivalente Urbilder einer gleichzeitig bergend-schützend-nährenden und einer überfürsorglich verschlingenden Muttermegäre. Kein mit dem Namen des Vaters verbundenes Instrumentarium phallischer Rationalität schützt mehr vor dem gefräßigen Sog mütterlicher Symbiosen und erstickender Umklammerungen, also vor sozialer Paranoia. Freiheit war einmal die Idee der Unabhängigkeit des schwachen

Menschenkindes von Gefahr und Versuchung, an Mutters Rockzipfel hängenzubleiben. Es war derselbe Vater, dessen Bilder dem Kind halfen, sich von der prä-ödipal archaischen Mutter zu lösen, und der sich dann mit dem Kind verbündete gegen dessen Wünsche nach Wiedervereinigung mit der zugleich begehrten und erdrückenden Mutter. Der Erdensohn will wie sein bewunderter und eifersüchtig gehaßter Vater werden, um einst doch noch die heißgeliebt gefürchtete Mutter für sich zu erobern. Der sozial entmachtete Vater lädt zu keiner *Identifikation mit dem Aggressor* mehr ein. Die phallisch-rationale Herrschaft über den Sog der Mutter Natur wurde zu einer zweiten Natur, einer erdrückenden Übermacht des technisch-zivilisatorischen Apparats, also einer archaischen Rabenmutter, der ich mich unterwerfe, um von ihr gefüttert zu werden. Konsum wird oraler Inzest mit dem Mater-iellen, erkauft durch blinde Schutzsubordination, vor der kein phallischer Stolz mehr rettet, keine am vater-monotheistischen Vorbild mehr eingeübte Individuationskompetenz.

Der sadomasochistisch Regredierende will körperliche Säuglingspflege und verewigte Mutterkindsymbiose. Der Drogenfreak unterläuft den Konflikt mit der zur zweiten Natur gewordenen Welt rationaler Naturbeherrschung, indem er unter den Rock vorambivalent guter Mutterbilder schlüpft durch toxische Selbstauflösung des unerträglich individuierten Subjekts. Auch der Agrarfetischismus des stadtflüchtigen Humus-Humanisten sucht Dauersymbiose mit einer unverschandelt jungfräulichen Mutter Natur. Die Psychologie hat diese Tendenz registriert unter dem »Weg zur vaterlosen Gesellschaft« (Alexander Mitscherlich, 1966). Übrig bleibt eine chaotische Geschwisterhorde voller Rivalitätsneid vor den Brüsten einer Mutter Sozialstaat. Die Unterwerfung unter die rationale Autorität eines als sadistisch erlebten Vaters war ein Kinderspiel gegen die konfliktlose Überidentifikation der jetzt Heranwachsenden mit der auf die Kollektive projizierten Imago einer prä-ödipal umarmenden Urmutter. Diese homosexualisierende Verschmelzung mit den Mutterbildern der *verwalteten Welt* legiert sich mit der tendenziellen Unterwerfung der Softies unter die Gebote des amazonalen Feminismus, hinter dessen Abrechnung mit dem längst fiktiv gewordenen Patriarchat sich der uneingestandene Konflikt der Frauen mit ihren eigenen Konkurrenzmüttern verdrängt.

Der allgemeine Rückfall hinter den Ödipuskomplex, nicht seine Überwindung, führt zu den luxurierenden depressivnarzißtischen Persönlichkeitsstrukturen, die heute bevorzugt beobachtet werden und hinter deren *genitaler Fassade* oralsadistische Paradiesphantasien lauern, die anale Ausgrenzungen abwehren. Narziß kapituliert vor jenen Außenweltanteilen, die er nicht zu Satelliten seiner Omnipotenzphantasien manipulieren kann. Da er sein geheimes Größenselbst in der Abarbeitung an Elternfiguren nicht zu phallischer Selbständigkeit relativieren kann, braucht er vorauseilende Identifikation mit Aggressoren. Dieser >psychotische Charakter< ist für totalitäre Massenbewegungen äußerst mobilisierbar. Das schwache Individuum macht sich durch plane Identifikation die Macht des Kollektivs zu eigen und erreicht so seine Grandiosität durch „primärnarzißtische" Vereinigung mit den als übermächtig phantasierten Mutterbildern seiner hilflosen Kindheit. Diese zweite Mutter Natur der Herrschaft über die erste Natur hat in der imaginären Urszene den väterlichen Phallus verschlungen, und nichts widersteht dieser Muttergottheit, die sich den väterlichen Penis angeeignet hat. Das neue Subjekt bearbeitet sich nun selbst so lange, bis es diese Mutter selber ist als der geometrische Ort maßloser Produktivität, als Rechtseigentümerin aller phallischen Produktionsmittel, Gottvater als Ur-Vagina in der Maske des Phallus. Der absolute I-dea-lismus und Mater-ialismus haben das eine gemeinsam, daß das Subjekt die Welt zum Arbeitsmaterial macht und sich oral einverleibt. Selbstbeherrschung wird Instrument der Weltbeherrschung und die Welt ein Arbeitshaus, das Individuum wird sein eigenes Arbeitsprodukt.

Arbeitend entäußere ich meine »gegenständlichen Wesenskräfte« (Marx) zu Gegenständen, in denen ich nur mir selbst gegenüberstehe. Um kein Über-Ich mehr zu haben, verschlingt jedes Ich jedes als Werkzeug nützende oder als Widerstand störende Nicht-Ich. Arbeit ist psychologisch eine analsadistische Formung und Aneignung des Fremden, eine saubere Abgrenzung gegen das, was mir über und unter ist.

Dieser praktische Narzißmus duldet keine Eigenständigkeit seiner Objekte gegen das Subjekt, ein geistiger Kannibalismus, der die Welt zum Fressen lieb hat. Ich fresse die Welt, um nicht von ihr gefressen zu werden, und diese Welt ist Mutter Natur, mit deren destruktiver Imago ich verschmelze. Hier liegt die Machtphantasie des Naturrechts, das Nietzsche so faszinierte. Nun ist die urnarzißtische Subjektivität Vater und Mutter ihrer selbst, Schoß und Schöpfer aller Objekte. Als Opfer seines sturen Selbsterhaltungstriebes gewinnt das Ich keine Herrschaft über die zur zweiten Natur gewordene Naturbeherrschung. Es macht sich selbst zum Betriebsmittel, setzt seine eigensten Regungen betriebsgerecht ein, staffiert sich marktgerecht aus und macht sich selbst zu jenem

Objekt, das alles zu seinem Objekt macht. In diesem Prototyp von Schizophrenie werden meine Eigenschaften zu meinem Eigentum, bis ich darüber den Eigentümer ganz vergesse und mich von meinem Triebgrund getrennt habe, das Ich als bloßes Rollenspiel, das Einzelsubjekt als Objekt des gesamtgesellschaftlichen Subjekts, das Objekt als Subjekt des Subjekts. So gleicht das Ich der mörderischen Natur, die es unterjocht, und hat sich selbst unter sich, immer jenseits seiner selbst. Zwanghafte Selbstidentität und Selbstdissoziation fallen dort zusammen, aber gleichzeitig ist die Schizophrenie die Karikatur des Glücks selbst, denn was ist Glück anderes als zwanglose Selbsthingabe des Ich ans Nicht-Ich, die man Liebe nennt oder Erkenntnis, das Erlöschen aller Intentionen im Gegenüber. Wer das Ich schon jetzt zur Selbstaufgabe aufruft, fordert nur seine Unterwerfung unter ein Über-Ich, in dem das Es seiner Herren installiert ist. Hingabe des Subjekts an das, was ihm nicht gleicht und nicht gewaltlos ihm angeglichen wird, ist eine Paradiesutopie, wäre aber unter den gegebenen Bedingungen nichts als eine Regression im Dienst der triumphierenden säkularen Selbstlosigkeit. Gearbeitet wird hier mit der Hypothese, die rationalen Bewußtseinssysteme der Denker seien immer auch systematische Rationalisierungen unbewußter Impulse, Phantasien, Stimmungen und Visionen ihrer Epoche. Rein metaphysische Hinterwelten haben rein physische Hintergedanken.

Sogar für Nichtmarxisten ist es ein unbewußtes Sein, welches auch das philosophische Bewußtsein bestimmt – hinterrücks und meist unbemerkt. Gesammelt werden hier keine abseitigen Kuriositäten, sondern beansprucht wird, verstecktere Hauptmotive einer Philosophie freizulegen. Es denkt sich etwas im

Philosophen, aber der Blick hinter die imposanten Fassaden der großen Denkgebäude will nun keine Klatschgeschichten über die kleinen Denker kolportieren. Philosophien gelten als Ideologien komischer Heiliger, weltfremder Asketen und kostverächtender Absonderlinge, doch in Wirklichkeit wissen die modernen Berufsdenker recht gut, wie der Hase läuft und der Igel rennt. Adam >erkannte< Eva, und warum soll der Akt metaphysischer Erkenntnis weniger anstrengend lustig sein als der Akt physischer Liebe? Das Angebot des Denkers verständigt sich mit der Nachfrage seines Kunden über das, was der eine zu sagen glaubt, und der andere zu verstehen glaubt, über und unter beider Köpfe hinweg, von Unterleib zu Oberstübchen. Vielleicht ist Philosophie, in Abwandlung des berühmten Hegel-Wortes, auch das Unbewußte ihrer Zeit, in Gedanken(losigkeit) versunken und versteckt. Gibt es wohl ein hartnäckiges Selbstmißverständnis alles emphatischen Verstehens und eine Dunkelzone jeder Erklärung und Aufklärung?
Philosophen sollten mitreflektieren, was sie an Ängsten, Sehnsüchten und Aufgebrachtheiten vor sich und vor uns verbergen, indem sie seelische Verdauungsstörungen kosmisch aufblähen, weil mein Verhältnis zu mir selbst eine Beziehung zum Ganzen der Welt enthält – durch ganz besondere Verhandlungsgegenstände hindurch.

Wo, selten genug, überhaupt einmal eine philosophische Sichtung psychoanalytischer Grundbegriffe oder umgekehrt eine psychoanalytisch inspirierte Deutung philosophischer Systeme gewagt wird, kranken solche Versuche meist daran, daß Philosophen im Allgemeinen ebenso viel von Psychologie verstehen wie Psychologen von Philosophie, nämlich gar nichts. Unter der Maske von Gleichgültigkeit gegeneinander spielt allerdings nicht nur Verachtung füreinander, sondern auch Berührungsangst voreinander.

Von Psychoanalytikern wird Philosophie gern als weltanschaulich aufgeblasene Rationalisierung, bestenfalls als Sublimation unbewußter Triebkonflikte jener Philosophen abgetan, die ihrerseits an der Psychoanalyse gern das biologistisch verkürzte Welt- und Menschenbild bemäkeln und ihre über die Schranken einer umstrittenen medizinischen Spezialtechnik hinausreichenden Kulturambitionen als hybride Übergriffe zurückweisen zu müssen glauben.

Die gegenseitigen Vorwürfe und vornehmen Distanzierungen entbehren sogar nicht ganz einer gewissen Berechtigung, denn Psychobiographien von Kulturschaffenden sind häufig von banausisch feinsinnigen Ärzten geschrieben, und „kritische Würdigungen“ Freuds in philosophischen Werken reichen noch immer von Missverständnissen, Verleumdungen und gutgemeinten Integrationen bis zu billigen Überwindungen eines vermeintlichen „Pansexualismus“, der eindeutig Höheres auf zweideutig Plattes reduzieren wolle. Die Einzelwissenschaft Psychologie war einst aus der Philosophie hervorgegangen. Weit entfernt, heute noch aus ihrem Ursprung verstanden werden zu können, hat sie inzwischen viele Gegenstände kompetent an sich gerissen, die einmal exklusive Themen der Philosophie gewesen waren, in einem anderen paradigmatischen Kontext. In dem geschichtlichen Moment, in dem das autonome Subjekt erfunden und aus den kosmosozialen Determinanten herausgelöst wurde, begann auch schon seine schleichende Auflösung in >internal properties< und psychische Funktionen. Freud vollendete diesen Prozeß, als er das Ich als oberste Rationalisierung aller Rationalisierungen verstand und zu einer Vektorresultante heteronomer Kräfte dezentrierte.

Sozialphilosophen wie Horkheimer, Adorno und H. Marcuse haben der Psychoanalyse die Vermittlerrolle einer kritischen Theorie der sozialisierten Subjektivität eingeräumt und sie relativiert zur theoretischen Nahtstelle zwischen der repressiven Macht gesellschaftlicher Systembedingungen und den Leiden unterdrückter Individuen, die diese Macht gegen sich selbst kehren. Wenn Menschen in Zeiten, die einer Umwälzung der Verfügungsverhältnisse offenkundig günstig sind, gleichwohl keine Revolutionäre sind, dann nicht nur deshalb, weil Strafangst vor den Vergeltungsschlägen der Herrschenden und eine ödipale Kastrationsangst vor der verinnerlichten Stimme von Vaterfiguren sie hindert, sich den ihnen bisher vorenthaltenen Teil vom großen Kuchen zu holen, sondern auch homosexuelle Identifikationen der gegängelten Massen mit ihren bewunderten Führern. Diese können ihre Sonderinteressen nur deshalb als Gemeinwohl verkaufen, weil die >autoritätsgebundenen Charaktere< der Ausgebeuteten die versagenden Instanzen, die den Mehrwert ihrer Arbeit für sich abschöpfen, nicht nur fürchten, sondern am Ende mehr lieben als das, was ihnen die Herrscher abzwingen.

Freud verhielt sich bekanntlich ambivalent zu den Kulturidealen, die für die Volksmehrheit ideologische Unterdrückungsinstrumente sind, für die Oberschichten aber Genußmittel oder Heuchelei. Zeitlebens schwankte er zwischen Hochachtung der Kultur als Quelle sozial hochbewerteter Sublimationen und ihrer kritischen Rezension als rationalisierter Triebverzicht. Marxistisch inspirierte Philosophen spielten einen Freud, der zur Abschaffung des monotheistischen Über-Ich und der darin verinnerlichten Sozialnormen aufzurufen schien, gegen einen revisionistischen Neofreudianismus aus, der zur psychotechnischen Anpassung leidender Individuen an unmenschliche Zustände herunterkam und das Verdrängte nur auflockerte, damit jeder Einzelne im schlechten Bestehenden nur reibungsloser funktioniere. Umgekehrt hielt Freud Religion und Philosophie für Sublimate verdrängter Sexualität. Seine Invektiven gegen diesen »Baedeker ins Jenseits« waren vielleicht noch entschuldigt durch die Sorge, in positivistischer Zeit die junge Wissenschaft zu diskreditieren durch Auslieferung an uferlose weltanschauliche Fehden. „Szientistisches Selbstmißverständnis« (J. Habermas) der Psychoanalyse war noch gerechtfertigt als Versuch, sie als empirisch hieb- und stichfeste Naturwissenschaft gesellschaftsfähig zu halten. Heute wird sie wissenschaftstheoretisch eher eingestuft als tiefenhermeneutische Methode, deren Grundlagen von Philosophen wie Dilthey, Heidegger und Gadamer erarbeitet worden seien. Für Freud war seine Theorie Therapietechnik, Verfahren zur Deutung nicht nur von Patiententräumen, sondern auch von Kulturgebilden, in denen Unbewußtes der Schöpfer und der Adressaten in entzifferbarer Mystifikation symbolisiert ist.

Während es in Freuds Nachfolge zahllose Deutungen religiöser, mythologischer und ästhetischer Produkte gibt, ist die Psychoanalyse der philosophischen Systeme und universalen Denkformen ganzer Kulturen bisher unterblieben. Das ist merkwürdig, aber umso verständlicher, je klarer man sich macht, daß die Psychoanalyse als Kulturphänomen vor sich selbst nicht haltmachen dürfte und ihre eigenen Fundamente mitreflektieren müßte. Sie hätte sich heranzuanalysieren an ihre eigenen Grenzen, die mit den Bedingungen ihrer eigenen Möglichkeit und fortdauernden Notwendigkeit zusammenfallen.

In großen Gestalten der Philosophiegeschichte kristallisieren sich einflußreich gewordene Konstellationen unbewußter Kollektivphantasien, die Freud in »Totem und Tabu« (1913) nur bis zu Religion und Mythos der Vorzeit verfolgt hatte. Eine Psychoanalyse von Philosophien will den latenten Tagtraumgedanken in und hinter manifesten Symbolsystemen entziffern, aber nicht, um Philosophie psychologistisch zu reduzieren, als hätten Philosophen ihre endopsychischen Konflikte nur in ko(s)mische Dramen projiziert, sondern um von der erstrebten Objektivität den Anteil an Intersubjektivität eines eventuellen Wahns zu subtrahieren. Solange Mythos herrscht und sei es der Mythos totaler Entmythologisierung, sobald die naturbeherrschende Kultur zur unbeherrschten zweiten Natur wurde, in der Gottes Walten sich verbirgt, ist Philosophie immer auch ein psychoanalysierbarer Mythos der Aufklärung über den Mythos. Die Fähigkeit zur schrittweise kontrollierten Korrektur *pathischer Projektionen* und anderer Abwehrmechanismen wächst psychologisch mit der individuellen Ich-Stärke, die nicht eine Funktion des kollektiven Standes gesellschaftlicher Naturbeherrschung sein muß, sondern oft erst dagegen erstarkt. In »Totem und Tabu« hatte Freud wenn nicht die Religion, so doch eine bestimmte Form des Religiösen analysiert als generalisierte Schuldangst nach einem vorzeitlichen Vatermord, als infantilkollektive Sehnsucht nach dem Vater im Himmel, den der Sohn sich geneigt zu machen sucht als Schutz gegen eine übermächtig bösartig erlebte Rabenmutter Natur, vor der das Menschenkind so ohnmächtig steht, wie es als Kleinkind vor seinen Eltern stand.

Himmlisch erhöht sei der Urfamilienvater zur Sühne für den an ihm begangenen Mord(versuch), der in jeder Unterwerfungsgeste insgeheim wiederholt werde. »Das religiöse Leben stellt eine ins Kosmische projizierte Dramatisierung der Gefühle, der Angst und der Sehnsucht dar, die aus der Beziehung des Kindes zu seinen Eltern entstehen.« Für Freud hatte die Religion die Entlastungsfunktion, den Menschen durch Gehorsam gegen Gottvater zu erlösen von seiner Schuldangst vor patrizidal-inzestuösen Phantasien in Bezug auf Frau Welt. Am Ende der Religion und am Anfang der Philosophie stehe der Erdensohn, der seiner vatermörderischen Erbsünde nun ins Gesicht sehen könne. Philosophie ist dann das Selbstbewußtsein des pubertierenden Sohnes, auch wo sie von weisen alten Männern betrieben wird, die anfangen, den Großvater des Universums zu verstehen – in sich selbst. Philosophie als Erbin von Mythos und Religion wäre dann die selbstbewußtere Art, wie die erstarkenden Söhne der Urhorde die Schuldangst vor dem immer neu vollzogenen und abgebüßten Urvatermord produktiv machen, durch das kulturbildende Überich. Wir gehen aus von der Hypothese, daß der Frühmensch seine Ohnmacht vor Natur und Schicksal erlebte als Fortsetzung der Ohnmacht des Kindes vor seinen Eltern, die vor dem Kosmos selbst so hilflos standen wie ihre eigenen Kinder vor ihnen. An der Angst vor den Elternfiguren, die ihre Angst vor Gottvater und Mutter Natur durch rituell magisches Denken zu beschwichtigen suchen, üben die Kleinen ihre spätere Kastrationsangst ein vor den in die zerstörenden Naturgewalten projizierten Elternbildern. Mit jedem Stück zivilisatorischer Naturbeherrschung, die dem Triebverzicht entstammt, gewinnt der Frühmensch etwas von dem Selbstbewußtsein, das zum ersten Mal in der Philosophie sich ausdrückt, die aufs Ganze geht. Sie ist das auf den Begriff gebrachte Ganze, statt ins Ganze der Natur blind verstrickt zu bleiben durch nur magische Beschwichtigungsgesten. Dieses Subjekt wird philosophisch seiner selbst inne als jener privilegierte Teil des Ganzen, der das Ganze begrifflich ganz ergreift, in erster relativer Distanz zum Ganzen gerade ein naturverfallener Bestandteil des Ganzen. Da sich in der Ohnmacht des frühgeschichtlichen Erwachsenen vor den Naturgewalten und Schicksalsmächten die hilflose Abhängigkeit des Kindes von seinen Eltern wiederholt, liegt es auch noch für den historischen Spätling nahe, in die fortdauernde Übermacht der launisch unwirtlichen Natur und später in die zur zweiten Natur gewordenen Naturbeherrschungsapparate die einstige Omnipotenz der archaischen Eltern-Imago hineinzusehen, sich selbst also vor den Geschicken noch immer so zu fühlen wie das Kleinkind, das er einst vor seinen Eltern war. Psychoanalyse ist Philosophie des Subjekts im Zeitalter seines Zerfalls, und Philosophie ist eine Art von Selbstanalyse der Gattung im Kosmos. Die Übermacht der Eltern bietet dem Kind ein erstes Bild von der Übermacht der Natur über den Menschen und verstellt ihm zugleich diese Übermacht des Objektiven.

Der Mensch erlebt die Naturzwänge zuerst als Kulturzwänge, die sie ihm zugleich verbergen. Als physiologische Frühgeburt und instinktunsicherer Nesthocker zwingt ihn seine sensomotorische Entwicklungsverzögerung dazu, mangelnde Naturunmittelbarkeit kulturell zu kompensieren durch zweckrationale Bearbeitung der zum Rohstoff technischer Deformationen avancierten Naturressourcen.

Der Mensch führt seinen Kampf mit der widrigen Natur nicht nur mit Hilfe der tradierten Kultur, sondern zunehmend auch als Kampf gegen diese Kultur, die ihm zur unbeherrschten zweiten Natur wird und schließlich widriger als die erste Natur erscheint.

Die frühe Mutter-Kind-Symbiose (MKS) ist das ontogenetische Urmuster jeder späteren Einheit-in-der-Mehrheit als Vielfalt-in-der-Einheit. Ursprünglich ist es noch unbestimmt, ob Mutter und Kind eine Einheit oder eine Zweisamkeit bilden, ob sie noch oder wieder eins oder schon voneinander getrennt sind.

Es ist mehr oder weniger lange unbestimmt, ob sie eindeutig bestimmt sind als ein und dieselbe Person oder als zwei diskrete Personen. Diese privilegierte Ur-Beziehung ist das Unterfutter aller späteren Relationen zwischen fix und fertigen Bezugspunkten und klar umrissenen Objekten. Mit der Abnabelung oder der Entwöhnung beginnt die Verwandlung dieser diffusen Ganzheit in eine geordnete Menge von distinkten Mitgliedern. Dieser Übergang vollzieht sich nicht zu einem festen Zeitpunkt, sondern gleitend, aber in signifikanten Teiletappen, die sich ihrerseits nicht verselbständigen. Die MKS ist weder eine eindeutige Einsermenge noch eine Zweierklasse, da die Zahl der Bestandteile unentschieden flackert zwischen 1 und 2. Um zwei unverwechselbar verschiedene Personen handelt es sich erst, sobald die Vaterfigur, im Idealfall der leibliche Vater, auftaucht und sich zwischen sie stellt, um die leibliche durch eine seelische Abnabelung zu ergänzen. Das Auftauchen des Vaters macht aus der diffusen Symbiose eine explizite Wechselbeziehung von Mutter und Kind, also aus ihrer verschwommenen Ganzheit eine explizite Dreiermenge von Familienmitgliedern. Die MKS weiß nicht, ob sie aus einem oder aus zwei Menschen besteht. Der »Dritte im Bunde« wird der Vater aber erst durch seine Funktion, die MKS aufzulösen in eine Zweierbeziehung, die das nicht werden kann, ohne auch schon eine Dreiecksgeschichte zu sein, wie Freud analysiert hatte : Die MKS läßt sich in keine Zweierbeziehung zwischen Mutter und Kind verwandeln, ohne sie in eine Dreiecksbeziehung von Vater, Mutter und Kind aufzulösen. Vorher stand der Vater nur neben der MKS. Alles, was später »subjektive Voreingenommenheit« heißen wird, verdankt sich gerade keiner abgeschotteten Binnensphäre des Menschenkindes, sondern seiner wiederauflebenden Ursymbiose, und »objektive Distanz« kommt in die Welt durch den Vater, der kastrationsdrohend zwischen das Menschenkind und sein mütterliches Ur-Objekt tritt. Die MKS ist die Mutter aller späteren Individuationen, der allgemeine Stoff, aus dem die dezidierten Einzelheiten kommen. Die Dualunion von Mutter und Säugling ist die erlebte Ur-Vielfalt und Ur-Einheit zugleich. Entwöhnung ist nur körperlich vollendbar, seelisch und geistig droht oder winkt dem emanzipierten Erwachsenen immer wieder der regressive Absturz in die MKS, ohne darin nun psychotisch verstrickt zu bleiben. Das lebenslange instabile Oszillieren zwischen wohlgeordneter Allgemeinheit selbständiger Mitglieder und ständig möglicher Affektregression zur Ursymbiose ist ein typisches Anthropologikum.

Nicht nur jede Beziehung zu ihm, sondern auch jedes Objekt selber kann eine MKS seiner Aspekte werden, je nachdem, wieweit in meinem Eindruck von ihm der väterliche Ur-Emanzipator oder der mütterliche Ur-Regressor gerade überwiegt. Die MKS ist keine Klasse von Objekten; erst der Familienverband von

Mutter, Vater und Kind(ern) schwankt instabil zwischen symbiotischem Kontinuum und einer Menge unabhängiger Mitglieder, zwischen Gemeinschaft und Verein. Jeder holt aus seinen Objekten an Tatsachen heraus, was er aus der MKS an Möglichkeiten explizieren kann. Diese MKS ist die Ur-Allgemeinheit von Arten und (Be-)Gattungen. Sie besteht weder aus einem noch aus zwei Menschen, die Familientriade aber aus (mindestens) drei Personen. Die Ur-Gattung ist der über Mutter und Kind gestreute Sachverhalt ihrer Symbiose. Der extensionale Umfang des Ur-Begriffs schwankt labil zwischen 2 und 3 Personen; die Ur-Intensionen sind Sachverhalte, die sich von der Wirklichkeit der MKS abheben. Wenn der Aphorismus auf und ab geht zwischen primitiver und gestalteter Gegenwart, dann auch 5-dimensional zwischen den Differenzen von Hier und räumlicher Weite, Jetzt und kontinuierlicher Dauer, Ich und Nicht-ich, Identität und Differenz, Sein und Nichtsein. So hat es Hermann Schmitz phänomenologisch exakt beschrieben, ohne etwas von der Psychoanalyse wissen zu wollen, die er als Schichtenlehre mißversteht.

Objekte und Projekte, Sein und Geldschein

Europäisches Denken von Platon bis Nietzsche ist Subjektivismus, auch wenn die Welt mehr sein soll als die Summe aller Irrtümer über sie. Wahrheit sei diejenige Form von Irrtum, ohne die wir Menschen nicht leben können, klagte und höhnte Nietzsche. Marx fuhr gegen das subjektive Belieben die materiellen Interessen auf, Bloch den universalen Weltstoff und Adorno den Vorrang der objektiven Nichtidentität. Auch Heidegger sah in der Verfügung des Subjekts über das Objekt den philosophischen Kern am europäischen Verhängnis, aber fast schon eine masochistische Verfügung des Objekts selbst, subjektiv über sich verfügen zu lassen, während sein Erzfeind Adorno die Versöhnung von Subjekt und Objekt durch Herrschaft des Subjekts über sich selbst erreichen wollte, also durch mehr statt durch weniger Subjektivität. Je subjektiver, desto objektiver, fand Adorno, der Objektivität in reflektierter Subjektivität sah. Die Natur, auf die beide rekurrierten, um dem Subjekt zu entgehen, war allerdings nur eine pantheistische Projektionsleinwand subjektiver Mutterbilder.

Der große Gegenentwurf zum europäischen Subjektzentrismus dürfte nicht gerade der fernöstliche Buddhismus sein, der selbst ein extremer Idealismus ist. Der Buddhist ist an objektiver Erkenntnis nicht weiter interessiert, als daß sie ihn die Welt so sehen lehrt, daß er weniger an ihr leidet, ohne sie real verändern zu müssen. Buddhismus setzt weder bessere Menschen noch eine Weltverbesserung auf die Tagesordnung, Leben und Welt sind für ihn Traum oder ein Alptraum. Es ist eine Sache innerer Einstellung, ob der Alptraum zum Wunschtraum wird und ob die Dinge einfach ihre Eigenschaft verlieren, uns zu nützen oder zu schaden. Wenn der Buddhismus die subjektivste aller Weltreligionen ist, dann ist der Monotheismus die objektivste wenigstens der Intention nach. Sicher ist er keine Dogmatik und keine kirchenamtlich überwachte Theo-Logik, sondern Interpretation von Interpretationen von Interpretationen eines Urtextes, der selbst vielleicht nur Interpretament ist, aber die göttliche Autorisierung des Urtextes ist der Anspruch auf Objektivität durch alle subjektive Deutungskunst hindurch. Der Eine Gott ist die Chiffre objektiver Wahrheit, gleichsam die Idee von einer Welt jenseits aller menschlichen Ideen.

Wer das Gefängnis seiner Subjektivität und Intersubjektivität verlassen oder sprengen will, muß auf die Stimme Gottes hören, die er schwarz auf weiß hat und subjektiv beliebig auslegen darf. Sobald er den Mund aufmacht, äußert sich seine subjektive Befangenheit, aber seine Worte nehmen stets Bezug auf ein erstes Wort, das er nicht selbst gesprochen hat. Biblische Theorie ist keine Meinungsbekundung, sondern eine Lehre von der objektiven Welt, die nicht jeder Mutmaßung plastisch nachgibt und kein bloßer Schnittpunkt allzu menschlicher Konstrukte und Umdeutungskünste sein will. Der dialektische Materialismus von Marx bis Adorno ist ein ferner Nachklang dieses monotheistischen Realismus >jenseits< menschlicher Machenschaften, Verblendungen, Ideologien und Utopien. Monotheismus ist ursprünglich weder Idealismus noch Utopie, er will eher die Wahrheit über alle Meinungen sein als eine Meinung über die Wahrheit. Das Alte Testament samt Folgebüchern ist gespeicherte Erfahrung ganzer Generationen mit den Wechselfällen der Geschichte, die unter der Hypothese Gott betrachtet wird, eine Hypothese, die verifiziert werden will und falsifizierbar formuliert ist. Wahrheitskriterium ist weniger das mathematisch beschreibbare Naturexperiment als die Kette geschichtlicher Versuche mit der Urhypothese von Gott, das Wechselspiel göttlichen Plansolls und menschlicher Pläne. Sobald das erklärte Jenseits menschlicher Projekte selbst zu einem menschlichen Projekt geworden ist, wird der Mensch am Ende zu einer Projektion seiner selbst. Entweder ist biblische Schrift wissenschaftlich beweisbares Wissen oder ein christlicher Glaube (und Erkenntnis nur Bekenntnis).

Nun ist Demokratie die Hoffnung, daß Irrtümer und Irreführungen in der Berichterstattung nicht lange unbemerkt bleiben, daß rivalisierende Bildlieferanten mich über den wahren Sachverhalt aufklären werden, wenn nicht aus Liebe zur Wahrheit, so doch im Kampf gegen die liebe Konkurrenz. Das europäische Denken verstellt sich den Blick auf die Wirklichkeit nicht nur durch mehr oder weniger getreue Abbilder, sondern auch durch mehr oder weniger wünschbare Vorbilder. Und wer sich ein falsches Bild macht von dem falschen Bild, das andere sich von der Welt machen, hat die Welt noch nicht naturgetreu wiedergegeben. Hinter den Umweltbildchen wird sie zur quantité négligeable, und wichtig wird nur, was ich aus dem mache, was sie aus mir gemacht hat. Ich plane nichts, weil ich etwas erkannt habe, sondern erkenne nicht mehr, als ich geplant habe: Die Absichten folgen nicht aus Einsichten, sondern Ansichten aus Absichten. Das Leben wird zum Videoclip, zur Videologie seiner selbst, und Welt wird zum audiovisuellen Environment, das sie nur wiederzugeben versprach. Der Intellektuelle tut nichts anderes als zu interpretieren, wenn er das Übermaß an Interpretation beklagt. Wer die Innenweltverschmutzung durch eine Inflation von Weltbildern angreift, ist selbst ein Innenweltvergifter, Bedeutungshändler und Umdeutungsvirtuose. Wer heute die Welt ändern will, beschränkt sich darauf, sie anders zu sehen, und ob nun die Welt oder ihre Sichtweise renoviert wird, die Realität wird nicht in ihrem Wahrheitsgehalt erfaßt. Die Welt jenseits von Wille und Vorstellung wird weder mehr gewollt noch vorgestellt oder vorzustellen gewollt. Von Platon bis Habermas, denn Philosophie ist nicht besser als die *Kulturindustrie*, wird Objektivität gedacht als bloße Intersubjektivität der Eliten. Je mehr Leute sich einig werden, daß Grünalternative Linke sind, desto wahrscheinlicher wird es, desto linker werden sie wirklich und desto eher werden sie als Linke gehandelt, auch wenn sie Rechte sein sollten. Die Medienbilder bestimmen inzwischen die Wirklichkeit stärker, als sie von der Wirklichkeit bestimmt sind, und wenn heute die Welt verbessert wird, dann wird nicht die schlechte Wirklichkeit ihrer als wahr erkannten Natur angepaßt, sondern einem willkürlichen menschlichen Projekt, das meist selbst nicht weiß, wie weit es nur Projektion ist. Die menschliche Natur soll darin bestehen, sich selbst überhaupt erst einmal selbst zu bestimmen, statt daß das Schicksal des Menschen in der Befreiung von allem Schicksal liegt. Das Wesen der Welt wird nicht zum Gegenstand einer Erkenntnis, sondern eines Projektes voller Projektionen und Bekenntnisse.

Subjekt und Objekt werden bloße Projekte und Projektionen ihrer selbst ohne substantiellen Kern, der funktional aufgelöst ist. Die Bilder geben vor, Bilder von der Wirklichkeit zu sein, und unser Glaube wirkt zurück; die Welt gibt allmählich nach und richtet sich nach unserer Vorstellung von richtigen Vorstellungen. Zuerst gab das Fernsehen vielleicht ein verlogenes Bild von unserem Leben, inzwischen haben wir solange in die Röhre geglotzt, daß wir so leben, wie es das TV-Gerät vorführt. Das Fernsehen gibt nur noch ein Leben wieder, das den Fernsehbildern nacheifert, der Kreis schließt sich. Abbilder und Urbilder werden ununterscheidbar und austauschbar, die Abbilder sind die Urbilder der Urbilder, das Vorbild ist Kopie der Kopie. Man muß nicht behaupten, unsere Bilder seien Zerrbilder; es genügt festzuhalten, daß wir den Kopf voller Bilder haben ohne Möglichkeit und Verlangen, ihre Wahrheitstreue zu prüfen, und das wird nicht dadurch falscher, daß es so oft gesagt worden ist. Die Wirklichkeit ist mediale Wirklichkeit und Wir-kung; die Gefahr, uns an das Bestehende anzupassen, ist ungleich geringer als die Gefahr, uns an die Bilder anzupassen, welche die Wirklichkeit hinter sich lassen und es besser wissen wollen.

Es geht heute weniger um die Wahrheit als um die Währung; es geht weniger um die Erkenntnis als um die Nutzanwendung, weniger um Betrachtung als um Bearbeitung der Welt. Wahrheit wird diffamiert als Form des Konformismus, als Anpassung an die Welt, wie sie nun einmal schlechterdings sei, als Akkomodation des Bewußtseins an das schlimme Sein statt als Bestimmung des Seins durch ein zur materiellen Gewalt gewordenes Bewußtsein.

Ebenso hilflos wie verständlich ist es, in die freie grüne Natur hinauszugehen, wenn man in der Flut trügerischer Bildwelten unterzugehen droht. >Zurück zur Natur< ist nicht nur ein Ruf, der heim zu den Müttern lockt oder zur chemiefreien Sauberkeit, sondern auch ein Korrektiv der allgegenwärtigen Innenweltverschmutzung durch Wunder der Zeichen und Bildindustrien. Die Natur nicht als Objekt der mathematischen Naturwissenschaft, als Rohstoff technischer Verformungen, wird Zuflucht vor der Bildproduktion, sondern als Substrat von Subjekt und Objekt, als Boden unter den Füßen, als Einspruch gegen Gaukelspiele und Blendwerk. >Zurück zur Sache<, >zu den Sachen selbst<, forderte der Phänomenologe Husserl, als er die Ursachen der Geschehnisse hinter dem Wust abstrakter Begriffe verschwinden sah, und ausgerechnet Husserl, der zur Sache kommen wollte, landete beim absoluten Ur-Ego der transzendentalen Subjektivität von Gelehrten. Er wollte die abstrakten Begriffe durch die Sache selbst ersetzen und ersetzte doch nur Formeln durch anschauliche Bilder. Wenn der gewöhnliche Wirklichkeitssinn ein geheimer Wahnsinn ist, dann soll der offenkundige Irrsinn als die wahre Wirklichkeitstreue akzeptiert werden, sagen die Normalirren. Die klassische Philosophie des deutschen Idealismus hat die Derealisation der Welt bis zur Gesundbetung des Schwachsinns getrieben. Adorno sah die Objektivität nicht in weniger, sondern in viel mehr Subjektivität, der herrschende Wahnsinn bestehe im Mangel und nicht im Übermaß an Subjektivität.

Was uns vom Sinn für den Widerstand der Gegenstände trenne, sei nicht das übertriebene Sinnieren, sondern die versäumte Besinnung auf das Unrecht, das den Dingen angetan wird, wenn wir sie zu Mitteln unserer Selbstexpansion machen. Der Marxismus hatte Erfolg auch und gerade als Einspruch konkreter Handgreiflichkeit gegen noch so gutgemeinte Hirngespinste und Wunschträume. Sobald die Welt zum bloßen Abklatsch von Fernsehbildern wird

und zu einer irrealen Idee von realer Erfahrung, gibt es nicht nur keine metaphysische *Hinterwelt* mehr, kein wahres Sein hinter bloßem Schein, sondern nicht einmal eine reale Welt mehr hinter den Bildern von ihr. Die Bibel will kein privater Tummelplatz unserer Absichtserklärungen und ein Wunschzettel an den lieben Gott sein, sondern realistische Grundlage von Perspektiven, von realistischen Befürchtungen und begründeten Erwartungen. Gott, der heute Inbegriff menschlicher Subjektivität ist, wurde ursprünglich gedacht als das Objektive schlechthin, als Garant objektiver Erkenntnis und erfolgversprechender Strategien des Betrachtens und Nichthandelns.
Selbst wenn die Medien ein verläßliches Bild von sich und der Welt geben würden, wäre das nur ein Bild und nicht das, was es abbilden will. Die Bilder haben die Bildung verdrängt. Das wahre Sein, das der Buddhist jenseits menschlicher Nützlichkeit beschwört, ist vom Nichts des Nirwana nicht mehr zu unterscheiden. Die Unterschiede zwischen den Dingen werden bedeutungslos; was sie verbindet, ist ihre gemeinsame Nichtigkeit vor dem leeren Blick des Eingeweihten. Der Buddhist landet bei der Idee von der nackten Existenz aller Dinge ohne Eigenschaften und Eignungen für uns, er ist der ewige Junggeselle, der sich leisten kann, die Realität in Gestalt seines schreienden Kindes nicht zur Kenntnis zu nehmen.

Was den Europäer an fernöstlichen Weisheitslehren anzieht, ist der extreme Subjektivismus der veränderten Sehweise, nicht der neue Aufschluß über objektive Sachverhalte oder gar ihre reale Veränderung. Die Versenkung in die eigene Leere macht das monotheistisch väterliche Realitätsprinzip zum mütterlichen Derealitätsprinzip des genuinen Buddhisten. Wer Gottes Schöpfung bearbeitet, vergreift sich an ihr, als wäre sie noch nicht gut genug, und wer sie durch Bearbeitung verändert, betrachtet und bewundert sie nicht so, wie sie ist. Er bewegt sich nicht in ihr, sondern setzt sie in Bewegung; er überschreitet sich nicht auf die Natur hin, sondern transzendiert sie auf sich selber hin. Was für die grüne Natur um ihn herum gilt, gilt ebenso für seine eigene menschliche Natur. Am Ende bearbeitet er seine zur zweiten Natur gewordene Naturbearbeitung, bis er in seiner eigenen Schöpfung lebt, die die göttliche aufzehrt. Bevor der Mensch Landarbeiter und Industriearbeiter war, beobachtete er die Natur und achtete auf jedes ihrer Zeichen, weil seine eigene Natur sich das Gesetz der grünen Natur gab und sein Mikrokosmos zu einem Spiegel des Makrokosmos wurde.

Man kann seinen Arbeitsplatz verlieren oder verlassen, um einen anderen zu suchen, aber man kann auch alle Arbeitsplätze verlassen, um die ganze Arbeitswelt hinter sich zu lassen und lieber Gottes Schöpfung zu betrachten. Man kann Zeiten allgemeiner Arbeitslosigkeit beklagen, weil man kein Geld verdient, aber sie auch begrüßen, weil man Zeit gewinnt – die man nun nicht damit vergeuden sollte, neue Möglichkeiten zum Ackern zu suchen. Man kann die Arbeitslosigkeit fürchten, aber auch die Befreiung vom Joch der Arbeit feiern. Diesen Weg nannten die alten Chinesen TAO, den Sinn des Lebens. Die meisten Leute können ohne Arbeit nicht leben, die einen materiell, weil sie den Hunger fürchten oder Geld für schöne Dinge wollen, die anderen psychologisch, weil Schuften ihr Lebenssinn ist. Dem einen sind die schönen Dinge wichtiger, die er für seinen Arbeitslohn kaufen kann, dem anderen die schönen Dinge, die er in der arbeitsfreien Zeit tun kann.

Zeit ist nicht Geld : Wer mehr Geld will, muß mehr arbeiten; wer mehr Zeit will, kann weniger arbeiten. Wem die Zeit zum Lesen und Schreiben wichtiger ist als das Geld für Haus und Hof, der muß die Disteln und Dornen seines Ackers nicht zeitlebens beseitigen. Es geht nicht darum, den Mammon zu verachten und die Luxusgüter, sondern um die Frage, ob es lohnt, zeitlebens dafür zu schuften – oder ein Schuft zu werden, der andere schuften läßt.

Es gibt nicht nur >Dinge an sich<, sondern auch Erkenntnisse an sich, die auf keinen erkennbaren Nutzen abzwecken und gerade darin ihren unersetzlichen Sinn haben. Es müssen keine unmöglichen Erkenntnisse über Dinge an sich sein, es gibt auch unnütze Erkenntnisse über nützliche Dinge. Bereits alte Kulturzeugnisse wie »Das wahre Buch vom südlichen Blütenland« des China-Taoisten Dschuang-dsi sprechen vom himmlischen Überfluß einer Notwendigkeit des Unnötigen. Man kann sehen, nur um gesehen zu haben, und sonst ohne weitere Absicht.

Es gibt in Nachschlagewerken gehortetes Wissen, das nicht so verrufen ist, weil es jederzeit abrufbar ist, sondern weil seine Aneignung so viel Mühe kostet. Wir leben im Zeitalter des nützlichen Wissens, das Kontrolle über die Realität gewährt und Profit heckt. Hatte Sartre so viel Erfolg, weil er den Menschen als Fabrikanten seiner selbst entwarf? Ich mache mich aus dem, was aus mir gemacht wurde. Was die Gesellschaft aus dir macht, ist das Rohmaterial für das, was du aus dir selbst machst. Ich schaffe und produziere mich selbst nach dem *Entwurf* einer Planskizze. Im Existenzialismus ist der Mensch ein Sozialprojekt und Kunstprodukt seiner selbst wie im Marxismus. Sein *Ansichsein* enthüllt sich nur seinem pläneschmiedenden *Fürsichsein*, aber dieses *etre-en-soi* ist kein wirkliches Ding an sich, sondern selbst gegen mich ist es immer nur für mich und meine Interessen. Soziale Praxis und individuelle Autonomie sind hier nach dem Muster von Güterfabrikation und Warenproduktion gemodelt. Mein Leben ist dann ein Erzeugnis, das ich kreiere, das mir gehört, und das andere sich gelegentlich aneignen. Die Überschreitung der Herkunft auf die Zukunft hin ist eine Transzendierung der Mittel auf ein Ziel hin, auch und gerade jenes Instruments, das jeder für seine eigenen oder für fremde Zwecke darstellt. Sartres Praxisbegriff hat nicht zufällig instrumentelle Vernunft, um durch Arbeit Macht über die Natur zu erlangen, wie Emil Kaufmann gezeigt hat (»Macht und Arbeit«, Würzburg 1979). Auch der Exkatholik Sartre ist ein Opfer Luthers : Protestantische Arbeitsethik geht aus vom verfluchten Acker(n) und macht aus der Not der Paradiesvertreibung die Tugend der gutprämiierten Höchstleistung. Die *innerweltliche Askese* der Protestanten machte Schluß mit klösterlichem Müßiggang, aber auch mit der geistesadlig heiligen Armut der Mönche.

Beim Adornoschüler Habermas ist das Handeln von Menschen ein grundlegend anderes Paradigma als das Herstellen von Gütern. Aber auch Habermas macht den grundlegenden Fehler, die Objektivität der Erkenntnis zu untergraben, indem seine »erkenntnisleitenden Interessen« die interessenleitenden Erkenntnisse potentiell zerstören. Habermas hat kein Interesse an interesseloser Erkenntnis, objektiv erkennt er nur subjektive Interessen, vorzüglich die seiner sozialen Schicht, welche per sozialistischer Soziologie und Gesinnungsproklamation recht äußerlich mit der Arbeiterklasse verlötet wird, um sich eine universellere Legitimation zu beschaffen. Laut Kommunikationssoziologie einigen Forscher sich auf eine Erkenntnis nicht, sobald sie objektiv ist, sondern Erkenntnis gilt als objektiv, sobald alle Forscher sich auf sie geeinigt haben und keiner von ihnen mehr Einwände erhebt. Der *intersubjektive Konsens* soll die objektive Erkenntnis bedingen, nicht die ausgemachte Objektivität umgekehrt den triftigen Konsens. Kommunikanten stimmen dann nicht miteinander weil mit der Sache überein, sondern sind vermeintlich mit der Sache weil miteinander übereingekommen.

Möglichen >Praxisbezug< haben nur Gedanken, die um ihrer selbst willen gedacht werden. Viele Theorien sind von vornherein praxisbezogen angelegt, aber ihr Nutzen selber erweist sich schnell als überflüssig. Dinge nicht anders als Menschen wollen um ihrer selbst willen (an)erkannt werden. Kant hat daran erinnert, daß Menschen *nicht nur* als Mittel, sondern immer *auch* als Selbstzwecke zu behandeln sind, und was für Menschen praktisch gilt, gilt auch für theoretische Erkenntnis.

Aristoteles in seiner »Nikomachischen Ethik« (Buch 10) stellt, anders als die Neuzeit, die dianoetischen Tugenden der theoretischen Vernunft, Weisheit (sophia) und Wissen um seiner selbst willen (episteme), weit über die ethischen Tugenden der praktischen Vernunft, Können (techne) und Klugheit (phronesis). Er unterwirft den Willen tendenziell dem Wissen, während wir heute unser Wissen in den Dienst unseres Willens stellen. >Zurück zu Aristoteles< kann nur wollen, wer die *vita contemplativa* wieder höher stellt als alle vita activa, ob diese nun als soziale Handlung (praxis) oder als ökonomische Hand-Arbeit (poiesis) daherkommt. Luthers sola scriptura wollte hinter die Kirchentradition zurück auf die biblischen Schriften selbst, übersetzte sie ins Deutsche aber ungleich besser, als er ihre hebräischen Gottesgedanken verstand. Das protestantische Arbeitsethos ist antithoranisch, sofern die >Genesis< des AT den Erbsündenfall gerade im Abfall von der vergleichsweise paradiesischen Nomadenexistenz sehen lehrte, während Luther die Christen erneut auf den von Gott verfluchten Acker trieb. Luther ist eher auf Seiten des Willens als des Wissens. Er will gerecht handeln, weil er nichts richtig weiß. Und wenn er sich auf Gottes Gnade mehr verlassen will als auf menschliche Werkgerechtigkeit, dann müßte er eigentlich aufhören mit der Empfehlung, Gottes Erde um- und dummzuwühlen, und anfangen, sie denkend zu er-fahren. Wer die Mönche aus den Klöstern herausholt, sollte sie nicht als Landarbeiter auf den Acker schicken, sondern als Wanderprediger raus in die weite Welt der Diaspora. Gottes ursprüngliches Projekt ist nicht die Produktionsgenossenschaft der Babelbauer. Seine Schöpfung will ehrfürchtig betrachtet und nicht ehrgeizig bearbeitet sein.

Das >Ora et labora< samt Institutionen ist für alle, die seine Absichten nicht verstehen. Auch und gerade ohne Arbeit wuchs von Anfang an genug für alle auf Gottes Erde, bevor der neue Großwettlauf zwischen menschlichem Bevölkerungswachstum und technologischem Wirtschaftswachstum begann und bis heute die Industrie neben den Waren erst eigentlich die Probleme selber mitproduziert, die sie dann lösen muß, indem sie immer neue in die Welt setzt. Wenn es einen Berührungspunkt zwischen Christentum und Buddhismus gibt, dann in der Affinität zwischen Kontemplation und Meditation. Erkennen kann nur der Verstand, was die Sinne bieten, und der Intellekt kann nur erkennen, was intelligibel ist, und intelligibel ist für mich etwas, wenn entweder mein Intellekt es selbst erschaffen hat oder sich phylogenetisch aus ihm herausdifferenziert hat, oder wenn die menschliche Intelligenz wie die Intelligenz des zu Erkennenden beides Produkte derselben übergreifenden Intelligenz sind, die gemeinhin Gott genannt wird. Urteile stimmen mit Sachverhalten überein, wenn der Schöpfer beides aufeinander abgestimmt hat, wenn Menschenverstand und Weltintelligibilität demselben Geist entstammen. Die schöpferisch geschaffene Natur ist verständlich für den Verstand, weil beides vom selben Schöpfer verstanden und entstanden ist. Das Sub-jekt ist das Gott Unter-worfene, das Ob-jekt das dem Subjekt von Gott Entgegengeworfene. Das Subjekt kann sein Objekt tendenziell erkennen, sofern beide denselben Ursprung und Urheber haben, der den subjektiven Erkenntnisapparat auch aus den Objekten hat herausdifferenzieren lassen können. Entweder sind Subjekt und Objekt Stimmen desselben Komponisten, oder eines ist Produkt des jeweils anderen. Entweder lasse ich Gottes Schöpfung, wie sie nun einmal ist, weil ich sie als gut und schön und wahr (an)erkenne, oder mache aus der Schöpfung, die ich als schlecht und häßlich und falsch verurteile, etwas Besseres. Entweder ist Gottes Schöpfung der Endzweck und der Mensch ein bloßes Mittel ihrer Anerkennung oder er der Endzweck und sie ein bloßer Verarbeitungsrohstoff für seine Zwecke. Daraus folgen fundamental verschiedene Philosophien. Die einen betrachten eine als vollkommen verstandene Welt, die anderen bearbeiten eine als unerträglich empfundene Welt.

Das Wahre, Gute, Schöne und Heilige ist im einen Fall schon von Gott erschaffen, im anderen Fall vom

Menschen noch zu produzieren. Kunstschöpfungen werden entweder Gottes Schöpfung rühmen und verherrlichen oder sie als Rohmaterial einer zweiten und besseren Natur verbrauchen. Menschenwelt und Gottesordnung kritisieren und korrigieren einander. Unserer Zeit schwant der Verdacht, ihre Verbesserungen im Einzelnen könnten zu allen Zeiten Verschlechterungen im Ganzen (gewesen) sein. »Und Gott sah an alles, was er gemacht hatte, und siehe da, es war sehr gut.« (1. Mose 1,31) Anfang gut, alles gut.

Wer die Welt mit den Augen Gottes sieht, sieht Geschichte als Verfallsgeschichte. Seit Adam und Eva war alles gerade gut genug, immer weiter verbessert zu werden, aber in den Augen Gottes und seiner Streiter sind diese Weltverbesserungen ihr eigenes Gegenteil. Die Form, die Gott dem Stoff gab, wird von seinem Ebenbild seit dem Sündenfall zum Rohstoff eigenmächtiger Verformungen gemacht. Was nicht menschliches Produkt ist, ist aber keine absurde und häßliche Kontingenz, wie Sartre sie außer in Kunstwerken überall erleben mußte, sondern ein göttliches Produkt voller Intelligenz und Schönheit, die er außer in Kunstwerken nirgendwo erkennen konnte. Wie manche Künstler aus Kunstwerken anderer Künstler neue Kunstwerke schaffen, so machen Menschen aus Gottes Kunstwerken nun eine zweite Schöpfung, die die erste überbieten will und doch oft nur karikiert. Landwirtschaftliche Bodenbearbeitung wie industrielle Rohstoffverarbeitung zerstören nur die optimale Konstellation zwischen Himmel und Erde. Soziale Ordnungen fallen so weit hinter die kosmologische Ordnung zurück, wie sie darüber hinausgelangen wollen. Menschenwerk ist immer nur zu verbessern und Gottes Schöpfung zu verpfuschen.

Der Phänomenologe Heidegger bestimmte >Phänomen< als das, was sich in dem, was es ist, von ihm selbst her an ihm selbst zeigt, und Denken sei Danken für das, was sich im Phänomen darbiete. Aber das *Seyn*, dem Heidegger für seine Schickungen dankt, verrührt alle in der Tradition längst getroffenen Distinktionen zwischen Natur, Wirklichkeit und ens summum wieder bis zur Unkenntlichkeit im deutschen Eintopf. Dieser entlaufene Katholik will »das Sein nur sein lassen« und nicht herstellen, hat sich die Sicht auf das Gesetz Gottes aber längst verstellt. >Gegebenheiten< sind Gaben (»Daten«) Gottes, und die ursprüngliche menschliche Vernunft nimmt das Gottgegebene gottergeben entgegen als Einsicht ohne Eingriff. Wahres Denken ist ein begriffliches Danken für die Richtigkeit und Gerechtigkeit des göttlichen Gesetzes in allen irdischen Phänomenen. Bodenständig verwurzeltes Denken, das nur »Furchen in den Acker des Seins« gräbt, ist »seinsgeschichtlich« längst nicht ursprünglich genug gedacht. Der erkenntnistheoretische Antitheist ehrt die gutdeutsche Scholle und will nichts wissen von kosmopolitischer Diaspora des Denkens. Der erkenntnistheoretische Monotheismus ist die Synthese von Idealismus und Realismus : Gott ist der Grund dafür, *daß* das Subjekt oder das Objekt der Grund für richtige Urteile von Subjekten über Objekte sein kann.

Daran ändert auch Kants Kritizismus nichts, dessen Gottesidee für den transzendenten Ursprung sowohl der transzendentalen Erkenntnisfunktionen wie der ihnen transzendenten Dinge an sich sorgt, auch wenn der Erkenntnisapparat laut Freuds evolutionärer Erkenntnistheorie sich aus der Außenwelt phylogenetisch herausdifferenziert haben sollte. Die göttliche will durch keine humane Ordnung optimiert, sondern vom einzelnen Menschen studiert werden, um ihren Gesetzen zu entsprechen. Ursprünglich sollte unser Menschenverstand seinen Gegenstand weder beackern noch zuschneiden, erntet nichts Gesätes, konsumiert keine Produkte und profitiert von keinen amortisierten Investitionen. Denken ist Danken für das, was »ganz von selbst« am Baum der Erkenntnis wächst, der an seinen fertigen Früchten zu erkennen ist (1. Mose 1,29). Auch Marx kannte als Vorläufer des Sozialismus nur feudalen Ackerbau und bürgerlichen Städtebau, nur »Agraridiotie« und Fabrikidiotie. Die Natur aber, das hervorbringend Hervorgebrachte, besteht aus schon schöngeformten Stoffen, und wer Gottes Kreatur weiterverarbeitet, will nur aus Luxus Luxusartikel machen. Erst gab es nur ein einziges, später schon zehn Gebote, und der katholische Katechismus enthält wie das bürgerliche Gesetzbuch abertausende, weil das erste schon gleich mißachtet wurde. Der moderne *linguistic turn* entspricht nicht dem Wort Gottes. Eine neue Renaissance ist fällig, die der Metaphysik, der Lehre vom Gesetz Gottes, von den allgemeingültig notwendigen Weltprozeßregeln des Geschehens, logisch, juristisch, moralisch. Das Fundament ist immer der Himmel, das >Übersinnliche< ist das >geoffenbarte< Naturgesetz der kosmischen Ordnung, das die verborgene Verknüpfung heterogener Phänomene, die nichts miteinander zu tun zu haben scheinen, vorhersehbar regelt. Der Tod Gottes ist es, der sich hinter dem Ende der Metaphysik verbirgt, der verrufenen Theorie von den zureichend letzten Wesensgründen und ersten Prinzipien allen Seins und Werdens, vom tatsächlichen Urheber aller Ursachen.

Gottes Gesetz ist Naturgesetz der kosmologischen Ordnung. Das innerweltliche ens quaternus ens hat sein Sein vom ens realissimum, und jeder Mensch ist Protagonist oder Nebenfigur im Szenario eines vom >Herrn der Geschichte< verfaßten Schlüsselromans oder Theaterstücks für die Erdenbühne. Der allmächtige und allwissende Erzählergott mag ja in Romanen menschlicher Verfasser inzwischen verpönt sein, der göttliche Au(k)tor aber hat nichts von seiner Kompetenz eingebüßt. Er mag sich zuweilen versteckt halten hinter den Hauptdarstellern und Tageshelden, aber man darf sicher sein, daß er es ist, der viel weiter blickt als sie, der die Marionettenfäden in der Hand hat und vom ersten Satz an die Handlung sicher vorantreibt oder kunstvoll verzögert. Den Plot weiß er als einziger vorweg und schreibt die Weltgeschichte vom Jüngsten Tag her. »Der Mensch denkt; Gott lenkt«, und Er ist es, der Sein Ebenbild umgekehrt glauben macht, Gott denke und der Mensch lenke. Hegels Geschichtsphilosophie hat beschrieben, wie das Individuum, wenn es seine eigenen Leidenschaften zu befriedigen wähnt, »in Wahrheit« nur die Zwecke der Gesellschaft erfüllt, und wie ihrerseits die Gesellschaft, wo sie über die Köpfe der Individuen hinweg ihre allgemeinen Interessen geschichtlich zu verfolgen glaubt, »in Wahrheit« nichts als die verborgenen Geschäfte des Schöpfers erledigt, ohne das zu wissen und zu wollen. Im Kosmos gibt es kein einziges dummes Ding, sein »intellectus agens« regt jeden Menschenverstand potentiell an. »Von Natur aus«, *physei*, ist alles in Ordnung, das ganze Durcheinander ist *thesei*. Kunst und Technik heben die Natur auf und vollenden sie nicht. Leibnizens Theodizee bewies die beste aller möglichen Welten aus dem Kompossibilitätsmaximum widersprüchlichster Alternativen.

Die Erde scheint unbewegter Mittelpunkt, aber in Wahrheit kreist sie um die Sonne. Wir scheinen alles objektiv zu sehen und sehen doch alles nur aus subjektiver Perspektive, sagt Kant, aber wir scheinen alles eingefangen zu haben in menschliche Immanenz, die doch immer wieder von kontingent objektiven Fakten gesprengt wird, sagte Adorno. Der Mensch ist selbstbewußt autonom und doch eigentlich unbewußt gesteuert, gesellschaftlich bedingt und von materiellen Interessen bestimmt. Er beherrscht die ganze Natur, aber in Wirklichkeit ist die Naturbeherrschung ihm zur zweiten Natur geworden, die ihn beherrscht. Wir glauben, unsere Pläne zu realisieren, aber es ist im Gegenteil Gott, der sich insgeheim unserer Leidenschaften bedient, um hinter unserem Rücken seine eigenen Ziele zu verfolgen.

Geister scheiden sich daran, ob sie hinter Gottes Finger nur menschliche Machenschaften >entlarven< oder umgekehrt hinter menschlichen Werken nur Gottes Wirken entdecken. Das Individuum denkt, die Gesellschaft lenkt, heißt es bei Marx und bei Adorno, aber die Gesellschaft denkt, und der astronomische Kosmos lenkt. Der Tugendhafte denkt, seine Eigenliebe lenkt (Larochefoucauld). Das Wissen denkt, der Wille lenkt, der Intellekt denkt, der Affekt lenkt (Schopenhauer, Nietzsche). Der Geist denkt, das Geld lenkt (Marx). Das Ich denkt, das Es lenkt (Freud). Oder eben der Volksmund : Der Mensch denkt, Gott lenkt. Aber der heutige Mensch denkt nicht, daß Gott lenkt, sondern Geld oder Gesellschaft, und er denkt, daß so etwas wie »Gott« nicht lenkt. Wichtig ist immer, was in welchem Paradigma Phänomen ist und was das Wesen dahinter. Heute ist der Gottesbegriff das Fassadenphänomen und das Wesen dahinter der reale Mensch. Früher war der

Begriff des Menschen das Phänomen und Gott das offenbarte Wesen dahinter. Bei Hegel sprengt Gott nicht das System des Bewußtseins, sondern konstituiert es gerade.

Sartre schrieb nolens volens den Existentialismus als marxistische Ästhetik, also als subjektivistischen Freiheitsgrad vermeintlich objektiver Geschichtsgesetze. Die existentialistische Freiheit ist nicht mehr wert als die dichterische Freiheit, mit objektiven Tatsachen der Realität nach subjektivem Belieben umzuspringen. Der Künstler ist so frei, auf dem Papier zu schalten und zu walten wie Gottvater in der Schöpfung aus dem Nichts, und dieses Nichts spielt bei Sartre die Rolle des Schoßes, der nur geistige Kinder in die Welt setzt. Das Schöpfen aus dem Vollen dieser Leere ist gedacht als Weltenthüllung durch Weltüberschreitung, als das objektive Korrelat eines Selbsteinsatzes. Der Existentialist war so verführerisch, weil er jeden einlädt, sich als Lebenskünstler zu fühlen, der sich auch in überfüllten Welten seine (Auf-)Spielräume schafft, wenn er auch sonst nichts schafft – so bedrängend die Lebensumstände und prägend die Naturanlagen auch sein mögen. Selbst der Kettensträfling kann dann in seiner Zelle noch ruhmreiche Bücher schreiben, die seine Begnadigung erwirken. Die politischen Urteile des rechten Heidegger und des linken Sartre waren meist falsch. Philosophie ist die Suche nach »Erstbegründendem und Letztfundierendem«. Kant sah es in Newtons Physik, Hegel hingegen in der Staatsidee. Dilthey fragte mit Nietzsche hinter Natur- und Geisteswissenschaften zurück auf das elementarere »Leben«, Cassirer auf die „symbolischen Kulturformen“. Heidegger war erst der »Sinn des Seins« radikal genug. Nach 1945 sollte Husserls »Lebenswelt« die wissenschaftlichen Objektivationen tragen. Bloch und Th. Adorno ersetzten sie durch die kritikwürdige »Gesellschaft«, die nach dem Zusammenbruch des Sozialismus aber schon wieder verschwand. Seit Hegels Tod geriet aus den Augen, daß das Fundament all dieser Fundamente Gottes Schöpfung als kosmologische Ordnung ist. Zwar verteidigte Karl Löwith die Natur dann gegen alle Geschichte, aber sie war ihm nur altgriechischer Kosmos in seinen ewigen Zyklen.

Witz an der Sache : Weisheit *nach* dem Wissen

Der Witz an der Sache ist eine ganz besondere Art, zu verwirren oder sich verwirren zu lassen, und die verlorene Fassung dann auf angemessenener Ebene wiederzugewinnen. Verblüfft sein heißt, widerstrebend etwas zugeben zu müssen, was Gewohnheit und Sitte bisher anders sehen ließen. Wer widerwillig einräumen muß, was der Philosoph behauptet, obwohl es aller Tradition und Konvention widerstreitet, fühlt sich überrumpelt und durch die witzige Einkleidung dieses Hand- und Kopfstreichs gleichwohl bestochen. Der Philosoph will meine falschen Klarheiten verwirren, um begründetere Klarheit zu gewinnen. Er ist bedeutend, wenn er nur dadurch deutbar ist, daß er undeutlich macht, was eindeutig schien, indem er etwas mehrdeutig macht, damit es nicht zweideutig bleibt. Für den Bruchteil einer Sekunde wenigstens raubt er, wenn er etwas kann, dem

Leser die Fassung, überrascht ihn mit einer Abweichung vom Geltenden, die sich so schnell nicht abweisen läßt, macht ihn schwankend, ob das Rätsel zu lösen sei, und der Coup gelingt, wenn die Irritation permanent und ein Pfahl im Fleisch des Lesers bleibt, der nur noch Gründe für die Unlösbarkeit des Rätsels suchen kann. Diese »Unstimmigkeiten« sind nicht nur subjektive, sondern auch objektive.

Jeder ist eine einzige Person und gleichzeitig Inbegriff vieler verschiedener potentieller Vorstellungen und Regungen, die alle in ihm Platz finden und die seinen sind und doch miteinander ganz unverträglich sein können. Eine Person zerfällt nicht in ihre Einzelakte, und diese fallen nicht in die Einheit der Person zusammen. Kein Bewußtsein zerfällt in einen Behälter einerseits und dessen verschiedene Bewußtseinsinhalte andererseits, sondern bleibt ein und dasselbe Bewußtsein, ohne aufzuhören, Bewußtsein so vieler vorbewußter Möglichkeiten zu sein, wie es Bewußtsein vieler potentieller Unterschiede ist, ohne deshalb aufzuhören, Bewußtsein ein und derselben Person zu sein.

Nach Franz Mautner besteht der Aphorismus aus »Einfall und Klärung«, also zweistufig aus intuitiver Eingebung und späterer intellektueller Verarbeitung. Freud sprach einige Jahrzehnte früher von vorbewußtem Material, das für einen Augenblick der Überarbeitung durch das Unbewußte überlassen werde, bevor das Resultat sich in eine Form bringe, die der Realitätsprüfung wie der Gewissenszensur genügt. Die pointierte Fassade solle dem unbewußten Tabubruch das Anstößige nehmen, ohne ihn rückgängig zu machen, und uns mit ihm versöhnen. Das sei keine hinter unserem Rücken ablaufende

Kompromißbildung zwischen Es und Über-Ich wie im Traum, sondern eine elegante und soziale Befriedigung beider divergenten Ansprüche zugleich. Wenn diese »Witzlust« nicht gleich »abgelacht« wird, bleibt sie als Lust zum philosophischen Weiterdenken noch verfügbar. So etwas wie eine Psychoanalyse des philosophischen Aphorismus wäre dort anzusiedeln, wo Freud zwischen dem leichtverständlichen Witz und kopfzerbrechenden Rätsel unterscheidet. Der Aphorismus, der die vorbewußte Sprachpointe und unbewußte Sachpointe sinnig verknüpft, verschafft Lust und fordert dennoch zum Nachdenken heraus, weil er Denkarbeit verlangt und trotzdem Vergnügen macht an der Düpierung der Zensurinstanz, die über die Einhaltung der Denk- und Sittenschablonen, der Gefühlsstereotype und Vorurteile wacht. Der Aphorismus unterscheidet sich vom Witz durch den größeren Denkaufwand, den er dem Leser zumutet, und vom Rätsel durch die Auflösung, die er versteckt mitliefert und die sich dann doch regelmäßig als ganz ungenügend erweist. Hermann Schmitz hat die Struktur des Unbewußten als zahlunfähig »chaotische Mannigfaltigkeit«, die Struktur des Bewußtseins aber als »instabile« zwischen mehrdeutig chaotischer und numerisch eindeutiger Mannigfaltigkeit analysiert. Darauf läßt sich zurückgreifen, um das im „Metaphorismus" geistreich werdende Verhältnis zwischen >unbewußt< und >vorbewußt< begrifflich strenger zu fassen. Wenn der Traum ein (für andere witzloser) Witz im Schlaf ist, dann der Witz ein weitererzählbarer Wachtraum. Er entbindet nicht nur den Sinn im Unsinn der frühkindlichen Wortlust, sondern auch Lust an infantilen erotischen wie aggressiven Affekten, die sich Luft verschaffen und doch das soziale Gewissen zufriedenstellen oder elegant austricksen.

Adorno verteidigt im schneidenden Aphorismus ein Kastrationsmesser und kein Beschneidungsmesser. Der Spruch wird zum Ein-Spruch gegen Hegels postödipale Ver-söhnung von Vater und Sohn, die die fruchtbare eheliche Vereinigung von männlichem Begriff und weiblichem Liebesobjekt ermöglicht. Adornos >schneidender< Aphorismus will die Väter kastrieren, um zu den Müttern heimzukehren.
Er kündigt die Kumpanei des Geistes mit dem vermeintlichen »Machtwillen« der Väter auf und bekämpft geistreich den patriarchalischen Zeitgeist, den es gar nicht gibt. Vielleicht ist es kein Zufall, daß er sich lieber nach seiner korsischen Mutter Adorno als nach seinem askenasischen Vater Wiesengrund benannte. Seine Affirmation der »bestimmten Negation« bewaffnet das Bündnis des Einzelkindes mit seiner Mutter (Natur) gegen das *Prinzip Vater*, aber bekämpft den vermeintlich väterlichen Machtwillen nicht durch Willenlosigkeit, sondern durch mächtigen spätpubertären Unwillen.

Den Machtwillen der Zwangssysteme bekämpft ein aphoristischer Unwille, der geistreiche Ohnmachthaber attackiert die Macht der Dummheit. Der Aphoristiker akzeptiert, was jeder an seiner Stelle ebenso gut sagen könnte, aber er leugnet, daß es wichtiger als das ist, was nur er sagen kann. Jeder ist dazu bestimmt, sich selbst zu bestimmen, und bestimmt sich dann meist nur dazu, über sich selbst bestimmen zu lassen. Die Gesellschaft bewegt mich zur Selbstverantwortung, und dann bin ich so frei, mich zum Produkt der Gesellschaft zu machen. Jeder Aphorismus registriert auf engstem Raum den plötzlichen Zusammenprall zwischen der Einbildungskraft und Urteilskraft, zwischen dem Geschöpf und seiner Selbstschöpfung, zwischen dem, was ich selber gebe, und dem, was sich daraus anderes ergibt, zwischen dem, was ich wohl will, und dem, was die Welt aus dem macht, was ich aus mir selber mache. Den Aphoristiker trennen vom Existenzialisten die objektiven Befunde und vom Positivisten die subjektiven Selbsterfindungen. Kants dritte kosmologische Antinomie über die »dynamische Causalität der Natur und aus Freiheit« wird bei Fichte zum sukzessiven Wechsel von Abhängigkeit und Unabhängigkeit des Ich, von Endlichkeit und approximativer Unendlichkeit, von aktiver Tathandlung und passiver Leidenschaft. Jedes frühromantische Fragment ist ein zündender Witz aus der auf jeder Ebene sich erneuernden Ambivalenz von Bestimmtheit und Selbstbestimmung, ein Potenzgrad der Reflexion. Durch die Art ihrer Aussage gibt die Ironie immer das Gegenteil zu verstehen, jeder Satz meint seinen Gegensatz mit und parodiert ihn zugleich. Fichtes endlose Reflexion zerbricht an ihrem ewigen Widerspruch von Ich und Nicht-Ich in unendlich viele Fragmente. Das Ich ist ein synthetisches Vorurteil a priori, das sich zu beweisen sucht und dabei nur reproduziert. Jeder Spruch ist eschatologischer Einspruch gegen den abschließenden Schiedsspruch des Jüngsten Gerichts.

Hegels »übergreifendes Allgemeines«, die Idee als dialektische Identität von Begriff und Realität, ist die Einheit von romantischer Ironie und naturwissenschaftlicher Empirie, also die (transzendentale) Subjektivität als Einheit von (empirischem) Subjekt und (empirischem) Objekt. Dadurch ist der aphoristische Teufel von der *List der Vernunft* in göttlichen Dienst genommen und die destruktive Ironie der Romantiker in der List der Vernunft gut aufgehoben, d. h. dekonstruiert, funktionalisiert und sublimiert zugleich.

In der »Phänomenologie des Geistes« werden die Frühromantiker moralisch schon so verdächtigt wie später im § 140 der Rechtsphilosophie, aber ihr »reines Gewissen der schönen Seele« bei aller vermeintlichen »Heuchelei« doch als epochale Schwelle zum »absoluten Wissen« gewürdigt. Der »verrückte« Novalis und der böse Tatmensch Napoleon verzeihen einander gut christlich, und die Romantik hebt sich auf in der griechischen Kunst, die dann ihrerseits über den gemeinen Menschen hinter den erhabenen Theaterrollen überleite zum Menschen Jesus hinter dem göttlichen Christus, also zu Religion und Philosophie. Daß die romantischen Gnomiker alles frech verlachen, was ihm und seiner Zeit heilig ist, erregt Hegels lebenslangen Zorn, und er sucht die geistreichen Spötter mit ihren eigenen Waffen zu schlagen, doch dabei treibt er seine eigene moralische Heuchelei so weit, sie moralische Heuchler zu schimpfen. Fr. Schlegels ironisch selbstentfremdete Subjektivität soll ihre Einseitigkeit verlieren, indem sie mit der positivistisch entfremdeten Objektivität in einer dialektisch »übergreifenden« Subjektivität versöhnt wird, durch beide Extreme hindurch. Beide sind sie Idealisten, aber Hegels Subjekt weiß sein Objekt in sich, Schlegel aber ewig unerschöpflich außer sich als Ideal. Hegel reserviert für sich die Einheit der Vernunft und weist Schlegel die »bloßen Reflexionsbestimmungen« des Verstandes zu, die dieser stolz annimmt. Adorno und nach ihm Manfred Frank haben darauf hingewiesen, daß das romantische Fragment durch die reflexive »Unerschöpflichkeit des Gegenstandes« das »antiidealistische Motiv inmitten des Idealismus« vertrete und nicht die davon selbstironisch »entfremdete Subjektivität«, wie ein H. Schmitz behauptet. Gegen Schlegels vermeintlich egoistisch frivolen Narzißmus setzte Hegel erst die sinnliche Gattenliebe und später den sittlichen Rechtsstaat.

Um die philosophische Vernunft nicht in beliebige einzelne Witze zerfallen zu lassen, ist Hegels Systematik als Universalwitz von Witzen ein Prinzip, aphoristisch zündende Witze methodisch *aufzuheben*, d.h. weiterzuerzählen, ihren ernsten Kern aus der witzigen Verkleidung zu schälen und auf die witzlose Moral von der Geschichte abzuheben. Mit jeder Gnome wird etwas gesetzt und damit von anderen Gnomen abgesetzt. Jedes Fragment kann immer auch ganz anders wie Musils „Mann ohne Eigenschaften" und ist über seine eigenen Festlegungen auch immer wieder ganz leicht und flexibel hinaus. Die »Stellung des Menschen im Kosmos« (Max Scheler) ist ihm objektiv zugewiesen und zugleich subjektiv von ihm selber gewählt : Die unauflösliche Spannung dazwischen entlädt sich in immer neuen witzigen Einfällen. Der Aphorismus ist die paradoxe Einheit von produktiver Setzung und distanzierender Absetzung, bis hin zu Schlegels identifizierender »Selbstschöpfung«, die Hegel zum *Außersichsein des Geistes* macht, und Schlegels »Selbstvernichtung«, die Hegel zur Rückkehr der einseitigen Subjektivität in substantielle Allgemeinheit veredeln will. Schlegels »Selbstschöpfung und Selbstvernichtung« lebt wieder auf in Sartres Wesensbestimmung der Existenz, die sich durch Selbstüberschreitung selber erschafft und durch Selbsterfindung hinter sich läßt. »Ich bin nicht, was ich bin, und bin, was ich nicht bin« : Das wäre eine Definition des Witzes und ist doch ganz witzlos gemeint, obgleich Sartre den Geist der Seriosität haßt und den Menschen für das Wesen hält, das einen Menschen einfach nur spiele. Sartre ist so witzlos pedantisch wie die postmodernen Differenzialphilosophen, die heteronome, heterologische und heterogene Abweichungen von allem Homophilosophischen ganz homophilosophisch kultivieren.

Gnomische Sprüche sind »jemeinige« Meinungen, ohne allgemeingültige Ansprüche deshalb preiszugeben, und umgekehrt platonische Ideen, ohne deshalb die widersprüchlichen Doxai aufzugeben. Der Adressat darf und muß selbst entscheiden, wieweit er sich getroffen fühlen will und wie unverbindlich die unverbundenen Ur-teile über ihn sind. Zukunftsträchtig an dieser unmethodischen Denkmethode könnte die subjektive Artikulation objektiver und zugleich objektive Explikation subjektiver Sachverhalte sein. Subjektivität wird vom Hindernis zum Mittel der Objektivität und umgekehrt. Aphorismen, Fragmente und Essays sind subjektive Investitionen für objektive Amortisationen; sie sind nicht zu subjektiv, sondern gerade subjektiv genug, Subjektives recht objektiv zu erfassen. Ein >Mehr vom Gleichen< bringt oft nicht die Lösung, die das Weniger von einem >ganz Anderen< brächte, und die Gnome leistet potentiell den Quantensprung von Quantität in höhere Qualität.

Jürgen Habermas wehrt in der »Theorie des kommunikativen Handelns« seinen dissidenten Lehrer Adorno als »überprägnant« ab, dabei zerredet sein eigener linksliberaler >Konsens< sich stets nur allzu unterprägnant. Mein »lebensweltlicher Fundamentalismus« vollzieht sich klassenanalytisch, psychoanalytisch und spra(u)chanalytisch im Licht eines leitenden Monotheismus als proletarische Arbeitslebenswelt, unbewußte Liebeslebenswelt und aphoristische Geisteslebenswelt. Aphorismen und Essays verteidigen nicht immer nur die alltägliche Lebensweltanschauung gegen abstrahierte Wissen(schaft)ssysteme, sondern verwahren sich, wo es nur nötig scheint, gegen dominante Alltagsklischees nicht anders als gegen die „abgekapselten Expertenkulturen". Schließlich gibt es nicht nur lebensweltfremde Fachidioten, sondern auch genug bornierte Laien, manipulierte Normalverbraucher und Halbbildungsphilister. Essays spielen sie nicht gegeneinander aus, sondern ihnen ihre Melodien vor, und sind Alternativen der Wahl zu diesen falschen Alternativen. Der Umgangssprache geben sie die Ehre, indem sie die wissenschaftlichen Kunstsprachen gegen sich selbst wenden. Erst verteidigen Fragmente demokratische Mehrheiten gegen Experten-Oligarchien und dann selbstdenkende Individuen gegen die demokratischen >Massen<, während der Konsensualist Habermas gegen Systemtheoretiker seine Lebensweltmeister aufbietet. Statt interessenleitender Erkenntnisse forciert Habermas >erkenntnisleitende Emanzipationsinteressen<, die die Erkenntnis dazu verleiten, Objektivität als Intersubjektivität von Interessengruppen mißzuverstehen. Seine psychoanalytische »Tiefenhermeneutik« wäre viel brauchbarer gewesen, wenn sie auf Freuds Triebtheorie und nicht auf Alfred Lorenzers Sprachtheorie basiert hätte. Richard Hönigswald, der letzte Neukantianer vor dem zweiten Weltkrieg, hat die normative Geltung der Begriffe ergänzt durch eine Genetik des faktischen Be-greifens, aber auch sein Erbe Hans Wagner hat diese >monadologische Denkpsychologie<, als anthropologisches Korrelat der transzendentalen Subjektivität, nicht in Freuds Psychoanalyse des Erkenntnisvermögens erkennen können.

»Lebenswelt« ist erst einmal das, was der bürgerliche Phänomenologe so denkt und treibt, wenn er seinen Brotberuf gerade einmal nicht ausübt, oder was er von den Freizeitbeschäftigungen anderer Bürger vom Hörensagen so weiß. Auch er lebt nicht primär im Weltall, sondern in abgekapselten Umwelten des Gelehrtenlebens. Phänomenologen sind inzwischen auch nur noch Experten für Nichtexpertenfragen und ergänzen den Dilettantismus der Spezialisten. Sie normieren den Otto Normalverbraucher und sehen nicht die manipulierte Befangenheit gerade ihrer »unbefangenen Lebenserfahrung«. Das »Erstgegebene und Letztbegründende« (Waldenfels) der heutigen Phänomenologie ist weder die Gottesidee noch die proletarische Hundelebenswelt und das physikalische Weltall, sondern der bürgerliche Alltag der Klassengesellschaft. Der heute fundierende »Weltglaube« ist ideologisch durch und durch und kein Boden für ein Wahrheitskriterium. Die unmittelbare Lebenserfahrung des phänomenologischen Lebensweltbürgertums ist gesellschaftlich vermittelter, als sie wahrhaben will. »In den Netzen der Lebenswelt«, die heute alternative Netzwerke heißen, hängen die kleinen Fische, und bürgerliche Phänomenologie-Beamte reflektieren nur noch auf ihre eigenen Alltagssorgen.

Bei Hippokrates wird die Medizin zum Aphorismus, bei Kant der Witz zur Medizin. Lachen trage zum körperlichen Wohlbefinden bei und findet auch Platz in Wittgensteins Idee eines »therapeutischen Philosophierens«. Sind Aphorismen nach dem pragmatistischen Kriterium von William James „sinnvolle Sätze", bei denen es »für das konkrete Leben nützlich ist, sie zu glauben«, und einen Unterschied macht, ob sie wahr sind oder nicht? Hans Blumenberg sagt in seinen »Höhlenausgängen« : »Die Weisheit von Sprüchen entwöhnt schnell vom Umgang mit Kontexten« – der Konsenskonformisten.

Jede witzig paradoxe »Vereinigung des Unvereinbaren« als Kehrseite von Adornos Selbstverschiedenheit des Identifizierten hebt Hegels schlußdialektische »Identität von Identität und Nichtidentität« wieder auf. Das Ich kommt bei Novalis nicht ins Schweben, sondern ist nichts als dieses Schweben zwischen Selbstbindung und Selbstauflösung. Fichtes Ich-Substanz brauchte noch einen äußeren Anstoß, den sie dann nie wieder ganz in sich aufheben konnte; die Einbildungskraft des Novalis dagegen hat das Prinzip des Selbstgegensatzes in sich und ist aphoristisch witzige Identität von Homogenität und Heterogenität zwischen Individuen und ihren Begriffen.

Kurzum : Das multivalente Ich des Frühromantikers zwischen zählbar eindeutigen und chaotisch verschwommenen Bestimmungen ist der geborene Aphoristiker. Bei ihm erhält die von objektiven Tatsachen »entfremdete Subjektivität« (H. Schmitz) der unendlichen Reflexion gleich eine aphoristische Binnenstruktur. Und Hegel holte nicht Schellings Objektivismus, sondern Friedrich Schlegels Subjektivismus dialektisch zurück in seinen eigenen objektiven Geist.

»Progressive Universalpoesie« als Universalphilosophie war der unendliche Progressus von Fichtes transzendentalem Zirkel, die Schraube endloser Reflexionen der investierenden und dann distanzierenden Einbildungskraft. Jede Schraubendrehung der potenzierten Reflexion war ein eigenes Fragment. Die bei Novalis ambivalent »geraffte Ironie« (H. Schmitz) ist eben aphoristisch gerafft zu einer schwebenden Irritation in Permanenz, einer objektiven Unstimmigkeit, die sich nicht auflösen läßt wie bei einem Witz oder einer optischen Täuschung. (Husserl nannte die Schaufensterpuppe, die für einen Moment wie ein Mensch aussieht.) »Witzverhalte könnten auch Tatsachen sein, und die Welt könnte von unauflöslichen Unstimmigkeiten nach Art der Husserl'schen Puppe durchzogen werden ... Wenn das Flackern des Charakterwechsels ... zur simultanen, nicht weichenden gegenseitigen Überschiebung zusammenrückte, müßte die Husserlsche Puppe auch als Ding an sich, als nicht auflösbarer Weltbestand ernst genommen werden ...« (Schmitz: *Neue Grundlagen der Erkenntnistheorie*, Bonn 1994, S. 142 ff.) Diese Dinge an sich mit instabilen Wesenszügen sind bevorzugte Objekte des Aphorismus, der paradox klingt, weil er Objekte beschreibt, die von sich selbst verschieden sind, ohne sich zu vernichten oder in mehrere Objekte zu zerfallen.

Marx, Schopenhauer, Nietzsche, Wittgenstein, Heidegger, Sartre, Bloch, Adorno, Habermas, Foucault, Derrida ... haben wenigstens eins gemeinsam, außer daß sie die international renommiertesten Philosophen der Neuzeit darstellen : Es sind Denker, für die Gott so tot ist, daß sie ihn längst nicht mehr vermissen oder bekämpfen. So revolutionär sie sich auch sonst gerieren, darin sind sie unkritische Nachbeter des Zeitgeistes, der nun schon zwei Jahrhunderte lang unangefochten herrscht. Der »Herr der Geschichte« läßt sie machen und überlebt den »Gott der Philosophen« ganz mühelos. Er macht sich rar nicht in der Wirklichkeit, aber im geistigen Überbau, und seine lange Abwesenheit nährt die Gegenkräfte, die ihn zurückerwarten.

Gott ist Naturgesetzgeber und milder Anwalt von Naturgesetzbrechern nur nebenbei. Christen brechen Gottes Gesetz und plädieren für mildernde Umstände und auf Unzurechnungsfähigkeit, aber kein Christ sollte die Absurdität »glauben«, daß Gott ihm zuliebe dauernd seine Spielregeln suspendiert. Für Gott ist das Absolute der Begriff, der das All umfaßt und deshalb in allen Details aus sich entlassen kann. Nichts anderes sprengt diesen Begriff von allem als das »Nichtige«, das Hegel »faule Existenz« nannte, und das »absolut Böse« der »wahnsinnig gewordenen Subjektivität«, die er in den Frühromantikern sah. Die göttliche Idee, wie Hegel sie kannte, läßt auch unzählige Aphorismen frei, die sie allerdings nicht wieder in sich selbst zurücknehmen kann. Das Absolute sei immer schon bei uns Menschen, aber nicht beim Aphoristiker vom Schlage eines Novalis oder Schlegel. Aphorismen sind Individuen, die gleichsam keinen übergeordneten Allgemeinbegriff kennen und dulden, sondern ihren systematischen göttlichen Inbegriff permanent sprengend erfüllen. Frege und Husserl verbannten die Psychologie aus der Philosophie, aber die Psychoanalyse war da noch nicht mitgemeint, und Freud psychoanalysiert die Motive dieser philosophischen Psychologismuskritik. Hegel ließ die philosophische Eule der Minerva erst in der Dämmerung ihren Flug beginnen, sobald eine Kultur sich längst ausgestaltet hat, und diese Dämmerung ist keine Morgendämmerung. Mit der Philosophie hat die Aphoristik gemeinsam, daß beide die ausdifferenzierten Wissenssysteme voraussetzen, die sie abschließend beurteilen. Die philosophische Funktion des Aphorismus liegt darin, die Synthesen zusammenzuziehen in Einzelthesen, die ihre Antithesen in sich haben. Vorsokratische Fragmente begannen vorwissenschaftlich, wurden bei Bacon bis Lichtenberg innerwissenschaftlich als heuristisch positivistische Arbeitshypothesen, ehe sie von Novalis bis Nietzsche nachwissenschaftlich wurden. Aphorismus : die Schlußsynthese als Einzelthese, die ihre Antithese in sich hat, das größtmögliche Ganze im kleinstmöglichen Urteil, das selber kein Teil des Ganzen mehr ist, sondern es ergänzt um seinen Inbegriff, die Einheit von Gegensätzen in einem Satz. Aphorismen sind keine Grundsätze, sondern Sätze, die das Mißverhältnis unseres Verhaltens zu ihnen festhalten. Sie sind logisch nicht auseinander zu schließen, sondern schließen einander nur aus, weil jeder schon ein »impliziter Schluß« (Welser) ist, oft auch ein gewagter Analogieschluß. Jeder A. schließt (ana)logisch, aber nicht auf einen anderen, und ist selber der logische Schluß, der nicht mit einem anderen Urteil verbindet. Er sagt in einem Satz mehr, als in ihm Platz findet. Im einzelnen Urteil ist ein Ganzes (ganz oder nur in einem Aspekt) enthalten, das macht ihn zu einer literarischen Form. Ein Ganzes spiegelt sich in einem seiner Teile oder in einem Teil eines anderen Ganzen.

In der Einzigkeit jedes Einzelsatzes will eine Einheit des Wissens sich ausdrücken durch Einzigartigkeit des Verfassers hindurch. Ein Satz will in einem geistreichen Satz über den Zeitgeist hinaus sein und setzt sich in GegenSatz zu üblichen Satzungen und Voraussetzungen. Er ist eine Synthese heterogener Vorstellungen, aber die Synthese dieser aphoristischen Teilsynthesen ist nur eine Idee aus der Einheit des Verfassers. Es gibt keinen kausalen Weg von Einzelsynthese zu Einzelsynthese, und wenn es eine Kausalkette von A nach B und eine von C nach D gibt, dann muß es deshalb noch keine von AB nach CD geben – oder auch nur von AB nach AC. Nach der 1. kopernikanischen Wende traten die ersten französischen Moralisten auf, nach Kants 2. kopernikanischer Wende traten die nachsokratischen Fragmente der Frühromantiker auf. Aphorismen verlieren nicht viele Worte, weil sie das letzte Wort behalten wollen. Sind sie die erste Sprache im Paradies, wie Aphoristiker Canetti vermutete, oder die letzte Sprache nach aller mathematisierten Wissenschaft?

Auch der Aphorismus kann eine paradox formulierte religiöse Spruchweisheit sein, sofern er die Selbstaufhebung innerweltlicher Positionen mit philosophisch-rhetorischen Mitteln vorführt : Etwas fällt aus einem konsistenten menschlichen Sinnsystem heraus – eine Kontingenz wird erfahren und dann zugleich in ein ganz anderes Bezugssystem eingefügt – diese Kontingenz wird wieder transzendiert und renormiert. Existenziell bedeutsame Kontingenzerfahrungen und transzendente Kontingenzbewältigungsformen sind auch und gerade in der Aphoristik möglich und besonders sinnvoll, ohne ihre theologische Dienstverpflichtung zu betreiben. Hegels Dialektik sollte den Subjektivismus von Schlegels Aphorismen aufheben, doch Adornos Verteidigung des Aphorismus sollte den Subjektivismus von Hegels Dialektik aufheben. Aphorismen kritisieren irreführende Denkkonventionen und werden von analytischen Philosophen selber als »irreführende Redewendungen« kritisiert und mit »Sinnlosigkeitsverdacht« belegt.

Die aphoristische Formel ist ein Satz, der den Gegen-Satz formuliert zwischen den jeweiligen Grundantagonismen eines Bezugssystems. Wo Ideologien die vermeintlich gelungene Aufhebung von schmerzlichen Dualismen postulieren, betonen Aphorismen aufreizend die fortdauernden Widersprüche innerhalb propagierter Versöhnungen.

Wo etwa der soziale Konsens sich für längst geglückt ausgibt, verweist der Aphoristiker – auch und gerade nach dem verdienten Ende des Sozialismus – auf den ungelösten Konflikt zwischen Kapital und Arbeit. Er greift den Chorismus zwischen Idee und Erscheinung dort auf, wo er ihn historisch vorfindet. Die Kluft zwischen Wirklichkeit und Möglichkeit wird plötzlich wirksam, die Differenz zwischen Sosein, Bewußtsein und Dasein ist mit einem Mal da und wird bewußt, die Existenz ist »noch nicht« (Bloch) die Existenz ihrer Essenz, die Realität realisiert immer »noch nicht« ihren Begriff, der Verstand steht vor seinem Gegenstand dumm da, der Intellekt hat den Affekt nicht intelligibel gemacht, der Abgrund zwischen Gefühlen und Gedanken wird entweder nur gefühlt oder gedacht, Utopie und Entropie verdrängen einander, Denken und Handeln sprechen grundverschiedene Sprachen, die Neigungen verneigen sich nicht vor den Pflichten, Menschensatzungen widersetzen sich dem Gesetz Gottes, Quantitäten disqualifizieren die Qualität, outrierte Mittel werden sich zum Selbstzweck und desavouieren die Zweckmäßigkeiten, Akzidentelles erklärt sich selber für substantiell, abstrakte Systeme grenzen konkrete Lebenswelten systematisch aus, Phänomenales fragt nicht mehr nach Dingen an sich, Subjekte und Objekte, obwohl unvereinbar wie eh, geben sich füreinander aus, nur der Zufall selber ist noch notwendig und die Notwendigkeit nur zufällig, der Graben zwischen Sinn und Sinnlichkeit wird im Aphorismus unüberbrückbar sinnfällig etc. etc.

Aphorismen sind Urteilssprüche, die lange Ermittlungen und Plädoyers enthalten. Die geistige Welt zerfällt in gesetzmäßige Gesetzesverstöße und einzelne Zusammenhänge ohne erkennbaren Zusammenhang. Da Bacons Aphorismen Hegels holistische Geistessynthese nicht mitmachen, bleiben ihre Antithesen zur Logik stehen auf dem Boden der physikalischen Naturgesetze, des »unglücklichen Bewußtseins« der Skeptiker und im »geistigen Tierreich« der frühromantischen Bildungsfragmente.

Nach Rickert und Adorno gehen Naturwissenschaften auf das nomothetisch Allgemeingültige und die Geisteswissenschaften auf das idiographisch Besondere. Bei Hegel steht umgekehrt die Natur für das ganz Besondere und der Geist für das AllgemEine. Der Aphorismus, ein Vernunftschluss aus Verstandesurteilen über sinnliche Mannigfaltigkeiten, vereint Verschiedenes neuartig zu einem Torso, der instabil mehrdeutig wiederum auf Verschiedenes verweist. Selbstbestimmung des Daseins erreicht er auf dem Boden von phänomenologischen Wesensbestimmungen des Soseins. Etwas hat wesentlich mit etwas anderem weit davon Entlegenen zu tun, und die »Verbindung des Heterogenen« wird erreicht durch analogische Mehrdeutigkeit dieses Kunsttorsos. Vereint der Allgemeinbegriff, was die fünf Sinne trennen, und/oder unterscheiden die Gedanken, was die Gefühle verschmelzen? Aphoristik ist eine philosophische Methode, die für unkonventionelle oder verborgene Zusammenhänge *und* Unterscheidungen eine besondere Sprache schafft. Im Übrigen gibt es keine hegelianische Schlußsynthese aller antithetisch aphoristischen Einzelsynthesen : Jeder der Aphorismen ist ein besonderer Aspekt des Ganzen, das sie zusammen nie bilden. Gnome bilden zusammen nicht das Ganze, das jeder schon für sich allein ist.

Karl Popper läßt Erkenntnisse entstehen durch die aphoristische Falsifikation von Gesetzeshypothesen, nicht durch induktive Kumulation von Aphorismen. Noch so viele Aphorismen können nicht eine einzige Hypothese beweisen, aber ein einziger Aphorismus kann sie zurückweisen. Dieser anti-autoritäre Antiholistiker widerlegt fremde Vermutungen durch widerlegbare eigene Vermutungen. Er übt Sachkritik an Werturteilen ebenso wie Normkritik an vollendeten Tatsachen. Die isolierte Singularität der Aphorismen ist wissenschaftstheoretisch bedeutsamer als ihre induktive Kumulation. Die Prinzipien des *Kritischen Rationalisten,* Fallibilismus, piecemeal engineering und methodische Selbstkritik, werden gerade vom prinzipienlos unmethodischen Aphoristiker so gut erfüllt, daß er von Popper und Albert gar nicht erst erwähnt wird.

Vielleicht ist er oft nicht nur der bessere kritische Rationalist, sondern auch der bessere *Hermeneutiker,* da er sogar heterogenste »Sinnhorizonte verschmelzen« kann. Er lebt vom unschlichtbaren Konflikt zwischen naturwissenschaftlichem Sachverstand und geisteswissenschaftlichem Sinnverständnis. Seine zusammenhanglosen Verstandesurteile verstehen sich auf das Verständnis für unselbstverständlichste Sinnzusammenhänge ohne Einverständnis mit ihnen. Isolierte Aphorismen erfassen historisch idiographische Sinngehalte gerade durch »Reflexion auf umfassende Vorverständnisse« von »vorwissenschaftlicher Lebenspraxis« (Dilthey). Auch für Aphorismen sind die historischen Situationsanlässe und die Lebensgeschichte des Autors »unhintergehbar«. Die Anthropologie des Neophänomenologen Hermann Schmitz exemplifizierte das Wesen menschlicher Biographie am »instabilen Mannigfaltigen« jenes »Witzverhalts«, der als Witz an der Sache gerade der Gegenstand des Aphorismus ist, die gleichzeitige rationale

Unterscheidung und affektive Verschmelzung verschiedenster Vorstellungen. Der Aphorismus zwischen Andeutungen und Bedeutungen ist jener Teil des Ganzen, der das Ganze ganz enthält. Wenn der »hermeneutische Zirkel«, alle Teile aus dem Ganzen und das Ganze aus seinen Teilen zu verstehen, nach Heidegger zum Wesen des menschlichen Daseins gehört, dann ist jedes Dasein gerade aphoristisch besonders verständlich. Die Stimmungen entsprechen nicht, sondern widersprechen meist den Selbst- und Wesensbestimmungen, die sie ermöglichen. Der rationale Hintergrund irrationaler Abgründe und der dunkle Untergrund rationaler Begründungen verbinden sich nicht so harmonisch, wie der Hermeneutiker gemeinhin wahr haben möchte. Erst opponierte der Aphorismus naturwissenschaftlich den scholastischen Systemen und dann geisteswissenschaftlich den naturwissenschaftlichen Deutungsmonopolen.

Er versteht die Unerklärlichkeiten und erklärt die Missverständnisse seiner Gegner. Er rekonstruiert Weltbilder nicht, ohne sie gründlich zu kritisieren, und rekonstruiert dann die Geschichte der Kritik selber. Auch der aphoristische Mut zu Vermutungen ist als vorwitziges Vor-Urteil ein begrifflicher Vorgriff, den schon Kant zu würdigen wußte : »Baco von Verulam hat an seiner eigenen Person von dieser Kunst vorläufig zu urteilen (iudicii praevii) ein glänzendes Beispiel in seinem Organen gegeben, wodurch die Methode der Naturwissenschaft in ihr eigentliches Gleis gebracht wurde.« (»Anthropologie in pragmatischer Hinsicht«, Werke XII, Frankfurt/M. 1982, S. 538) Im Übrigen kann kein Hermeneutiker die sprachliche Bedingtheit geistiger Vorgänge ernster nehmen als der Aphoristiker. Das »jeu de maximes« gehört zu Wittgensteins demokratisch pluralistischen Sprachspielen, aber jeder Aphorismus ist selber ein besonderes und unableitbares Sprachspiel, dessen Urteilssprüche »Familienähnlichkeiten« zwischen geistigen Fremdlingen aufdeckt.

»Erst durch Unterbrechendes wird Zusammenhang bewährt.« *(Ernst Bloch).*

Beobachtung ohne Hochachtung

»Die Anfangs- und Endform alles Philosophierens, der Ausdruck für das erste Fragen und die letzte Einsicht: der Aphorismus ... der nun erst gleichberechtigt neben die großen weltgeschichtlichen Weisen des Philosophierens tritt.« *(Arthur Hübscher)*

Nichts bringt den Aphorismus mehr aus der Kurzfassung als ein ganzer Band davon. Für Aphoristiker ist jeder Aphorismus noch zu lang und jeder Aphorismenband zu kurz, für Leser ist es umgekehrt. Aphoristiker sind die Spitzensportler der Literatur und Aphorismensammlungen die Spitzengespräche der Philosophen. Aphorismen haben so wenig miteinander zu tun wie die Dinge, die jeder von ihnen verbindet. Aphorismen sagen nur, was alle Leute guten Willens unfreiwillig zugeben müßten, aber dieser ist eine Ausnahme von der Regel, daß alle Regeln Ausnahmen haben, die sie bestätigen. »Die epigrammatische Faust erledigt, was uns sonst gründlicher beschädigt.« *(Heimito v. Doderer)*

Jeder Einzelne ist so einzigartig, wie die Ideen, die er selber hat, allgemeingültig sind. Ich denke, also bin ich : Das Individuationsprinzip ist die Allgemeingültigkeit der Ideen, auf die jeder als erster kommt. Ein Christ springt vom Hochhaus in der Hoffnung, daß Gott hilft. Er unterwirft sich nur dem Naturgesetz, Naturgesetze zu verletzen, ohne sich zu verletzen. Doch wer die Schöpfung nicht studiert, weiß gar nicht, was der Schöpfer will. Gott wirkt nur durch Gesetze seiner Schöpfung, aber in Naturgesetze der Physiker greift er ein? Objektive Wahrheit wird abgewehrt als subjektive Bosheit, aber wer das Rad noch einmal erfinden will, werfe die Bibel weg. Die Welt ist intelligibel, weil reine Intelligenz ihres Schöpfers, und daher Gegenstand von Intellektualkultur. Kontemplative Beschaulichkeit heißt heute phänomenologische „Wesensschau“ : Grund-Legung der Philosophie durch betrachtende Versenkung in unbehandelte Dinge um ihrer selbst willen. »Sein und Denken sind eins« : Das vom Schöpfer »Gegebene« (»Daten«) ist von uns so zu ver-nehmen, wie es (gedacht) ist.

Ist der »Wärmetod« der Entropie die objektive Seite von Freuds »Todestrieb«?

Den Cartesianern wird bis heute die strenge Subjekt-Objekt-Spaltung vorgeworfen von denen, die mit ihren möglichen Objekten am liebsten innig verschmolzen wären, um von außen nie mehr infrage gestellt werden zu können. Von einer Welt, die mit mir eins wäre, hätte mein Allmachtswahn schließlich nichts mehr zu befürchten und zu lernen, allerdings auch nichts mehr zu erwarten.

Ein beliebtes Klischee will, daß der Sinn eines Kunstwerks über die Absicht des Künstlers hinausgehe. Das hat nur den Sinn, den dummen Künstler zu verdrängen durch den klugen Interpreten, der dann nicht mehr zu widerlegen ist.

Der schöpferische Akt ist ein synthetisches Urteil, wo ein Werk prädikativ aus einem Subjekt S hervorgeht, in dem es nicht analytisch-syntaktisch schon drinsteckt. Prädikat P stammt von S, über das es gleichwohl hinausgeht und dem es nicht anzusehen war. War P in S versteckt oder übertrifft sich S in P?

Moral ist so selbstsüchtig wie Unmoral. Beide trennt selbstverständlich nur, was sie unter ihrem Selbst verstehen. Moderne Moral ist gewaltloser Widerstand gegen sich und die eigenen Leute. Wenn das Gewissen unbewußt ist, gehört es zu den bösen Trieben, die man bezwingen muß, ohne deshalb böse zu sein. Das Gewissen ist Wissen, dem das Böse bewußt unterliegt. Hat Freud den Ödipusmythos richtig verstanden? Tötete Ödipus seinen Vater Laios im Bunde mit seiner Mutter lokaste, weil er nicht wußte, ob er der leibliche Sohn dieses homosexuellen Vaters war? Haßte Ödipus seinen Vater, weil der ein patriarchalischer Vater oder eben kein wirklicher Vater war? Beim Phänomenologen H. Schmitz liegt das Individuationsprinzip in affektiver Regression zur Mutterkind-Symbiose statt in väterlicher Emanzipation davon. Auch die Bibel spricht von der Originalität des Individuums : Die geistige Erstgeburt wird für ein Leibgericht verkauft.

Fromme sind lieber mit Gott unglücklich als mit Satan glücklich, sagen Heiden. Früher sprachen die Denker von Gott, und es war ein falscher Gott, heute sprechen sie gar nicht mehr von Gott, also von einer falschen Philosophie. Gar nicht mehr vom Göttlichen zu sprechen, ist richtiger, als von falschen Göttern zu reden. Kant hatte gezeigt, daß die monotheistische Urtheorie der Menschheit mit einem rationalen Weltbild vereinbar ist. Marx und Bloch starben spätestens 1989, Schopenhauer ist nur Philosoph der Künstler, und Nietzsches Rollenspiele sind eher Selbstdarstellungen als Weltdeutungen.

Arbeiterfeindlichkeit kleidet sich heute ins Naserümpfen über »zweckrationales Handeln« (vulgo: produktive Arbeit). Man will nicht die Mächtigen entmachten, sondern den Machtwillen der Ohnmächtigen brechen. Wer Macht über seine Konkurrenten will, geißelt deren Machttrieb. Schiller wollte leidenschaftlich Macht über das Leiden und wird deshalb pathetisch genannt. Warum sollen Ohnmächtige keinen freien Machtwillen entwickeln? Unter dem Vorwand, den Mächtigen nicht noch mehr Macht zu geben, wird den Ohnmächtigen die Legitimation entzogen, mehr Macht zu wollen. Philosophen delegitimieren den Machtwillen nicht nur der Mächtigen, sondern auch und vor allem der Ohnmachthaber. Wenn Arbeiter ihre »instrumentelle Vernunft« ersetzen sollen durch das irrationale Happening eines »argumentativen Verhandlungskonsenses« mit den Herrschaften, dann haben diese schon gewonnen.

Es gibt viele glückliche Arme : Die Wahrheit gilt als Ideologie der Ideologien. Wenn der Rechtsstaat kollabiert, bleibt entweder eine Diktatur oder das bloße Naturrecht. Wenn die gesellschaftliche Ordnung zusammenbricht, die jeder kennenlernt, bleibt die kosmische Ordnung übrig, die niemand mehr kennt. Wer Gottes Joch abwirft, hat sich das schwerere Tyrannenjoch auferlegt, und wer harte Kulturkonventionen abschüttelt, gerät unter härtere Naturgesetze.

Wer Absurdes, das niemand je behauptet hat, durch absurde Argumente widerlegt, will ja Trivialitäten oft nur doppelt absichern. Was der Physik entgeht, kann immer noch objektiv sein, und was sie beschreibt, kann immer noch subjektiv sein. In Geisteswissenschaften sah Dilthey unvergleichliche Idiographie, Adorno naturwissenschaftlich Nomothetisches.

Erst übernahmen Sklaven die körperliche Arbeit, damit ihre Herren frei waren für geistige Arbeit. Dann nahmen sie ihnen die Geistesarbeit ab, bis die Herren frei waren für Körperertüchtigung.

Den Sinn, den keine Institutionen mehr liefern können, dem völlig überforderten Individuum abzuverlangen, ist heute ein beliebter Trick der Institutionen.

Der Philosoph will einen objektiven Blick werfen nicht wie der Wissenschaftler auf Objekte, sondern auf ganze Subjekt-Objekt-Beziehungen.

Kants Widerlegung der christlichen Gottesbeweise ist reiner Monotheismus : Aus dem Begriff vom Gottesreich folgt noch nicht dessen reale Existenz. Der Messias ist noch nicht da, nur weil wir auf ihn hoffen. Kants Imperativ gilt unbedingt unter der Bedingung, keinen argumentativen Imperialismus zu dulden.

Babylonische Gefangenschaft im Turm zu Babel: Macht euch der Erde nicht untertan! Entstand Demokratie aus Christentum oder gegen das Christentum? Das Messianische am Christentum steckt in der Hoffnung auf Christi Wiederkehr. Gottvater gibt das Gesetz durch den ersten, sein Sohn regiert den Staat durch den zweiten, und der Heilige Geist spricht Recht durch den dritten Monotheismus?

Mystik ist Apokalypse : Es ist alles eins und gleich und geht zum Grunde. Wenn »unio mystica« nicht nur Nacht ist, in der alle Katzen grau sind, dann ist sie Aufklärung darüber, daß aus jedem Individuum die ganze Welt so verdrängt wird wie aus der Welt die Individualität. Die ganze arbeitsteilige Gesellschaft bringt nicht wieder zusammen, was in jedem ihrer Individuen widersprüchlich vereint sein kann, und jeder Mensch kann differenzierter denken, als die ganze Gesellschaft »in Subsystemen ausdifferenziert« *(Luhmann)*.

Der Wunsch des Individuums nach Unsterblichkeit ist nicht individuell, sondern unsterblich. Das Wollen ist keine Realisierung des Wissens, sondern das Wissen eine Rationalisierung des Willens, sagt Freud mit Schopenhauer. Im nächsten Leben muß ich das Unrecht leiden, das ich in diesem Leben getan habe, darf also dann der sein, dem ich hier geholfen habe, und muß der sein, den ich hier verletzt habe. Dein Charakter ist das Werk deiner Freiheit in diesem Leben, sagt Sartre – nein, im vorigen Leben, sagt Buddha. Schopenhauer ist nie aufgefallen, daß sein Wille und Hegels Wissen beide auf den »Genus« gehen : Geist als allgemeiner Gattungsbegriff von dem, was alle Lebewesen der Gattung Mensch verbindet. Laut Schopenhauer folgten Hegels geistige nur aus seinen materiellen Interessen, die Marx dann darin vermißte: Der Beamte denke sophistisch *für* das Geld, an das seine ganze Philosophie so wenig denke.

Eine vorkantische Moral, die es noch gar nicht zu Grundsätzen gebracht hat, sondern nur zu moralischen Gefühlen wie etwa Zorn über erlittenes Unrecht und Scham über getanes Unrecht, ist noch gar keine Moral, sondern nur normative Kraft einer fak-

tischen Sitte. Aber nicht jede Sitte ist sittlich. Hegel warf Kants Ethik vor, eine Einladung zu Betrug und Selbstbetrug zu sein, da sich schließlich jede Lumperei durch edle Grundsätze rechtfertigen lasse. Natürlich darf unsittliches Verhalten sich durch edle Grundsätze nicht nur verschleiern, und es war immer die Aufgabe der aphoristischen Maxime, die plakatierten Maximen eines Menschen oder einer Epoche an den mutmaßlich zugrundeliegenden wirklichen Maximen kritisch zu messen und zu blamieren. –
Wie sollte dein Schicksal sich erfüllen ohne die freien Entscheidungen? Wer sich für keine Fehler verantwortlich fühlt, darf sich auch keine Stärken anrechnen. Der Mensch ist dadurch bestimmt, sich und alles zu bestimmen, das Begreifen gehört zu seinem Inbegriff. Wenn ich mich auf meine Freiheit berufe, zeigt Freud mir meine Triebschicksale; berufe ich mich auf Gene und Gesellschaft, zeigt Sartre mir meine Verantwortung. Aphorismen sind nicht die Grundsätze, die wir zu haben glauben, sondern nach denen wir handeln, ohne etwas davon wissen zu wollen, also veröffentlichte Maximen, die uns unsere geheimen Maximen bewußt machen. Nomaden sind Monaden à la Leibniz, und wie du heißt, so heißt du auf Gottes Geheiß : nomen est numen.

»Aphorismen sind eigentlich ziemlich alt und gewiß eine Wurzel des heutigen modernen Witzes.« (*Eike Chr. Hirsch*: »Der Witzableiter«, München 1993, S. 38) »Der Witz ist ein spielendes Urteil ... im Widerspruch mit der Hausordnung des Geistes.« (Kuno Fischer) Die Aphoristiker machen freiwillig, was Psychotiker unfreiwillig tun, nämlich dauernd leichtsinnige Analogieschlüsse ziehen. Der Aphorismus schafft das Kunststück, dem Es und dem Über-Ich und der Realität zugleich Genüge zu tun, indem er

Wünsche befriedigt durch logische Bestechung der Gewissenszensur und wahre Realitätserfahrung erreicht durch Ablenkung von Ideologie-Instanzen. Er ist inzwischen anerkannt als wissenschaftliches Objekt, aber noch lange nicht als wissenschaftlicher Beitrag. Sein Beitrag zur Wissenschaft wird nachgerade dadurch neutralisiert, daß er Gegenstand der Sprach- und Literaturwissenschaft geworden ist, und die übrigen Wissenschaften setzt er eher voraus als fort. Aphoristische Minimal-Maximen sind keine Systeme, sondern System-Antizipationen, also Ideen eines künftigen Abschlusses, der den Fortschritt steuert. Sie haben in Gedanken die Systeme schon hinter sich, welche in Wirklichkeit noch Vorstufen sind. Aphoristische Hinterwelten : Hinter objektiven Naturerscheinungen stecken „subatomare Quarks", hinter Ideologien materielle Interessen, hinter subjektiven Erscheinungen der menschlichen Natur steckt unbewußter Eros und hinter subjektiven wie objektiven Fassadenphänomenen das Gesetz Gottes. Subjektiv sieht jedes Ding ganz griffig aus, objektiv ist es ein Gewimmel von Strings. Subjektiv fühlt sich jedes Subjekt ganz vernünftig, objektiv ist es ein Spielball dunkler Triebe. Philosophie verhielt sich um 1800 zur Religion nicht nur wie Protestanten zu Katholiken, sondern wie Kant zu Hegel, also wie Altes zu Neuem Testament und nicht wie Vorstufe zu Oberstufe, sondern wie das Fundament zur Dachmansarde. Natur- und Geisteswissenschaften verhalten sich wie Gottes Schöpfung zu Schöpfungen des Menschen, aber Kultur gäbe es erst, wenn der gesellschaftliche Konkurrenzkampf kein materieller Existenzkampf mehr wäre, sondern ein geistiger Wettkampf um seiner selbst willen. Fausts Famulus Wagner wäre zu rehabilitieren bei Goethe.

Wer über den naturwissenschaftlichen Totalitarismus des 21. nicht reden will, sollte über den Sozialismus des 20. Jahrhunderts schweigen.

Das Gesetz Gottes zu Fall zu bringen, ist genau jene Reaktion, deren Revolutionierung sie sein will, und die Ratifizierung des Gesetzes ist genau jene Revolution selber, die angeblich erst in seiner Aufhebung bestehen soll. *Daß* jeder sich einsetzt für das Durchsetzen des Gesetzes, statt es zu ersetzen durch etwas Besseres wie die Liebe, das schon wäre die Kultur- und Sozialrevolution selber.

In Wissenschaften gilt ein Begriff, in Künsten gilt ein Fall für 1000 Fälle. Im ganzen Leben steht immer eins für alles andere, aber dieses Eine ist in der Kindheit der anschauliche Ersteindruck, im Alter sein Allgemeinbegriff. Das erste Objekt, an dem uns sein Begriff in der Kindheit aufging, bleibt lebenslang sein platonisches Ur-Bild und das aller Objekte des Begriffs. Das erste Objekt steht poetisch für seinen Inbegriff, wie dieser später philosophisch für alle seine Objekte. Einzelkind Adorno suchte zu jedem Begriff das Objekt, an dem er ihm zum ersten Mal im Leben aufgegangen war, und dieses erste Einzel-Objekt transzendierte stets seinen späteren Allgemeinbegriff. Hatte der erste Garten deines Lebens etwas, das deinen heutigen Allgemeinbegriff von einem Garten sprengt? Die Mutter war die erste Frau unseres Lebens, sie steht für alle künftigen Frauen. Sie ist das Urbild für den späteren Begriff »Frau«, der alle Frauen vertritt. Schönheit der Mutter als »sinnliches Scheinen der Idee« (Hegel) jeder Frau. Jugendliche nehmen die erste Anschauung für den Begriff einer Sache, Alte umgekehrt den Begriff fürs konkrete Einzelding. Wenn Adorno durch Denken zum anschaulichen Einzelfall zurückwollte, dann wollte er mit den Mitteln des Erwachsenen in die Kindheit zurück, wo der erste Eindruck zum Ur-Symbol seines Allgemeinbegriffs erst wurde. Zuerst stand eins für alles andere, später ist alles eins wie das andere und nichts Besonderes. Liegt also der Ursprung der Metaphern in der Kindheit? Welche griffigen Dinge dir welche Begriffe bevorzugt versinnbildlichen, ist nicht beliebig, sondern Funktion deiner frühesten Erlebnisse, und Leben heißt, das zeitlich Erste wird zum rangmäßig Ersten. Freud hat nichts anderes gesagt.

Ins Transzendieren kann man sich schlecht versenken, und Husserls *Wesensschau* ist nicht Buddhas Nabelschau. Wer nachdenken will, kommt weder zum Geldverdienen noch zum Kinderzeugen, sagt der Weise und kehrt zurück in die Tonne oder die Arme seiner Haushälterin. Der Philosoph braucht eine Krankenschwester, aber niemanden, der einen Ernährer braucht. Er will sich nicht mit Kindern und Kinder nicht mit sich und mit Umweltgiften belasten. Wer als Philosoph seine Familie hungern ließe, wäre kein Philosoph, aber wer sie nicht hungern läßt, ist erst recht kein Philosoph, wenn er nicht reich geheiratet oder geerbt hat. Aus Selbstsucht und nicht fürs Gemeinwohl haben ihre Mitmenschen Kinder und Philosophen keine Familien. Wer eine Familie gründet, nennt das, was er daneben noch treiben kann, zu Unrecht Philosophie, und wer philosophieren will, nennt das, was er daneben noch führen kann, mit demselben Recht ein Familienleben. Ein Mann, der in Ruhe auf eigene Gedanken kommen will, kommt zu keiner Familie, die ihn dabei stört.

Der Aphorismus ist das geistige Bild des monadisch autonomen Individuums mit eigener Entelechie, das »kleinstmögliche Ganze« (Musil), der Mikrospiegel des Makrokosmos, ein Gesichtspunkt als Schnittpunkt eines Blickwinkels, unter dem das Ganze erscheint. Eine Einzelexistenz, die sich ihr eigenes Wesen selber schafft, erfindet ihren Oberbegriff, in dem sie neben oder ohne alle weiteren Einzelexistenzen vorkommt. Wer einzigartig sein will, schafft sich ein Wesen, das er mit keiner Koexistenz teilen muß. Der Existenzialist de-finiert sich apo-horistisch durch ein »gnomisches« Urteil, das sich als Klasse aller Einerklassen selbst bestimmt. Sich ein Bild von sich selbst machen, auf den eigenen Begriff kommen heißt, sich als einziges Element einer Einsermenge zu verstehen. Der Aphorismus ist als Ausnahme von der Ausnahme, die die Regel bestätigt, die Regel aller Ausnahmen. Er sagt nicht, was er sagt, und sagt, was er nicht sagt. Er macht sich seinen Begriff, den er nicht erfüllt, und sein Begriff, unter den er fällt, fällt nicht herein auf die bloße Erscheinung vor dem Wesen der Sache dahinter. Aphorismen sind Meta-Maximen über das Mißverhältnis unserer Maximen und unserer Handlungen.

Bremerhaven : Graugrüne Hauswände schmelzen in der Sonne zu Flußwasser, das weiter zum Wolkenhimmel verdunstet, und feuchtkalter Wind kondensiert nachts zu Wasserwellen, die langsam zu starrenden Mietskasernen gefrieren.

Die einen kalkulieren Emotionen, andere haben ein Gefühl für Zahlen. Ein Metaspieler will dadurch siegen, daß er ein Spiel lieber zum Scheißspiel erklärt, als daß er es gewinnen will. Ist permanente Weltveränderung eine bewahrenswerte Tradition? Man tut so, als müßten Naturwissenschaftler ihre Systeme viel komplexer gestalten, um sich dem Niveau der Geisteswissenschaften zu nähern. In Wahrheit müßten diese viel komplexer denken, um jenen gerechter zu werden. Die Relativitätstheorie sieht den Raum als Funktion der Materie, die Quantentheorie umgekehrt die Materie als Funktion des leeren Raumes. Ein Geistesblitz kann zerfallen in virtuelle Urteilchen und Antiteilchen, die wieder zu einem neuen Geistesblitz zerstrahlen. Folgt das schnell genug aufeinander, bleibt die Gesamtenergie aus positiv und negativ gleich null. Auch das geistige Vakuum ist erfüllt von Quantenfluktuationen, die immer neue »Babyuniversen« produzieren, deren Energie »inflationär« expandiert, bevor die Schwerkraft sie erneut kollabieren läßt zur »Singularität« eines Schwarzen Loches voller »Quantenschaum«-Schlägerei. Es gibt im All ebenso viel positive wie negative Energie, die einander aufheben?

Der Aphorismus thematisiert, was einer Menschensatzung widerspricht und einem Naturgesetz entspricht. Adorno lieferte eine Metaphilosophie philosophischer Aphorismen in Form einer Kritik an Hegels systematischer Aufhebung frühromantischer Fragmentierungen. Befangen von der Illusion unserer Unbefangenheit, gehen wir von der Voraussetzung aus, voraussetzungslos anzufangen, bis wir ins andere Extrem verfallen und mit der ebenso falschen Voraussetzung beginnen, unsere Voraussetzungen weder erkennen noch korrigieren zu können. Wenn nach A. N. Whitehead die ganze europäische Philosophie aus Fußnoten zu Plato besteht, dann sind auch Aphorismen solche Fußnoten, sofern in ihnen der Widerspruch von Idee und Erscheinung plötzlich selber erscheint. Sie entdecken verborgene Gesetzmäßigkeiten zwischen weit entfernten, heterogenen Phänomenen. Ein postmodern psychoanalytischer Dekonstruktivist macht die Psychologismuskritik von Husserls »Logischen Untersuchungen« wieder rückgängig und enthüllt den unbewußten Anteil an der subjektiven Genese aller objektiven Geltungsansprüche. Husserls „unhintergehbare“ intersubjektive »Lebenswelt« wurde zur Gesellschaft nicht radikalisiert, sondern entschärft. Die wahre Lebenswelt ist natürlich die kosmologische Ordnung selbst, und ihre thematische Unthematisierbarkeit gilt eher ihrem Schöpfer. Mit dem Tod Gottes verlor der Mensch seinen Ort in der Schöpfung und wurde Mitglied erst der »Lebenswelt« und dann der allzu-menschlichen Gesellschaft. Das „fundamentum inconcussum“ war nicht mehr die Erde, die alle Menschen trägt, sondern das Bewußtsein, das die Natur konstituiert, später seine Sprache und Mitwelt. Nietzsche leugnete mit Gott die übersinnliche Welt der Naturgesetze und verstand die Natur nicht mehr, die er von ihren Gesetzen emanzipiert hatte. Sie wurde zum blinden Fatum, das die Individuen nur ausspeit, um sie wieder zu verschlingen in sinnleeren Zyklen.

Ein platter Aphorismus entspricht selber nicht seiner platonischen Idee, daß die Realität ihrer platonischen Idee widerspricht. Brentano sprach von »Sätzen an sich«, Aphorismen sind geschlossene Schlüsse an sich. Für den »ersparten Hemmungsaufwand« (Freud) muß Witzarbeit geleistet werden, damit das Es ungestraft siegen kann. Preis jeder Witzlust ist Witzarbeit.

Das Einzelobjekt geht nicht auf in den Allgemeinbegriffen der Subjektivität und das Einzelsubjekt nicht im objektiven Geist einer Kultur. Der Konflikt zwischen Gott als Naturgesetzgeber der Nomaden und

Sittengesetzgeber der Seßhaften wird aufgelöst durch das Konzept einer Natur, die rational kultiviert wird, bis die Vernunft realisiert ist. Kann eine postindustrielle Natürlichkeit frei wählen, was sein Instinkt für das Tier auswählt? Wenn es naturwüchsige Befreiung von der Natur gibt, dann vielleicht auch kultivierte Befreiung von der technischen Kultur. Man beeilt sich immer, Rousseaus edlen Wilden lächerlich zu machen und zu de(kon)struieren durch Hinweis auf die überharten Lebensbedingungen und barbarischen Sitten der Vorzeit. Vorausgesetzt wird dabei immer, daß ein naturnahes Leben ohne jede eigene Kultur, Kunst und Verfeinerung sein müsse, während doch umgekehrt nicht bestritten wird, daß die Chancen der Barbarei sich potenzieren mit dem technologischen Fortschritt. Die siegreich seßhaften Naturbearbeiter von heute stehen nicht einmal mehr der bloßen Idee von Gottes Kulturnomaden gegenüber. Nomadische Existenz führen nicht mehr lebende Menschen, sondern nur noch Informationsströme, die durch Datengalaxien vagabundieren. Wer sich für Vernunft entschied, hatte sich gegen Gott als Naturgesetzgeber entschieden; wer sich für Rationalisierung entscheidet, entscheidet sich nun gegen den göttlichen Sittengesetzgeber. Und Hegels Geschichtsphilosophie ist nicht überholt, weil sie Geschichtsphilosophie, sondern weil sie protestantisch ausgerichtet ist und andere Monotheismen links liegen läßt.

Nichts führt »ausdifferenzierte Expertenkulturen« eleganter zurück in lebensweltliche Zusammenhänge als die aphoristische Formel, die deren ungelöste Konflikte ausformuliert, der »sinnliche Vorschein« einer systematischen Weltbild-Einheit in einem Einzelurteil. Hier werden Systemteile zu Teilsystemen. Der Aphorismus ist jener Teil eines Ganzen, der das

Urteil über dieses Ganze ist, und jenes Urteil über ein Ganzes, das schon Bestandteil eines neuen besseren Ganzen ist und es vorskizziert. Früher war er eine einzelwissenschaftliche Beobachtung, heute ist er eine mehr nachwissenschaftliche Zusammenfassung des wissenschaftlich Erfaßten. Ein je einzelner Aspekt des Ganzen ist singulär und universell zugleich. Er weiß nicht alles über eine Einzelheit, ist aber ein Einzelurteil über eine systematische Einheit des Wissens, deren Bestandteil er nach Russells Paradox gar nicht sein kann. Denn das makroskopische Weltbild darf *nicht* erst durch seinen aphoristischen Inbegriff gebildet werden, sondern muß bereits abgeschlossen vorliegen, bevor es sich in der monde concentré seines aphoristischen Mikrokosmos spiegeln kann. Der Aphorismus, der kumulativer Bestandteil eines Ganzen ist, ist ein strukturell anderer als jener, der schon jenseits dieses Ganzen steht als dessen Inbegriff, durch eine ganze Metasprachstufe voneinander getrennt. Aufschlußreiche aphoristische Schlüsse schließen vollendete Wissenssysteme ab und neue auf. Robert Musils Bestimmung des Aphorismus als »kleinstmögliches Ganzes« ist etwas irreführend : Er ist im Gegenteil das kleinstmögliche Ur-Teil über das größtmögliche Ganze. Musil war auch Aphoristiker, aber kein bedeutender, und der Aphorismus, den er nicht komprimieren konnte, wuchs sich ihm aus zum größtmöglichen Roman, der Fragment blieb.

Das principium individuationis liegt nicht im Materiellen, wie die Tradition bis Marx will, oder im leiblichen Ergriffensein, wie Hermann Schmitz meint, sondern in dem, was ich aus dem mache, was das »affektive Betroffensein« (Schmitz) aus mir gemacht hat. Unvergleichlich und unaustauschbar bin ich nicht schon durch die Angst, die mich selbst und keinen anderen packt, sondern erst durch die Stellungnahme meiner Gestaltungskraft zu dem, was mir zustößt. Sicher gibt es keinen Zweifel für mich, daß ich es bin und kein anderer, der meinen Schmerz jetzt spürt, sicher nagelt er mich auf meine unausweichliche Individualität fest, aber solche Art von Persönlichkeit wäre nur erlitten wie eine Erbanlage und kein Verdienst. Eine Individualität, die nur eine bestimmte Art wäre, sich einzulassen auf ihre schicksalhaften Prägungen, wäre eine objektive Tatsache unter anderen, der sie nur noch zustimmte.

Schopenhauer war nicht der erste Philosoph, der ehelos und kinderlos lebte, aber er war der erste, der die Ehe- und Kinderlosigkeit zum Kern seines philosophischen Grundgedankens gemacht hat. Er tat so, als wollte er Kinder, könnte ihnen aber die Welt, wie sie unverbesserlich nun einmal sei, einfach nicht zumuten. Schopenhauer wollte seinen Kindern nicht die Welt, Nietzsche seinen Kindern nicht sich selbst als Vater zumuten, und es ist weder den beiden Philosophen noch ihren ungeboren gebliebenen Kindern gut bekommen. Nicht jeder, der keine Kinder hat, weil er keine will, ist deshalb schon ein Philosoph, aber einer, der Frau und Kinder hat und haben will, kann kein Philosoph mehr sein, aber noch alles andere werden. Ein Philosoph, der sich seinen Namen verdienen will, verläßt nicht die Familie, aus der er kommt, um selber eine zu gründen. Bis zum 19. Jahrhundert, also bis zur Übernahme ins Beamtenverhältnis, waren Philosophen eingefleischte Junggesellen und Hagestolze, die ihre fleischliche Sehnsucht hatten, aber keine nach eigener Familie. Zur Ehre eines Freigeistes, wie Nietzsche stolz anmerkt, gehört es nicht nur, kein Hausbesitzer zu sein, sondern auch kein Familienvater zu werden. Der Denker ist nicht reiner Geist und total verkopft, er lebt mit einem Körper, also mit einer Frau zusammen, und er wird mit ihr ein Fleisch, aber dieses eine Fleisch soll kein neuer Erdenbürger werden, denkt er. Wird Sophia Mutter? Richtige Philosophen wollen Fortschritt und keine Fortpflanzung, weil sie ihre Unsterblichkeit weniger leiblichen als geistigen Kindern verdanken wollen. Seit der Französischen Revolution waren die bekanntesten Denker zugleich Staatsdiener und Ehemänner gewesen. Bevor sie keine Staatsbeamten waren, sind sie keine Familienväter gewesen und umgekehrt. Sokrates und Aristoteles waren in der griechischen Antike schon Ausnahmen gewesen, die die Regel bestätigen. Augustin und Thomas, Anselm und Eckart, Nikolaus und Pascal, Descartes und Leibniz, Spinoza und Voltaire, Kant und Kierkegaard, Schopenhauer und Nietzsche, Wittgenstein und Sartre – alle unsterblichen Denker waren ewige Junggesellen, die ihre Kraft den Büchern und nicht den Frauen widmeten. Libri mentis liberi. Der Philosoph treibt seine Verantwortung so weit, für Frau und Kind keine Verantwortung übernehmen zu können. Er bleibt nicht ledig und kinderlos, weil er sich vor der Verantwortung drückt, sondern Verantwortungsbewußtsein hindert ihn, Kinder in die Welt zu setzen, für die er nicht arbeiten will, wenn er denken will. Wenn der Philosoph verhungert, ist das seine Sache; wenn er seine Familie hungern läßt, ist das seine Schuld. Wer sich überhaupt vor die Wahl zwischen leiblichen und geistigen Kindern stellt, ist schon ein halber Philosoph und eben kein monotheistischer Patriarch, weil er sich für das Denken und gegen jene entscheidet, die sich für Beruf und Familie und damit gegen ihren eigenen Kopf entscheiden. Was ist das aber für ein Denken, das mit keinem Berufs- und Familienleben je vereinbar ist,

denkt der Familienvater in seinem Beruf und denkt an die Seinen daheim. Man kann aber auch zwanzig Jahre lang schuften und sparen, um dann in Ruhe nachdenken zu können, warum man geschuftet hat. Wer sich mit zwanzigjährigen Ersparnissen zur Ruhe setzt, d.h. zur Unruhe des Nachdenkens, läuft Gefahr, daß ihm unterwegs die Philosophie abhanden kommt, um deren willen er gearbeitet hat. Ein Philosoph, der zwanzig Jahre Maloche übersteht, verdient vielleicht nicht mehr diesen Namen; ihm fehlt die nötige Sensibilität, um denken zu können. Wer Erfahrungen nur in einer Fabrik macht, kann sie philosophisch kaum noch auswerten, oder ist proletarische Lebensarbeit die Nagelprobe und Bewährungsprobe philosophischer Lebenswahrheit? ---------
Der Körper läßt sich in die Fabrik schicken, um den Kopf zu Hause zu lassen, und ich kann mit dem Kopf im Betrieb sein und meinen Körper aufs Filosofa legen. Der proletarische Peripatetiker nimmt seinen Hut und geht oder wandert aus. Wer autonom wird, macht die Automaten nicht zu seinen griechischen Sklaven, sondern alles, was er braucht, selbst, also wenig. Der Leib ist zum Zeugen und nicht zum Erzeugen da, er ist die Entelechie der Seele und umgekehrt der Geist die Entelechie des Körpers. Mein Verstand entfaltet die Vielfalt der Standpunkte, meine sechs Sinne zeugen von meiner Einfalt, und wenn schon Fabrikation, dann bitte nur intellektuelle Papierverarbeitung.

Die Fabrik nimmt uns das Brotbacken ab. Was tun wir mit der gewonnenen Zeit, wenn wir nicht saufen, vor der Glotze verblöden oder Karstadt leerkaufen? Wir backen Brot. Wir weben unser Tuch und nähen uns unsere Kleidung selber. Marx nannte das >Idiotie des Landlebens<, und Marx ist ja ein toter

Hund. Die Anwendung der physikalischen Kräfte wird wieder ersetzt durch physische Kraftanwendung, die ja bekanntlich gesunde Müdigkeit bringt. Wissenschaft wird ersetzt durch unser schlechtes Gewissen gegenüber der guten Natur und Penicillin durch Lindenblütentee. Für jede technische Errungenschaft gibt es ja immer schon Ersatz, den sie einmal ersetzen wollte. >Industrie< darf wieder das werden, was sie buchstäblich bedeutet : Fleiß. Was da so selbstverwirklicht wird, ist die völlige christliche Selbst-losigkeit, das Wir als wahres Selbst ohne Ego cogito. Das bastelt, werkelt, töpfert, malt und bauchtanzt, strickt und joggt, emailliert und tagebüchelt sich so durchs öffentliche Hand-Werk. Statt nur unsere Brötchen selbst zu verdienen, die aus der Fabrik kommen, wollen wir sie wieder selber backen. Mit der Brotchemie wird unser Magen nicht fertig, weil wir mit der industriell gewonnenen Zeit nicht fertig werden. Natürlich fürchten wir nur die Giftstoffe im Fabrikbrot, nicht etwa die Freizeit, vor der uns das Selberbacken schützt. Die mörderische Konkurrenz untereinander ersetzen wir durch ökollektiven Wettkampf gegen Kollege Digitalroboter. Gemeinschaftsbildende Handarbeit ist gefragt, als könnte es das Fließband nicht eben doch schneller, billiger und sauberer, an dem gerade die nicht stehen, die sich am lautesten beklagen, daß Arbeiter sich über ihre >Entfremdung< zu wenig beklagen. Jeder sein eigener Kleinstkapitalist, der nur noch sich selbst ausbeutet. Mao, c'est moi, jeder ist sein eigener Stahlkoch, klein, aber rein und mein. Arbeit macht frei – von Freizeit, die ja ohnehin viel zu viel Zeit war für Gammeln und Rammeln, Suff und Puff. Wohlstandsprobleme werden endlich wieder Notstandsprobleme, da es uns doch immer schlechter geht, seit es uns immer besser geht. Ökonomie? Tagsüber in der Vaterlandwirtschaft, Feierabends in die alternative Gastwirtschaft. Die Umwelt ist beschmutzt und verseucht, jeder redet es jedem nach, bis ein Narr ist, wer des Kaisers dreckige Kleider nicht sieht. Da der heutigen Umweltverschmutzung, seit sie die Medienlandschaft erreicht hat, nicht mehr anzusehen ist, daß sie ursprünglich Fabrikverschmutzung war, wird sie auch nicht dort bekämpft, wo sie täglich neu entsteht, im Betrieb. Leiden wir unter Umweltvergiftung, weil die Technik zu weit oder noch nicht weit genug fortgeschritten ist? Die Technik beherrscht nicht mehr die Natur, sondern die jüngst vergangene technische Entwicklungsstufe : Technik löst nur die Probleme der Technik. Technik sei nur durch sich selbst zu heilen, nicht durch die Natur, deren Mängel sie gerade ausgleicht. Nur Hightech repariert Lowtech. Grobe Arbeit an groben Maschinen wird nur leichter durch feinere Arbeit an feineren Maschinen. Sozialismus war Sowjets plus Elektrifizierung, Kapitalismus ist Mikroelektronik plus Eliten. Für den Proletarier geht es darum, weniger die Macht zu ergreifen als das Wort. Wenn die Utopie nicht zur Biotopie verkommen soll, sollten Ökologen ihre Betriebsamkeit einmal auf die Betriebe richten. Der Arbeiter braucht Technik, weil sie ihm Arbeit gibt; der Bürger braucht Technik, weil sie ihm Arbeit abnimmt. Hat der Proletarier Arbeit, macht sie ihn kaputt; hat er keine, macht ihn die Arbeitslosigkeit kaputt. Das Hinterweltlerische ist heute die Welt hinter der Arbeitswelt. Muße, Bildung, Verfeinerung der Sinne und Sitten sind bereits metaphysische Ideen geworden in dem Maße, in dem frühere Utopien längst technische Realität wurden. Je unabhängiger die Menschheit von den Wechselfällen der Natur wird, desto abhängiger wird jeder Mensch von der zur zweiten Natur gewordenen Naturbeherrschung selbst. Der Knecht bleibt dadurch Knecht, daß er sein eigener Herr wird, nur seine Selbstbeherrschung befähigt ihn zur Naturbeherrschung. Das Arbeitshaus ist ein Gefängnis mit humanisiertem Reformstrafvollzug und ein Zuchthaus für »dressierte Arbeitstiere«. Die Klasse, die sich den Industrialismus ausgedacht hat, beklagt sich am lautesten über ihn. Ist Abtreibung Umweltschutz? Abtreibung wird nicht mehr als egoistischer Kindermord verdammt, sondern als feminines Emanzipationsmittel geduldet. Protestanten haben ihrem Herrgott den Krieg erklärt und brechen offen sein Gesetz wie die Heiden. Nach den Sozialismen verfallen sie dem Ökototalitarismus. Meine These lautet, daß der Protestantismus am Ende des zweiten Jahrtausends nicht nur hinter seine eigenen historischen Höhepunkte zurückgefallen, sondern sogar aus dem Monotheismus herausgefallen ist, ja, er ist nicht einmal mehr atheistisch, sondern schon schlichtweg antitheistisch. Wo er sich heute äußert, bekämpft er Gottes Wort. Homosexuelle Lebensgemeinschaften z.B. werden nun nicht als Minderheiten stillschweigend toleriert und dem Urteil Gottes anheimgestellt, sondern ehelichen Verbindungen lauthals gleichgestellt. In der Medienöffentlichkeit werden Vater, Mutter und Einzelkinder vom schrillen Geschrei der *gay power* übertönt. Die orientalische Großfamilie ist nicht verdrängt von der europäischen Kleinstfamilie, sondern von psychosexuellen Minderheiten, die nicht geduldet werden wollen, sondern ihre „Gleichberechtigungsansprüche" einklagen. Die Protestanten beeilen sich, jedem Zeitgeist nicht nur nachzulaufen, sondern möglichst noch zuvorzukommen, und sie wundern sich dann, daß alles, was sie unternehmen, ihren Mitgliederschwund aufzuhalten, ihn gerade zu beschleunigen droht. Es will nicht in ihre kopflosen Köpfe, daß immer mehr

Menschen nicht eine noch poppigere Zeitgeistvariante suchen, sondern eine gute alte Alternative zu allen unseligen Zeitgeistvarianten. Sie verpassten den Anschluß an den fundamentalistischen Papst Johannes Paul II., weil sie den Anschluß an seine gottverlassenen Verächter auch außerhalb des Christentums nicht verpassen wollten. Man mag dem Heiligen Römischen Vielvölker-Reich nachsagen, was man einer gefledderten Leiche nachrufen will, den bornierteren Nationalstaaten war es kraft seines unendlichen Anspruchs unendlich überlegen und das einzige europäische Bollwerk gegen den eurasischen Imperialismus. Jedes Opfer schlechter Lehrer mag dem Lateinunterricht an den Schulen alles Schlechte nachrufen, aber das moderne Patchwork der Fremdsprachen und Lokalidiome ist provinzieller. Es wäre besser, die Proletarier aller europäischen Länder würden wieder Katholiken und lernten Latein, wenn die Gebildeten aller Landschaften ihre Mundarten pflegen. Seit das Mittelalter mit seinem Latein am Ende ist, triumphiert erneut die babylonische Verwirrung der Geister. Käme das Volk zur Sprache, würde es fordern: Lieber eine Sprache für alle als alle Fremdsprachen für jeden. In jeder Mundart verschweigen alle das Gleiche, statt daß jeder in derselben Weltsprache etwas ganz Besonderes zu sagen hätte. Wenn Gott tot ist, zerfällt die Welt erneut in den ewigen Bürgerkrieg der Eliten um die Herrschaft. Alle gottlosen Versuche, die Einheit und Gleichheit der Welt herzustellen, haben aus ihr bisher nur einen Raubtierkäfig für alle gemacht, in der die Schafe den Wölfen gleichgestellt sind. Gott war bisher die einzige Chiffre für eine zwanglos kosmopolitische Einheit, in der alle Einzelnen »gut aufgehoben« wären, und wenn Theokratien stürzten, verwandelten potentielle Demokratien sich schnell wieder in faktische Aristokratien.

Die christliche »Erbsünde« versteht sich selber längst nicht mehr, denn der Ur-Abfall von Gottes Willen hängt zusammen mit dem Abfall vom Nomadentum. Im nomadischen Paradies der afrikanischen Savanne waren von Anfang an genug Lebensmittel da für alle. Aber die ödipalen Menschenkinder entwenden dem Vatergott die Mutter Erde, teilen sie untereinander auf und beackern sie gemeinsam mit dem Wissen von Babel. Das seßhafte Beackern von Gottes Erde durch die Menschensöhne, die wie Gottvater sein wollen, ist die „Erbsünde" des ödipalen Mutterinzests. »Mit immer größerer Deutlichkeit tritt das Bestreben des Sohnes hervor, sich an die Stelle des Vatergottes zu setzen. Mit der Einführung des Ackerbaues hebt sich die Bedeutung des Sohnes in der patriarchalischen Familie. Er getraut sich neuer Äußerungen seiner inzestuösen Libido, die in der Bearbeitung der Mutter Erde ihre symbolische Befriedigung findet.« (S. Freud: »Totem und Tabu«, Frankfurt 1973, S. 155). Nur die kontemplative Lebens- und Denkform war nicht-ödipal, ohne deshalb prä-ödipal zu sein. Der Protestant will hinter kirchliche Traditionen und Institutionen zurück zur biblischen Schrift, aber die protestantische Arbeitsethik der »innerweltlichen Askese« (Max Weber), die nur die *vita contemplativa* der Klostermönche verteufelt, entfernt sich von Gottes paradiesischem Urprojekt in der >Genesis<. Protest gegen Protestantismus 2000 fällt aus. Die Gräuel im Namen Gottes sind Gräuel, aber nichts im Vergleich zu den Gräueln im Namen des Kampfes gegen Gott selbst. Das finsterste Mittelalter, gemessen am 20. Jahrhundert, war vom Licht der Vernunft erfüllt. Kein Jesuit hat das Volk je so betrogen wie ein atheistischer Totalitarist, er hat es nie betrogen. Die wahre Aufklärung besteht darin, das zu begreifen, was der Unaufgeklärte bisher nur geglaubt hat, während die falsche Aufklärung, die Gegenaufklärung, nur das Gegenteil von dem glaubt, was das Volk nur nicht philosophisch formulieren kann.

Die sozialistischen Parteien haben die Proletarität so verhütet wie der Schoß der Mutter Kirche das Wissen um Gottvater und das Hängen am Rockzipfel der Mutter Natur das Erwachsenwerden. Der Heilige Geist menschlicher Verhältnisse wird als Beeinträchtigung statt als Voraussetzung individueller Autonomie verfolgt. Nur wenn es eine prinzipielle und allgemeine Instanz gibt, vor der alle Menschen einander und nicht den Tieren oder Pflanzen oder Steinen gleich sind, hat jeder Mensch das gleiche Recht auf seine Verschiedenheit von jedem anderen Menschen, und deshalb wird dieses übergreifende Prinzip von allen abgelehnt, die gleicher als andere sein wollen.

Das Gesetz der Revolution ist nicht die Revolutionierung des Gesetzes, und das grundlegend Neue ist grundsätzlich eben nicht die permanente Novellierung des Grundgesetzes. Das Reaktionäre besteht nicht darin, daß das *Gesetz der Väter* herrscht, wie die Reaktionäre behaupten, sondern daß es im Gegenteil *nicht* in Kraft ist, und das Revolutionäre an einer Verfassung liegt weniger darin, daß sie gestürzt, als daß sie gestützt wird. Das Es ohne Über-Ich ist Atheist. Den Gottesbegriff haben Philosophen entfernt, seit auch sie ungestraft freveln wollen. Gottloser „Naturalismus" ist hochtechnologistischer oder ökototalitärer Ungeist. Der deutsche Idealismus fiel zusammen mit den biblischen Schriften. Ein Paradies aus der Erde machte entweder Gott oder der Mensch, und nur Menschenverstand, der Gottes Gedanken versteht, ist gesund : Begriff statt Eingriff, Einsicht ohne Einsatz. Natura paucis contenta duce utendum est. »Mit dem Genius steht die Natur in ewigem Bunde; Was der eine verspricht, leistet die andere gewiß.« *(Friedrich Schiller)*

Eine Revolte der Sklaven im Namen Gottes war nicht immer eine soziale Revolution und eine Konterrevolution oft nur ein Putsch im Namen desselben Gottes, aber eine Rebellion ohne Gott war immer eine Konterrevolution. Ohne Gottes Hilfe geht es um Gottes willen so wenig wie ohne mein eigenes Werk. Heuchler sind es allemal, die sich zu stören vorgeben an dem Ausdruck »HErrn«, als würde der Sklave damit nur vom Regen in die Traufe kommen und einen kleinen Herrn hienieden gegen einen übermächtigen Tyrannen hoch droben eintauschen. Entweder wird argumentiert, der Gott der Ohnmächtigen sei ein nur ohnmächtiger Gott, der ihnen nicht helfen könne, oder er sei mächtiger als die Herren der Welt und für die Knechte noch weniger leicht abzuschütteln als sie selbst. Der ohnmächtige könne ihnen nicht helfen und ein allmächtiger HErr könne nicht wollen. Wenn sie schon eine HErrlichkeit über sich brauchen, seien die Herren der Erde das kleinere Übel und ihr Joch wie eine Befreiung vom Joch des Herrn der Welt. So versuchen sich die Aristokraten der Erde mit dem Volk zu verbünden gegen dessen Bund mit dem Autokraten des Himmels, und ihre Demagogie geht gegen die göttliche Demokratie.

Das Ausland verdächtigt die klassische deutsche Kultur, weil es ihre Weltmeisterschaft kennt; die Deutschen verachten ihre Hochkultur, weil sie sich selber hassen.

Von Metaphysik zu Metasprache

Einer der erfolgreichsten Versuche, Freuds Psychoanalyse wenn nicht als schädlich, so doch wenigstens als überteuert und überflüssig zu erweisen, ist nicht nur die *Analytische Psychologie* des Renegaten Jung, die „Individualpsychologie" des Apostaten Adler, die behavioristische Verhaltenstherapie oder eine der sektiererisch auftrumpfenden *humanistischen, kritischen, emotiven, kognitiven, integralen* und *patientenzentrierten* Verbesserungen der Freudschen Orthodoxie, sondern auch die aus der Kommunikationstheorie abgeleitete Behandlungsform. Ist die Revolte gegen Freuds Revolte nun eine weiterführende Revolution oder nur synthetische Negation der Negation, welche die Konventionen doppelt bestätigt?

Einem breiteren gebildeten Publikum sind die bahnbrechenden Forschungsarbeiten von Bateson, Ruesch, Weakland, Wynne, Searle e. a. bekannt geworden durch die klar und witzig geschriebenen Bücher des Austroamerikaners Paul Watzlawick von Palo Alto. Die Aufmerksamkeit wird weggelenkt vom Inhalt der >Interaktionen< und unbewußten Phantasien auf die jeweilige psycho-logische „Ebene der Kommunikation" bzw. ihrer pathogenen Verwechslungen. Vermutlich gebührt Gregory Bateson der Ruhm, als erster die von Russell und Whitehead 1912 in ihren »Principia mathematica« formulierten logischen Relationen auf tief gestörte menschliche Beziehungen übertragen und angewandt zu haben. Es entstand langsam so etwas wie eine mathematische Logik der Schizophrenie, und das ist umso weniger erstaunlich, als Schizophrenie, wie gelegentlich notiert wurde, ohnehin eine gewisse innere Affinität zur Mathematik hat, also zur weltflüchtigen Wegformalisierung der affektiven Probleme. Die Relationenlogik avancierte zur Psycho-Logik aller psychiatrischen Fehlformen menschlicher Beziehungen, und die Zuständigkeit der formalen Logik für seelische Zustände wurde eine auch dem Normalverhalten jederzeit drohende Möglichkeit. Die Grundlagenkrise wurde von der Mathematik auf die Anthropologie übertragen. Nachdem die „Bewußtseinsspaltung“ der Mathematiker durch Lord Russells >Typentheorie< geheilt war, konnte umgekehrt die Logistik der Schizophrenie entwickelt werden und die Mathematik auch in die Psychiatrie Einzug halten. Die Therapie der Schizophrenie mutierte zur Schizophrenie der Therapie. Irre wurden zur Vernunft gebracht, indem ihr permanenter Verstoß gegen die Regeln klassischer Vernunft als Anwendungsform eines neuartigen Rationalitätstyps interpretiert wurde. Diese Psychiater der Mathematik und Mathematiker der Psychiatrie hinderten ihre Schizophrenen daran, das zu tun, woran Russell die Mathematiker gehindert hatte: die Zeichen für die Dinge selbst zu nehmen und die Wirklichkeit mit der Sprache zu verwechseln, in der wir uns über sie verständigen. Die uralte Unterscheidung von Sein und Bewußtsein, Sache und Sprache, Wort und Welt, Natur und Geist war unter neuem Etikett wieder gesellschaftsfähig geworden. Sie durfte sich wieder hervorwagen, wenn sie auf ihr traditionell metaphysisches Gewand verzichtete und nur noch ein Spezialfall der »Diskriminierung disparater logischer Kommunikationsebenen« war. Danach ist der Schizophrene ein Mensch, der diskriminiert wird, weil er an und unter einer gewissen Unfähigkeit zu dieser Art von Diskriminierung leidet. Er will und kann nicht unterscheiden zwischen einer gehörten Stimme und Gegenstimme, weil er in jedem Fall sich bestraft sieht, ob er nun der einen oder der anderen folgt. Also versucht er, beiden gleichzeitig zu folgen, indem er keiner folgt, und umgekehrt. Er verwechselt weder Dinge noch Worte, aber nimmt gern die Rede schon für die Sache selbst, weil er diese nicht fühlt. Er glaubt, schon die Dinge im Griff zu haben, wenn er sich an der Sprache abarbeitet, und wenn er die Welt verändern will, begnügt der Ohnmächtige sich mit der Rebellion gegen die Grammatik.

Daß wir die Allgemeinbegriffe nicht für die handgreiflich konkreten Dinge halten und nehmen sollen, heißt jetzt präziser und allgemeiner, daß keine logische Klasse ein Element ihrer selbst ist und alle Elemente schon vorliegen müssen, bevor ihre Klasse gebildet wird. Kein Urteil über Gegenstände kann sein eigener Gegenstand oder Wahrheitswert sein, und kein Objekt ist eine Aussage über sich selbst und seine Teile. Vielen, die die Tradition gar nicht mehr kennen, welche sie überwinden wollen, scheint entgangen zu sein, daß durch Russells typentheoretische Auflösung der >Paradoxien der materialen Implikation<, welche die Reflexionsstufen streng trennt, nur der alte und längst totgesagte Descartes unvermerkt durch die Hintertür wieder eingeschlichen ist. Gegenstände und geistige Urteile über sie und Schlüsse aus diesen Urteilen gehören zu verschiedenen logischen Typen, deren Vermischung zu Widersprüchen führt. Was hat Descartes anderes gesagt, als daß die res cogitans und res extensa durch den Abgrund einer (onto)logischen Metastufe voneinander getrennt und nur in diesem Sinne zwei nie zu vermischende Substanzen sind? Die cartesianische Substanzialisierung der Kommunikationsstufen führte zu einer Logifizierung der Substanzialitäten.

Ist die Typentheorie menschlicher Beziehungen eine verschämte Wiederauferstehung des zentralistischen Grand Siècle mit seiner pathologischen Geometrie der Passionen? Es ist, als hätten Angelsachsen Descartes mit zwei Jahrhunderten Verspätung endlich begriffen. John Locke hatte nur konkrete Individuen für real gehalten, nicht die Begriffe von ihnen. Das Mittelalter hielt umgekehrt ihre Begriffe für realer als die Dinge selbst, die sich in den göttlichen Urteilen über sie auflösten. Begriffsrealismus und Nominalismus waren Typen von Typentheorien, die die Meta-Struktur des Logos zur Metaphysik machten. Physis und Meta-Physis waren nun logisch wie ontologisch auseinander verbannt, das Mittelalter kannte den in Meta-Kreisen von Gottes Wort gestuften Kosmos. Die alte Meta-Physik unterscheidet sich von moderner Metakommunikationstheorie darin, daß sie jede Rede über einen Gegenstand sofort wieder zu einem Gegenstand zweiter Ordnung platonistisch hypostasiert und umgekehrt jedes Objekt zu einer verdinglichten Form des Urteils über elementarere Bestandteile geringerer Ordnungsstufe machte. Die Kommunikation zwischen den Ordo-Stufen war geregelt durch die communio divina und den ordo amoris der *analogia entis*. Der Cartesianismus greift sich aus dem vielschichtig differenzierten mittelalterlichen Kosmos nur die Differenz zwischen objektivem Ding und subjektivem Urteil heraus.

Auf den ersten Blick sind die vehementen Angriffe der Kommunikationstherapeuten auf Freud nur wenig plausibel. Sie monieren weniger, daß die Psychoanalyse nicht wahr sei, als daß sie nicht helfe. Nun hat Freud, wie man sich erinnern mag, selbst nichts anderes gesagt, als er resigniert feststellte, Psychotiker seien für eine Analyse kontraindiziert, da sie den zum therapeutischen Arbeitsbündnis und zur Einhaltung der Grundregeln nötigen Ichstärke-Rest per definitionem nicht aufbringen. Oft breche die Psychose gerade aus durch Therapierung einer sie maskierenden Neurose. Das primärprozeßhafte Denken von Psychotikern, die er zu narzißtisch fand, machte ihn ungeduldig.

Die primärnarzißtische Unterwelt lockte ihn wenig; auch bei vergleichsweise Gesunden mokierte er sich über die Neigung zum »oceanischen Gefühl« und zog es mit Schiller vor, »zu atmen im rosigen Lichte« des klaren Bewußtseins. Die Fähigkeit, aus diesen Untiefen aufzutauchen, war ihm wichtiger als die Fähigkeit, in sie hinabzutauchen. »Wo Es war, soll Ich werden.« Patienten, die es nicht einmal zu einem Ödipuskomplex brachten, waren ihm unsympathisch, er traute nicht ihrer Kulturfähigkeit und ihrem Willen, wenigstens Neurotiker zu werden. Die Psychoanalyse war ihm zu schade für Leute, die zu viel Krankheitsgewinn einstrichen durch den Genuß einer infantilen Welt raumzeitloser Akausalität, in der alle schmerzlichen Gegensätze samt Realitätsprüfung einfach aufgehoben sind. Um den Preis, »dem Gold der Analyse etwas Kupfer beizumengen« und das klassische asketische Setting durch Bemutterungen etwas aufzuweichen, trauten dafür geeignete Analytiker sich später auch an Psychosen heran. Die Batesons und Watzlawicks versprachen jedoch, ihre erfolgreichen »paradoxen Interventionen«, Psychotikern Angst gegen Angst zu verschreiben, würden kürzer werden als die erfolglosen Psychoanalyse von Neurotikern, wenn keine latenten Gedanken hinter manifesten Symptomen mehr gesucht würden. Freudianer seien von gestern, weil sie im Vorgestern wühlten. Um die anstrengende Beschäftigung mit der unbewußten Kindheitsgeschichte kamen nun zusammen mit den Patienten vor allem die Therapeuten selbst herum. Sie wollten endlich zur Sache selbst kommen, indem sie nicht länger nach der Ur-Sache fragten. Auch die Psychoanalyse hat eine Theorie der Psychosen, und diese Theorie gipfelt darin, daß diese nicht in die analytische Praxis gehören. Freud empfahl stillschweigende Arbeitsteilung : Neurosen den Analytikern, Psychosen allen anderen. Seither hören diese anderen nicht auf, die Psychoanalyse zu psychoanalysieren und sich selbst jene Gesundheit zu attestieren, die Freud erst herstellen wollte. Die Batesons und Watzlawicks diagnostizierten sehr klar die Unfähigkeit ihrer Patienten, nicht durch quantitatives »Immermehr vom Gleichen«, sondern durch einen qualitativen Sprung auf nächsthöhere Meta-Ebenen selbstreflexiv herauszufinden aus Situationen, die widersprüchliche Appelle an sie richten. Aber es will ihnen offenbar bis heute nicht in den Kopf, daß diese Unfähigkeit der Patienten etwas zu tun haben könnte mit ihrer von Freud beschriebenen Impotenz, durch einen psychosexuellen Entwicklungssprung die sogenannte >prä-ödipale< Ebene der Kommunikation mit den Ur-Gesprächspartnern, den Elternfiguren, zu transzendieren. Normalerweise löst Otto Normalverbraucher seine »double-binds« dadurch, daß er sich erst einmal einen handfesten Ödipuskomplex einhandelt, den es aufzulassen gilt, um erwachsen zu werden. Er löst seine »schizophrenogenen double-binds«, indem er seine notwendig ambivalente Urbindung an Mama löst, und die löst er nach probatem Kulturmuster, indem er erst wie sein Vater zu werden verspricht, wenn es ein Junge ist, und diesen Vater mehr zu lieben verspricht als Mama, wenn es ein Mädchen ist. Auf der Suche nach den Ursachen der Schizophrenie muß niemand Zuflucht suchen bei einer armen »schizophrenogenen Mutter«, die ihr Kind verrückt macht, indem ihre bewußten Signale ihre unbewußten Signale permanent dementieren, sondern jeder muß sich nur erinnern, daß die Urbindung von Mutter und Kind zur Kette auswegloser double-binds wird, wenn das Kind sich nicht eines schönen Tages aus diesen zu Stricken werdenden Banden löst durch das, was einmal >Prinzip Vater< war, bevor die »vaterlose Gesellschaft« triumphierte. Der Schizo hat keine schizophrenogene Mutter, die zugleich klammert und ablehnt, sondern das Prinzip Mutter ohne und gegen das Prinzip Vater wirkt auf jedes Kind potentiell schizophrenogen. Weltkriege sind weltweite Kreuzzüge zur Ausrottung der Väter und des Prinzips Vater, keine Veranstaltung von Patriarchen. Wenn alle Veränderung innerhalb der Beziehung von Mutter und Kind, der psychologischen Ebene erster Ordnung, keine Lösung der Probleme und keine Ablösung voneinander bringt, besteht die fällige Therapie allerdings nur in einem Qualitätssprung auf die Beziehungsebene zweiter Ordnung, welche erst durch den väterlichen Dritten im Bunde entsteht, der die exklusive Zweierbindung relativiert. Der rettende Sprung auf die Meta-Ebene ist ursprünglich ein seelischer Ei-Sprung in Freuds Metapsychologie von Ich, Es und Über-Ich. Dieser Vater ist meine geistige Hebamme, erst der Vater, den ich habe, und dann der Vater, der ich bin.

Der richtige Satz, den ich sage, ist ein Satz von der Art eines Sprunges heraus aus dem mater-iellen Ursprung, dem ich entspringe : das Urteil über die Ur-Teilung von Mutter und Kind. Der double-bind entsteht, wenn der Ödipuskomplex mit ungeeignet ante-ödipalen oder gar anti-ödipalen Mitteln gelöst werden soll, wenn Mama ihren Mann zu ihrem

Kind macht oder ihr Kind zu ihrem Ehemann oder Gattenmörder. Die Gegensätze auf einer Ebene werden dann aus dieser Ebene verschoben auf den Gegensatz zwischen Ebene und Meta-Ebene.

Der Dritte im Bunde von Mutter und Kind löst ihren Ur-double-bind nicht, weil er der Vater ist, sondern ist umgekehrt Vater, wenn er ihn zu lösen vermag, ohne die Familienbande zu lösen, sondern sie erst zu schaffen. Die erste Aussage jedes Menschenkindes ist sein Ur-Teil über sein mütterliches Urobjekt; das Prinzip Vater ist die metaphysische Bedingung der Möglichkeit eines Urteils über dieses Urteil. Der Junge >erledigt< seinen Vater, indem er (wie sein) Vater wird, und vereinigt sich mit einer Frau, indem er sich von Mamas Rockzipfel zu lösen getraut : Die Auflösung des Ödipuskomplexes ist die Urlösung >zweiter Ordnung< und das Urbild aller späteren Metakommunikationsfähigkeit. Die Kompetenz, Interaktionsebenen zu unterscheiden, hängt eng zusammen mit der lebensgeschichtlich zu erwerbenden Potenz des Kindes, zwischen sich und seiner Mutter zu unterscheiden und zwischen dem Vater und der Mutter(kindeinheit). Es rächt sich, daß die Watzlawicks die formalisierten Beziehungsstrukturen abschneiden von diesen oft unbewußten Inhalten, die ihnen doch erst Sinn und Leben geben. Am Ende ist der Metaformalismus der Kommunikationstheorie genau die Schizophrenie selbst, deren Therapie sie sein will. Batesons »Ökologie des Geistes« ist völlig geistlos und unökonomisch. Sie ist eine >Systemtheorie<, nach der der Einzelne sich selbst nicht mehr behaupten dürfe gegen das große Ganze, das seine Selbsterhaltung doch erst ermögliche. Ich müsse das Ganze erhalten, um mich in ihm erhalten zu können. »Nur wer sich isoliert, geht nicht unter«, wissen dagegen die Chaosforscher wie Gerd Binnig. Morris Berman: »Die Wiederverzauberung der Welt. Am Ende des Newtonschen Zeitalters« (1981, dt.: Hamburg 1985). »Der bewußte Geist, oder das Selbst, ist ein Kreisbogen in einem größeren Regelkreis.« (S. 269) »Holismus könnte somit zur wirkenden Kraft der Tyrannei werden, im Namen des Geistes« (325). »In diesem Begriffsschema gibt es keine Transzendenz; es ist kein Gott im normalen Sinne des Begriffs vorhanden.« (158) Totalitaristen »benutzen einen Jargon, der auf schaurige Weise an Batesons Holismus erinnert« (322). Russell schrieb in seiner »Autobiographie«, daß er seine Typentheorie »als Beitrag betrachtete zur Erhaltung britischer Hegemonie ... Logisches Typisieren reflektiert und impliziert eine oben-unten-Attitüde zur Macht, obwohl diese Haltung in der sozialen Analyse verschwiegen wird, die auf der Theorie der logischen Typen basiert ... eine Theorie hierarchischer Beziehungen« (314). »Es besteht die Möglichkeit, wie Bly meint, daß *hinter des Vaters Schleier* eine noch leuchtendere Kultur liegt, eine, die wärmt und umsorgt, statt zu verbrennen und zu zerstückeln.« (207) »Das Ende der Entfremdung liegt möglicherweise nicht in einer Reform des Ich oder in seiner Ergänzung durch Primärprozeß, sondern in seiner Abschaffung«, (332) wo »es nicht nur um die Entwicklung einer neuen Gesellschaft geht, sondern um eine neue Spezies, einen neuen Typ Mensch«. Menschenzüchtung statt Sozialrevolution, das wollte schon Herbert Marcuse. Sinnvolle Glieder wollen die meisten Menschen schon sein, aber nicht in einem Sozialsystem des Bienenstocks, sondern höchstens im Sonnensystem. Nachdem alle peinlichen Erinnerungen an etwas so Konkretes wie Männer und Frauen daraus verdrängt sind, darf geraunt werden vom TAO des YIN und YANG.

Der Mensch ist zu heil und nicht zu zerrissen, er ist zu einfach statt zu komplex. Wo Klassenkampf nötig wäre, herrscht fauler Arbeitsfriede, aber wo es sinnvoll wäre, Ein Fleisch zu werden und seine bessere Hälfte im anderen Geschlecht zu finden, herrscht Geschlechterkrieg, um den weiter notwendigen Kalten und Heiligen Krieg zu hintertreiben. Um bewegende Widersprüche freizulassen, sind weniger Systeme als Eihüllen aufzubrechen.

Aller Ruf nach Ganzheit, ob nun organisch oder organisatorisch gedacht, ist heute totalitär. Wer auf der Suche nach der verlorenen Ganzheit ist, wem schon die cartesianische Subjekt-Objekt-Spaltung zu weit geht, wem schon Differenzierungen zu viel Differenzen bedeuten, der will zurück in die alte heile Mutterkindsymbiose und muß bei Adorno lesen:
»Das Ganze ist das Unwahre.«

Alles, was an den neuen Ganzheitsideologien mehr und anders sein soll als der alte Totalitarismus, beweist allerdings gerade seine Einheit mit ihm. Der cartesianische Gegensatz von Subjekt und Objekt solle aufgehoben werden durch einen Übergang zu »Lösungen zweiter Ordnung«. Morris Berman will nicht vom Regen des cartesianischen Rationalismus in die Totalitarismus-Traufe C. G. Jungs kommen. Eine Alternative zur falschen Alternative von Descartes und Jung glaubt er, in der Geistesökologie von Gregory Bateson gefunden zu haben. In der modernen Naturwissenschaft dieses Industriezeitalters sieht er die Spaltungen kosmischer Ganzheit in tote Objekte und kalt registrierende Subjekte herrschen.

Berman will wie Bateson die Nabelschnur zwischen Ego und Alter Ego nicht durchschneiden, sondern beide als Pole eines übergreifenden Ganzem gewahrt wissen, das kosmisch projizierte Edelkollektiv, in dem die alte Mutterkind-Symbiose weiterlebt. An C. G. Jung stören ihn weniger die regressiven Ziele als die irrationalen Mittel. Er will dasselbe wie die Jung-Jünger, aber nicht gar so blutnächtlich verzopft, sondern kybernetisch rationalisiert; der Pferdefuß ist mikroelektronisch drapiert. Es geht darum, die Abnabelung und Entwöhnung des Subjekts vom Subjekt-Objekt rückgängig zu machen. Die Trennung von Sein und Bewußtsein wird verschoben auf die Trennung von Kommunikationsebenen. Unterschieden wird nicht mehr zwischen Ich und Nicht-Ich, sondern zwischen den Stufen ihrer Ganzheit und Scheidung. Die Ganzheit ist da ein kybernetischer Regelkreis, in dem individuelle Störungen abgefangen und homöostatisch re-integriert werden. Diese Methode ist nicht weniger mechanistisch als beim perhorreszierten Descartes. Keiner will das Kind, das er bleiben will, mit dem Stahlbad ausschütten. Die Infantilität spielt sich als die Reife auf, die sie hintertreibt. Freud wird unmöglich gemacht als Mann der patriarchalischen Repression, im Namen einer Regression, die sich als ihr eigenes Gegenteil auf den Markt wirft in einer geistigen Mogelpackung. Das Gesetz Gottes ist das Gesetz *zweiter Ordnung,* die sich aus der in sich widersprüchlichen Mutterkind-Symbiose herausentwickelt, das Gesetz des Sündenfalls aus dem Paradies des Goldenen Zeitalters im Mutterleib der Natur, in dem wir ersticken, wenn wir nicht endlich geboren werden. Russells Formalismus ist so wertneutral wie jeder andere. Berman glaubt, den Totalitarismusverdacht zerstreut zu haben, wenn er C.G. Jung opfert und Batesons Geistesökologie vor dessen eigenen Anhängern zu Recht in Schutz nimmt. Aber er erweist Russell einen Bärendienst, wenn er ihn in den Dienst eines subtileren Ökototalitarismus neuer Weltwiederverzauberer und generalisierter Alchemisten stellt.

Geistesökologie will die materielle Ökonomie nicht revolutionieren, sondern als längst revolutioniert erscheinen lassen. Was Berman in Batesons Holismus an antitotalitären Sicherheitsventilen einbaut, ist entweder falsches Etikett oder gehört selbst zum totalitären Waffenarsenal. Dieser neue Egalitarismus ist selber jene gleichschaltende Homogenisierung, die wir angeblich nur dem biblischen Monotheismus verdanken. Die relationalen und dezentralen Computer-Netzwerke sind gegen diesen monotheistischen Universalismus und Individualismus gerichtet; der alte Ungeist nennt sich immer neuer Geist.

Der Einzelne ist so frei, am verordneten Allgemeinwohl zu verzweifeln, am konsumistischen *Glück der großen Zahl* (Bentham, Stuart Mill). Wenn Erkenntnis so viel ist wie Erfahrung des Allgemeingültigen, planbar Immergleichen, und Erfahrung umgekehrt Erkenntnis des unverwechselbar Besonderen meint, dann wird Individualität nur noch fühlbar in Leid, Schmerz, Unglück, Schrei, Rausch, Blut, Schweiß und Tränen. Einsamkeit macht unglücklich, Unglück vereinsamt und vereinzelt. Seit Aristoteles war die materielle Körperlichkeit, die physische Existenz das Individuationsprinzip schlechthin. Alles Seelische und Geistige habe ich mit anderen Exemplaren meiner Spezies gemein, mein Leib allein gehört mir und nur mir, raumzeitlich eindeutig identifizierbar. Und da mein Körper sich mir nur ausdrücklich aufdrängt, wo er nicht so richtig funktioniert, in Schmerz und Unwohlsein, wird die Negativität seiner Erfahrung zum Erlebnis meiner Einzigartigkeit. Die griechischen Worte für unkörperlichen Geist und körperlichen Schmerz, Logos und Algos, bedeuten etwa das gleiche : Sammlung, Zusammenfassung. Der Logos faßt die vielen Einzelnen zum einen Allgemeinen zusammen, jeder Schmerz die vielen allgemeinen Bestimmungen zur komplexen Besonderheit des Einzelnen in seiner unbezüglichen Isolation. Folgerichtig wird der Wahrheitswert irrationaler *Grenzsituationen* (Jaspers) wieder gesucht von dem neuen sensibel ami, das „Unversicherbare“ (Nossack), welches durch das soziale Netz fällt, das einsame Entsetzen jenseits aller kommunikativen Sätze, Selbstvergewisserung durch physische Selbstbeschädigung, der begrifflose somatische Reflex statt Reflexion. Das modische Interesse an Ethnologie sucht wieder den edlen Wilden in seiner vermeintlichen Ursprungsnähe, ein ebenso modisches Interesse an Psychoanalyse (statt vormals Soziologie) meint wohl eher Jung als Freud: Wo Ich war, soll wieder Es werden, Urweltraunen und Blutnacht statt seelenlosem Intellekt. Das Unbewußte macht so schön bewußtlos. Aber dieser vermeintliche Individualismus auf paranoischer Flucht vor Allgemeinbegriffen ist sein eigenes Gegenteil: Jeder der kleinen Narzisse ist so groß wie der ganze Kosmos, unfähig, die individualisierende Trenngrenze zum alter ego zu ertragen. Begriffe vergleichen Verschiedenes auf Gemeinsamkeiten hin, was die narzißtische Einzigartigkeit nur empfindlich lädieren könnte. Also gar nicht erst ein unterscheidbares, ein identifizierbares Individuum sein wollen: das begrifflich Allgemeine wird durch halluzinatorische Einheit mit dem All ersetzt. Bin ich mir Ein und Alles, ist die Andersheit des anderen beseitigt. Vielheit ist geduldet, wenn sie sich nur nicht zur Einheit eines Individuums konstelliert, zum Charakter. Es schillern die Partialtriebe, die sich an Partialobjekte heften, nicht mehr an einzelne Menschen als solche. Sehen, Riechen, Hören, Schmecken, Tasten, ja, und zwar Häute, Formen, Strukturen, Verkettungen, *Rhizome* usw. : wenn es nur nicht Bestandteile sozial signifikanter Figuren sind, durch sie hindurch nur kein besonderer ganzer Mensch berührt werden muß und ernst genommen werden müßte. Eine Oberflächenstruktur wird begehrt, zum Objekt einer „Wunschmaschine" gemacht, um nicht etwa als Hauttextur eines Menschen aufgefaßt werden zu müssen. Ich hätte ja durch die gestreichelte Epidermis hindurch wieder ein alter ego anerkannt und wäre unliebsam an die Tatsache erinnert worden, gar keine „Wunschproduktion" zu sein, sondern ein wünschendes Individuum, ein besonderes Allgemeines, ein lebender Geist. Diese anonym unödipalisierten großen >Wunschströme< wollen fließen und nicht sistiert werden, egal durch wen oder was.

Foucault läutete bereits das >deleuzianische Zeitalter< von Nietzsches „Fröhlicher Wissenschaft" ein (»Dispositive der Macht«, Berlin 1978). Der *Anti-Ödipus* wirkt wie ein Antidepressivum, denn der >Abschied von den Eltern< ist unnötig, wenn ich nie an ihnen gehangen habe, wenn ich mich weigere, meine anarchistischen >Wunschströme< von der großen, weiten Welt weg ins dumpfenge Bett Mamas schleusen zu lassen, wo sie auf den stärkeren Wunschstrom Papas treffen müssen und ich in die ödipale Falle gehe, die mich zeitlebens ausbeutbar mache. Deleuze-Schüler Theweleit empfiehlt in seinen »Männerphantasien« immer wieder, nicht Papi bei Mami ausstechen, also die Frauen der Anführer verführen zu wollen, sondern sich auf die Eroberung der politischen und ökonomischen Macht zu konzentrieren. Hinter der Neugier auf Frau Welt verberge sich nicht der Ruf nach der Mami, sondern umgekehrt sei nicht erst die

Angst vor Papi, nein, schon der Wunsch auf die Mami Ergebnis repressiver Ablenkung von ursprünglicheren Wunschobjekten der außerfamiliären Welt.

Angeblich zwingt der Hochkapitalismus mich durch kleinfamiliale Sozialisation, Mami zu begehren, um mich von wertvolleren Schätzen abzudrängen. So lasse ich mir weniger durch mater-iellen Konsum den Mutterinzestwunsch abkaufen als vielmehr umgekehrt den Duft der großen weiten Welt verdrängen durch Abfindung mit der überdies noch vergebenen Mami, diesem Blitzableiter gefährlicherer Begierden. Also genüge es, sich zu weigern, in dieser >Fickmaschine< die Vagina einer Frau und damit in dieser Frau eventuell die verbotene Gattin eines Vaters zu sehen, also zu fürchten, um seine Wünsche sich straffrei angstlos erfüllen zu können wie der Säugling. Der Mensch bestehe aus Teilen, die nicht schon selbst ganze Menschen sind, sondern biophysische Apparate, an die ich nicht mich, sondern ebenso neurochemische, also humanneutrale Mechanik anschließe, um Ödipus zu vermeiden, die ganze Plackerei für Substitute der Urobjekte. Der Anti-Ödipus, neues altes Idol der westlichen Welt, findet das Urobjekt, das Original aller Kopien, im prähumanen Partialobjekt für prähumane Partialtriebe. Dieser Saugapparat weigert sich, Mund eines Säuglings zu sein und in dieser lebenden Milchpumpe die Brust einer Mutter zu sehen, um der Gefahr zu entgehen, entwöhnt zu werden. Um nicht der Autonomie des anderen zu begegnen, leugne ich meine eigene, ich mache mich zu einem Wunsch und den anderen zu einem potentiellen Objekt oder Hindernis dieser *Wunschproduktion*, mich also zu einem potentiellen Objekt seiner Wunschmaschine. Ein präsubjektives >Begehren nach dem Begehren des anderen< *(Lacan)* verleugnet jede menschliche Bedeutung des Wunsches aus Angst vor konfliktuösen Verbindlichkeiten. Auf der Flucht vor der ödipalen bringe ich es da nicht einmal zu einer prä-ödipalen Mutterbindung. Melanie Klein hatte gezeigt, daß der Säugling in der sogenannten paranoid-schizoidalen Phase seiner Entwicklung diese Milchsaugpumpe, an die er sich reflexhaft koppelt, noch gar nicht als Brust der Mutter (an)erkennen kann, er nimmt den Teil fürs Ganze, die Mutter ist ihre Brust, die Milchpumpe ist die ganze Umweltmutter. Wer willentlich auf diese Stufe regrediert, will der drohenden Entwöhnung oder später ödipalen Bedeutung mütterlicher Versorgung zuvorkommend entwischen, um sich die infantilen Paradieseswonnen phantasmagorisch zu konservieren bei voller Leugnung des peinlichen Tatbestandes solcher Regression, die ideologisch zum Progressiven umgefälscht werden muß, um sozial akzeptabel zu bleiben.

Der „Anti-Ödipus“ ist als bloßer Ante-Ödipus genau dieses Verkaufen einer bloßen Rationalisierung von Regression als progressivste Ratio.

Über die Natur (hinaus)

Es gibt Betäubungsgifte gegen Leidensmassive. In einem frühen Aufsatz über seinen Zunftkollegen Proust pries Samuel Beckett die antidepressive Wirkung der Gewohnheiten, und wer die Gewohnheitstiere mit der ländlichen Abgeschiedenheit eines friedlichen Naturlebens in seliger Armut assoziiert, ist bei der »Idylle«. Das Idyll ist giftig, das falsche Bewußtsein in Reinkultur und Permanenz. Wo jedermann sich und anderen den Traum vom Idyll schamhaft verbietet, muß es verdienstvoll sein, die Entlarver der *heilen Welt* zu entlarven und sich probeweise einmal die verpönte rosa Brille auf die Nase zu setzen mit Blick auf die roten Höllenflammen der Welt.

Es gibt kein richtiges Leben im falschen, sagt jeder mit Adorno, aber muß man reicher Erbe wie Schopenhauer sein, um sich eine „feuerfeste Kammer in der Hölle“ bauen zu wollen? Das Modell ungestörter Genußfähigkeit ist das Schwelgen in Musik, um das Schreien der Folteropfer zu übertönen, heißt es. Wer den Tanz auf Leichenbergen verdammt, steht moralisch hochgerüstet da, aber wer den Einzelnen aus der familiären Widerstandsnestwärme seines Heimes hinaus auf die Straße und in die Parteien treibt, will ihn durch totale Vergesellschaftung im Namen der Freiheit eher schwächen als stärken. Es gibt eine idyllische Bekämpfung der Idylle durch jene, die auch anderen keine Naturtalente gönnen, die sie selbst nicht mehr haben.

Es gibt hartherzige Schönfärberei aus Schwäche, die Wahrheit zu ertragen, und den Unwillen, sich seine selige Insel inmitten eines Meers von Elend vermiesen zu lassen. Mancher will den Abgrund nicht sehen, den die Idylle verstellt, aber wer sich inmitten von >Blut, Schweiß und Tränen< jedes Schwafeln vom Wahren, Guten und Schönen um der Opfer willen versagt, paßt oft nur seine Lumpereien an die Lumpenwelt an und protzt damit, er dünke sich nicht besser als die Halunken um ihn herum. Wer ein besserer Mensch erst werden zu können verspricht, wenn die ganze Welt verbessert sein wird, der will nur mitschwimmen im Strom, koste es, was es wolle.

Eine Idylle ist zu schön, um wahr zu sein, oder zu wahr, um schön sein zu können. Aber jede Kultur ist eine Idylle inmitten der Hölle, die sich für den Himmel ausgibt, und die Denunzianten der Idylle sind oft bloße Kulturbanausen. Die moderne Moral besteht im Vorwand, der versucherischen Sehnsucht nach Kultur nicht nachzugeben, um die Opfer von heute und die bessere Möglichkeit von übermorgen nicht an die Henker zu verraten. Idyllik sei geschminkte Fäulnis, ein Leben im Stande der Unwahrhaftigkeit. Aber nur wer zu Hause eine Insel des Friedens und Vertrauens, der Großherzigkeit und Wärme hat, kann dem Fürsten der Welt standhalten wollen. Wer mit seiner häuslichen Misere zu Hause ist in einer anti-idyllischen Welt und sich im Elend der Welt häuslich einrichtet, ist überangepaßt und wartet auf St. Nimmerlein. Auch die Schreibmaschinengewehrnestwärme des Intellektuellen stammt aus der Widerstandsnestwärme seiner vier Wände, wenn sie nicht Ressentiment ist, das an anderen die selbst nicht mehr aufgebrachte Fähigkeit geißelt, so zart und gut zu den Seinen schon heute zu sein, wie einst jeder zu jedem anderen sein können soll, ohne daran selbst zugrunde zu gehen.

Schwerlich genügt es schon, mit Proust sich eine Erinnerung zu bewahren an das Glück der Geborgenheit aus früher Kindheit, wenn nicht ein Stück dieser Erinnerung aufbewahrt ist in der realen Geistesgegenwart idyllischer Intimität und Zärtlichkeit. Nicht der Glückliche ist gegen den Rest der Welt verhärtet bis hin zum sturen Selbsterhaltungsbetrieb, sondern im Gegenteil der im Elend pathetisch verbitterte Sentimentale. Die Widerstandskraft ist oft allein bei denen, die sie schon fast nicht mehr nötig haben. Wo jeder die Rechte der Natur einklagt, muß es verdienstvoll sein, einmal probeweise als Advokat des Teufels diese Rabenmutter Natur auf die Anklagebank zu laden. Gemeint ist die grüne Natur, also Feld und Flur, Hain und Rain. Nicht die Natur selbst natürlich, aber die so verdächtig häufige Berufung auf sie und auf ihre von industrieller Schändung bedrohte Jungfräulichkeit dürfte ein einziges Ablenkungsmanöver sein von der menschlichen Natur derer, die die Erde für die Gesellschaft bearbeiten müssen. Vielleicht ist weder erstrebenswert, was an postmoderner Naturbeherrschung grassiert, noch was an vorindustrieller Ideologie dagegen aufgeboten wird, aber was ist die Alternative zur falschen Alternative von technologischer Artifizialität und körnerfressender Bestialität zwischen Descartes und Rousseau? Gegen die Grausamkeit einer Unmenschenwelt wird die Güte der alten Großmutter Natur aufgefahren, wo doch fressendes Gefressenwerden gerade in dieser freien Natur zu Hause ist und vom Vorbild der Natur immer wieder auf die menschliche Gesellschaft übertragen wird. Kein Typ von Sozialutopie ist schließlich häufiger und hartnäckiger als der Bienenstock oder Ameisenhaufen, aber das Humane wächst nicht am besten auf Humusboden. Natur, das ist auch und vor allem der Überlebenskampf und organisierte Massenvernichtungskrieg von Viren, Keimen und Mikroben im menschlichen Organismus. Dürre oder Tsunami oder Erdbeben : Wo Gott hintritt, ist heiliger Boden.

Was an Mutter Natur so geliebt wird, wenn ihre Gesellschaft der menschlichen Gesellschaft vorgezogen wird, ist ihre Menschenleere. Allein zu sein mit friedlichen Steinen, Pflanzen und Tieren heißt, dem Menschen nicht zu begegnen, denn was diese misanthropischen Naturfreunde so fliehen, sind nicht die Unmenschen, die für sie gestorben sind, sondern die Mitmenschen, die ihnen zu lebendig sind. Wo Naturliebe eine Umschreibung für Menschenverachtung ist, ein allzu-menschliches Tarnkleid für jede Inhumanität, und Menschenscheu nur Angst vor dem Wunsch nach Menschenliebe verbirgt, da ist Tierliebe ein Menschenhaß, ohne daß Humanismus sich umgekehrt in Naturfurcht kleiden müßte. Naturkunde kann Furcht vor wirklicher Menschenkenntnis sein wie die Geisteswissenschaft der Unnaturforscher umgekehrt eine Flucht vor der naturwissenschaftlichen Sachlichkeit.

Nach Nietzsches großartiger Vermutung besteht die vielgepriesene Schönheit der Mutter Natur nur darin, ihren Menschenkindern nicht ins Wort zu fallen, ihnen schweigend zuzuhören, wo Mitmenschen einfach weghören, und sich deren Einfälle geduldig gefallen zu lassen. Natur ist die Leinwand, auf die sich jeder Film projizieren läßt. Mutter Natur hält still und stillt ihren Jünger an ihrem ewigen Busen. Sie widerspricht ihm nicht, widerlegt ihn nicht und ist der Spiegel aller im Leben der Erwachsenen nicht mehr geduldeten Phantasien infantiler Grandiosität. Die Gleichgültigkeit der Natur ist wie Toleranz, ein wohltuender Mangel an Neid und Rivalität.

Das ist etwas für Menschen, die nicht wissen, was sie mit Menschen anfangen sollen, ohne sie sich vom Leibe zu halten. Gesellschaft, was ist das anderes, als daß Leute einander nützlich oder wenigstens unschädlich werden, die einander zufällig nicht lieben, oder daß Leute einander nicht erschlagen, die weder blutsverwandt noch interessenliiert sind. Im zeremoniösen Austausch von Produkten und Diensten nach gewissen Wechselkursen an der Kulturbörse liegt eine gewisse Versachlichung der Beziehungen von Menschen, die nichts sonst verbindet. Wer zum Markt nichts mehr beizutragen hat, kann sich nur noch lieben lassen um seiner selbst willen, für sein nacktes unnützes Dasein, und wird gerade deshalb selten auf Gegenliebe treffen. Wer etwas auf den Markt zu werfen hat, glaubt sich auf bedingungslose Liebe weniger angewiesen. Der sentimentale Engel vor einem Zurück zur wohlverstandenen Natur heißt in Europa Rousseau, der weder edel noch wild war.

Muß es zur naturwissenschaftlich geprägten Gesellschaft eine kosmische Entsprechung geben? Nichts Neues unter der Sonne, sagt man oft. Eben doch. Was z.B. die Sonne zum Scheinen bringt, wissen wir heute besser als die Leute vor 2000 Jahren. Die rechtsstaatliche Demokratie und die mathematische Naturwissenschaft sind Novitäten. Was in vielen Augen gegen die Naturwissenschaft spricht, daß sie nämlich das vermeintliche Wissen von heute Morgen schon als »Schnee von gestern« wegräumt, ist gerade ihr großer Vorzug und widerlegt sie nicht. Heute reden die so und morgen schon wieder ganz anders: Das spricht nicht gegen, sondern für die Wissenschaftler. Die Wahrheit über die von Menschen nicht verantwortete Natur ist eben im ersten Anlauf nicht zu haben. Selbst wenn hier und da ein Stück früheres

Wissen auch wieder verloren gegangen sein sollte, weiß die Naturwissenschaft heute mehr als früher. Sie ist eine permanente methodische Selbstkritik, real und rational begründbar, ein unabsehbarer Prozeß, und die exakteste aller Wissenschaften ist die mathematische Physik. Was sie über die Natur sagt, mag nicht alles sein, was sich triftig über die Natur sagen läßt, ist aber keine bloße Projektion und Konstruktion, auch und gerade wenn es übermorgen in Einzelheiten schon wieder ganz überholt sein sollte. Newton z. B. ist von Einstein nicht widerlegt worden, sondern Einstein hat die Reichweite und Grenzen des seit Newton Gewußten nur deutlicher markieren können; innerhalb dieser Grenzen bleibt Newtons Physik natürlich weiter gültig. Die mathematische Physik der Neuzeit ist eine der glänzendsten Großtaten des menschlichen Geistes. Wohlgemerkt sprechen wir jetzt von der reinen Theorie, vom zweckfreien Erkenntnisgewinn um seiner selbst willen, nicht von technisch-industriellen Anwendungen und Voraussetzungen. Ob der Preis dieses Wissens zu hoch ist und die Resultate dem menschlichen Zusammenleben mehr nützen als schaden, ist eine andere und ernste Frage. Wer nun sagt, daß diese Art von Erkenntnis uns zu teuer kommt und außerdem die berühmte Teflonbratpfanne nicht die fürchterlichen ABC-Waffen aufwiegt, ist plausibel, hat aber diesen Erkenntnisfortschritt deshalb noch nicht zum Erkenntnisrückschritt gemacht. Man kann fragen : Was interessiert mich die subatomare Feinstruktur der Materie, wenn ich materiell Not leide? Aber wer sich einmal dafür interessiert, kann nur die Physiker fragen. Auch wenn sie es noch immer nicht genau wissen, so weiß es doch niemand besser als sie. Diese Erkenntnisfortschritte sind oft auch Fortschritte am Zerstörungspotential oder sogar ohne alle »Praxisrelevanz«, aber deshalb nicht weniger tatsächlicher Zuwachs an Erkenntnisbegründung. Auch ohne alle praktischen Hintergedanken will eine theoretische Neugier befriedigt werden. Die Dinge sind letztlich nicht so, wie sie der unbefangenen Lebenserfahrung erscheinen, im Grunde ist alles ganz anders. Das Mittelalter nannte diese curiositas einfachhin vanitas. Vielleicht sind die Menschen ohne Gottes Hilfe überfordert, wenn es gilt, nicht alles zu tun, was technisch-wissenschaftlich möglich wäre, aber der großartige Erkenntnisfortschritt selbst ist anders wohl nicht zu haben. Gottes Schöpfung erscheint ja umso bewundernswerter, je weiter die Physiker vorankommen. Welche überwältigende Intelligenz und Eleganz zeigen die mathematischen Gleichungen, die die Gesetzmäßigkeiten schon der unbelebten Natur beschreiben. Den Laien interessiert vor allem und zu Recht, wieviel Steuergeld ihn diese »Grundlagenforschung« kostet und was er sich dafür letztlich einhandelt an technisch-industriellen Gütern. Aber wir sprechen hier nicht über ABC-Waffen, sondern man bezweifelt oft zu Unrecht die menschenmöglichste Objektivität dieses naturwissenschaftlichen Wissens. Reine Grundlagenforschung und höchsttechnische Anwendungen setzen einander voraus und treiben einander hervor. Grundlagenforschung heute setzt industrielle Technik voraus und bringt höhere Technik hervor. Sie ist kollektiv organisiert, und der einsame Forscher hat als Hieronymus im Gehäus kaum noch Chancen. Der Konflikt zwischen der Naturwissenschaft und dem unbefangenen Blick auf die kosmische Ordnung ist nur noch philosophisch zu thematisieren, doch Allgemeinbildung wäre unnatürlich ohne physikalische Theoriekenntnisse als Selbstzweck. Reine Theorie ist ihr eigener Nutzeffekt. »Alles ist gut, wie es aus den Händen des Schöpfers der Dinge hervorgeht, alles entartet unter den Händen des Menschen.« (Rousseau : „Emile", 1762) Im Kunstbegriff Natur, in der Kritik der reinen Praxis, mischen sich maschinenstürmerische Umweltschutzbehauptung, zivilisationsfeindlicher Irrationalismus und Virginitätsideale von Saubermännern. Dieser Hort des spontan Ursprünglichen, kernig Primitiven, sinnlich Konkreten und begriffsstutzig Unbewußten, agraridyllisch Autochthonen, ist Feind aller normativen Kraft von Artefakten. Für Kant war Natur nicht Kritik der reinen Vernunft, sondern nur durch Vernunft hindurch zugänglich, für Marx durch gesellschaftliche Arbeit. Heute ist sie veranstaltete Kontrastideologie zur naturwüchsigen Naturbeherrschung, mit sich vermittelt durch alle Un- und Widernatur. Was *physei* scheint, ist nur *thesei*, scheint es. Ist erst das ganz Geänderte das ganz Andere zu den Machenschaften? Somatische Naturimpulse treten auf allein in Geschichtsformen und diese nicht ohne sinnliches Substrat. Natur kennt allein Kausalursachen, ihre Zwecke steckten zuerst im Geist Gottes und dann im Menschenverstand. Behaviorismus ist eine Handlung mit dem Zweck, Zwecke aus Handlungen zu entfernen. Ist Natur ein Kunstprodukt Gottes und Technik die zweite Natur des Menschen? Will Natur, was ihr Schöpfer oder was ihr schöpferisches Geschöpf will? Muß die Kompensation menschlicher »Naturdefizite« Ackerbau- und Städtebaukultur sein oder nur Überbau? Der Menschenverstand kann Menschenwerk und -satzung nur mit Berufung auf Gottes Grundgesetz infrage stellen. Wer alles mit der Natur machen will, muß leugnen, daß sie etwas von sich aus will. Ist der Mensch von Natur aus frei *von* ihr oder *zum* mimetischen Naturgedenken? Ist sie das Maß des Handelns oder Handlung das Maß zielgerichteter Naturprozesse? Für Aristoteles ist der Mensch ein politisches Lebewesen, weil er als Naturwesen nur in der Polis leben kann, aber verlangt das Naturrecht mit Hobbes, Kant und Hegel gerade, diesen Naturzustand fressenden Gefressenwerdens zu verlassen?

Entfällt zielgerichtetes Handeln Gottes, sind Werte, Gefühle und objektive Tatsachen nur noch Zersetzungsprodukte der Naturzwecke. Gibt es Naturrecht ohne Naturzwänge, und ist die Ratio naturgemäß naturbeherrschend? Gibt es ohne Theologie eine Teleologie der Naturtriebe und -talente, Befreiung *von* der Natur *zur* Natur der Natur? Für die antiken Vorsokratiker waren Physis und Logos noch eins; dagegen stand der Trug der Sinne und Konventionen. Plato machte die Natur zum vorzeitlichen Substrat geschichtlicher Verkörperungen der überzeitlichen Naturgesetz-Ideen. Hellenistische Sophisten und Stoiker spielten eine naturgemäße Vernunft aus gegen Kultursatzungen, bis zur Kunst-Animalität der Kyniker. Aristoteles verwarf die Gleichung Natur = Anti-Praxis und Arbeit = Anti-Physis, er hielt den Menschen für einen von Natur aus unnatürlichen Stadtbewohner. Jedes Naturwesen entwickle seine entelechial eigenste Zweckbestimmung, solange es nicht durch Außeneinwirkung daran gehindert werde. Das Mittelalter erhob das Unnatürliche zum Übernatürlichen, vor dem das natürliche Licht der Vernunft selbst zum Sklaven der gefallenen Natur wurde. Aber die Mater-ie war noch kein passives Arbeitsmaterial, sondern intentio inclinalis auf übernatürliche Zwecke. Entweder brach unwiderstehliche Gnade Widerstände der Natur oder vollendete sie. Damit Gnade unverdienbares Geschenk blieb, mußte Natur auch ohne sie auskommen. Seit Spinoza war sie Substanz, die ohne Begriff eines anderen denkbar ist. Ohne finis naturalis, ohne desiderium naturae nach göttlichem Heil war die Natur von sich aus auf nichts mehr angelegt, entdämonisiert und desakralisiert, von Gott selbst freigegeben für menschlichen Machtwillen: Macht euch die Erde untertan! Gott zog sich vor Wissenschaftlern in den Himmel menschlicher Seelen zurück. Im reinen Naturzustand war auch bestes Wissen und Gewissen nur noch utilitaristischer Selbstbehauptungswille, dem die tote Klötzchenmechanei gar keinen teleologischen Eigenwillen mehr entgegensetzte. Eine Mutter Natur, die für den Vater im Himmel bestimmt war, hätte von Menschenkindern vergewaltigt werden müssen, und entseelter Stoff stand besser zur gewissenlos beliebigen Verfügung. Nun steht natura pura vor praktischen Prognosen wie vormals vor göttlicher Vorsehung. Ist ihre Hexis auf Praxis hin angelegt oder nur potentia oboedientalis des passiven Bearbeitungsmaterials?

Dient der Kulturumweg mir nur dazu, das bessere Tier zu werden? Die Natur wurde tendenziell eher Wachs in menschlichen Händen als ein fruchtbarer Schoß möglicher Formen. Praxis entwickelt keine Naturanlagen mehr, sondern bricht oder überformt sie. Befreiung bürgerlicher Naturbeherrschung vom Feudalismus vermummte sich als Befreiung der Natur selbst. Laut de Sade ist soziale Repression ebenso natürlich wie der Widerstand dagegen. Ist der Naturzustand also terminus a quo oder ad quem der Kulturanstrengung? Für Kant war Vernunft eine normale List der Natur selbst. Natürlich lebt nur, wer rohe Naturnormen vernünftig aufhebt. Hegel nannte Versteifung auf den paradiesischen »Park der Tiere« das Böse. Für Marx gehörte der bürgerliche Rechtsstaat als ideologische Kapitalismusmaske noch zur Naturgeschichte, nicht zum Reich der Freiheit.

Sobald weder Bedürfnisse noch ihre Befriedigung als Naturinstinkte gelten, sondern den Umweg über triebgehemmtes Handeln machen, wird es unnatürlich, natürlich zu bleiben. Als physiologische Frühgeburt und Spezialist für Unspezialisiertheit ist der Mensch, als Rivale Gottes, kein instinktgesichertes Tier mehr, sondern muß seine Naturdefekte kulturell (über)kompensieren, um gerade als Naturwesen sich zu entwickeln. Entweder bringe ich in Ordnung, was der Teufel durcheinanderbrachte, oder verwirre nur, was Gott ordnete. Schöpfung ist ideologisch auf anderes aus, als was wir technologisch mit ihr vorhaben. Technokraten nehmen den Kosmos als Chaos, aus dem Gott ihn schuf. »Ihr werdet sein wie Gott« und euch aus Seiner Welt eigene Welten bauen. Die Werke des Herrn (Odin/Adonai) sind herrlich, doch menschliche Kunststücke verdecken Naturschönes. Geschichtliche Unvorhersehbarkeit ist Gottes Unberechenbarkeit, die sich atheistisch als Zufall maskiert.

Die Bibel ist die autorisierte Gebrauchsanweisung für die ganze Schöpfung, direkt vom Hersteller persönlich, der es am besten wissen muß. Wer Freude am Leben haben will, studiert sie vor Inbetriebnahme sorgfältig. Rousseau rehabilitierte laut Spaemann nur eine physikalistisch schon reduzierte Natur, aber der „Herr der Heerscharen" kann den bewaffneten Paradiesengel jederzeit zurückrufen.

Wie bekomme ich einen gnädigen Gott, fragte Luther angstvoll und verzweifelte an der menschlichen Fähigkeit, durch eigene werkgerechte Anstrengung dem Gesetz Gottes zu entsprechen. Schon sein Gewährsmann Paulus hatte entschieden, daß Gott uns das Gesetz nur auferlegt hätte, um dem Menschen zu beweisen, daß er es aus eigener Kraft nicht erfüllen könne und auf Gottes Barmherzigkeit hoffen müsse. Luther machte aus dem Christentum primär eine deutsche Angelegenheit, als Katholiken den Monotheismus gerade gehindert hatten, eine eifersüchtig gehütete Sache zu bleiben. Cuius regio, eius religio: Wes Brot ich eß, des Lied ich sing. Daß Luther die Religion den Landesfürsten der Kleinstaaten unterstellte und auslieferte, war so Teufelswerk wie sein Antiproletarismus während der Bauernaufstände. Wo er mehr war als der bewundernswerte Bibeleindeutscher, wurde er weniger als die kosmopolitische Gegenreformation. Schließlich geriet die protestantische Orthodoxie päpstlicher als der Papst, dessen Fehlbarkeit sie überwinden wollte, und trieb jene philosophische Rebellion gegen sich erst hervor, die Deutschlands kulturelle Weltmeisterschaft erst begründete.

So bringt jeder seinen eigenen Totengräber hervor, und diesmal begrub die deutsche dialektische Philosophie die evangelische Religion unter sich, die sie begründen wollte.

Bultmann entmythologisiert solange, bis das monotheistische Wissen zusammen mit den griechischen Mythen gelöscht ist. Übrig bleibt der Mythos, ausgerechnet Heideggers »Daseinsanalytik« habe alle prähistorischen Mythen hinter sich gelassen. Glauben an die Erlösung durch Glauben, sagt man uns, sei Erlösung durch Glauben an die Erlösung. Trinitarisch glauben heißt noch nicht monotheistisch wissen : Bekenntnisse sind ohne Erkenntnisse. Christliche Erlösung ist ein Freikauf der körperlosen Seele vom Teufel, kein Auslösen des leibhaftigen Sklaven beim Ausbeuter, der den Erlös einstreicht.

Hochkultur oder Popkultur : E oder U?

Seit ich weiß, daß es so etwas wie Kultur gibt oder gab oder geben sollte, höre oder lese ich unentwegt, daß kaum etwas dringender sei, als sie zu befreien aus einem zum Mausoleum verkommenen Pantheon unsterblich langweiliger Werte und religiöser Gesetzestafeln. Die großen Werke der Kunst und des Geistes seien den Klauen einer herrschsüchtigen Clique von puritanischen Kulturverwaltern und unverbesserlichen Innerlichkeitsaposteln zu entreißen, um allen unbefangenen Menschen zurückgegeben zu werden. Ganze Gelehrten- und Feuilletonistengenerationen scheinen gut zu leben vom Daueraufruf zum Jahrhundertwerk dieser Kulturdemokratisierungsaktionen. Ständig wird so getan, als seien noch immer ein Gipsgoethe und ein Marmorschiller von den Pietätssockeln einer sklerotischen Nationalkulturreligion zu stürzen, eine priesterliche Expertenmagie zu entzaubern, eine öde Denkmalskunst zu depodestieren und der Patinastaub der Zeitalter zu blasen von falschen Klassizismen und Klassifizierungssystemen.

Nur : Wer und wo sind sie, die Gralshüter der höheren Weihestätten? Trotz eifriger Recherchen bin ich nie einem einzigen solcher Monstren an kalter Hochkultur begegnet und trage Zweifel, ob es sich nicht um ein Fabeltier handelt aus der demagogischen Gruselkiste. Rennt einer mit diesem schrecklichen Verdacht nur offene Türen ein oder ins Messer eines vorletzten Tabus? Die ehemals unsterblichen Werke des Geistes, vermodern sie nicht eher in den Verliesen der Vergessenheit, als außerhalb allzu menschlicher Reichweite auf Wolken erhabener Berührungsverbote zu thronen? Daraufhin vorsichtig angesprochen, weist jedermann entrüstet und peinlich berührt von sich, das Geringste zu tun zu haben mit lächerlichen Sakralwelten vergangener Muff-Epochen. Es ist längst heillos veraltet, diese verachteten Dinge auch nur kritisch noch zu *hinterfragen.*

Kultur, das heißt heute bestenfalls, eine Kultur zu kritisieren, die es gar nicht gibt und auch kaum je gab. Die Monarchie ist abgeschafft, aber die Kaiser tragen immer neue Kleider. Warum zeigen sie sich nicht, warum stellen sie sich nie zum Kampf, wo sind sie denn geblieben, die aus der Kunst angeblich eine letzte Religion und Herrenmoral und einen elitären Initiationsritus gemacht haben? Hinter welchen repressiv autoritären Klassikerbüsten und Sentenzenkanons halten sie sich versteckt, die mit ihren geistigen Marterwerkzeugen ganze Jugendgenerationen sadistisch zu verkrüppeln wußten? Es muß sie geben oder doch wenigstens früher einmal gegeben haben, da das Abschreckungsritual bis heute funktioniert, schließlich traut sich an Goetheschiller niemand mehr heran. Hat überhaupt je ein Sterblicher ihre in den Himmel gemeißelten Worte zu Richtlinien seines Erdenlebens gemacht? Ist diese Mär von der veredelnden Attraktion der Kulturgüter selbst eines jener nicht totzukriegenden Kulturgüter, die es zu demontieren gilt?

Wo sind sie denn, die noch auszusprechen wagen, daß Shakespeare und Hegel eben nicht Menschen waren wie du und ich, und daß Amadeus Mozart zwar gern das Wort Scheiße gebraucht haben soll, welche Erleichterung für uns, aber daraus etwas mehr zu machen verstand als die Scheiße, die wir selber täglich bauen.

Wenn ich auch nur einen einzigen dieser Hochbildungsbürger des Geistesadels finden könnte, der dauernd verachtet, gelächert oder dialektisch-materialistisch abgetakelt wird! Malträtiert wurde ich jedenfalls nie von ihnen, sondern immer nur von denen, die mir einreden wollten, wir würden von ihnen malträtiert und nun endlich befreit. Befreit uns von denen, die uns von Kant und Schiller befreien wollen! Jeder kennt diese Heroen nur vom Hörensagen aus dem Munde ihrer erbitterten Gegner, die sie auch nie gelesen haben, und sehnt sich gar nicht nach ihrer furchtbaren Bekanntschaft. Hoffentlich befreit uns einer dieser Ritter des Geistes eines Tages von ihren philanthropischen Widersachern, die den Kulturbetrieb aufrechterhalten. So richtig an der Macht wie ihre heute überaus siegreich prominenten Todfeinde können sie unmöglich gewesen sein. Und zurück zu Ur-Opas Kultur sehne ich mich nicht, weil sie früher einmal herrschte, sondern weil es sie vermutlich nie gegeben hat, weil sie immer nur ein holdböses Gerücht gewesen sein muß, das unter seinen heutzutage schwachbrüstigen Bekämpfern nie zusammengebrochen wäre. Gegen welche Windmühlen rennen unsere Donquichotes heute an, und war die Gefahr, Schiller zu seinem Aftergott zu machen, zu groß geworden für manchen Bürger oder nur für Schriftstellerkollegen in ihrem Selbstbehauptungswillen gegen einen Überrivalen? Aber warum rücken multi-kulturelle Feuerwehren und Seuchenkommandos zu immer neuem Fehlalarm aus ? Wie hoch im Kurs, nicht nur bei einigen spinnerten Außenseitern, muß die idealistische Kultur gestanden haben, daß sie bis heute noch Eindämmungskampagnen auslöst, als handle es sich um akut epidemische Volksaufstände, die niederzuknüppeln sind. Hat dieser >deutsche Idealismus< wirklich lebensuntauglich genug gemacht, die schnöd materiellen Hintergründe unserer Kunstproduktionen und -rezeptionen interessenpolitisch zu ignorieren?

Gab es wirklich je eine Zeit,, die ihre obszönen Innereien hinter schöner Innerlichkeit gefällig versteckte, damit wir sie enttarnen können? Ach, diese sagenumwoben ausgestorbenen Anhänger der Geistesdinosaurier, was würde ich an Rockmusikplatten und Comicheften dafür hergeben, auch nur einem einzigen in Fleisch und Blut über den Weg zu laufen! Geht das nur deshalb nicht, weil die, dem Vernehmen nach, blut- und bodenlos verkopft gewesen sein sollen? Was habe ich von einem Künstler gesagt, wenn ich sage, er sage mir nichts? Wozu kann dir eine Kunst dienen, in deren Dienst du dich nicht lebenslänglich verzehrst, ob nun produktiv oder als Connaisseur?

Was soll es dem nützen, der sich in das Eigenleben eines Werkes nicht wirklich hineinentfremdet? Trotz aller Kreuzzüge gegen den selbstgenügsamen Ungeist der Onanie, gab und gibt es ihn denn, den überfeinen Ordensclub hohepriesterlich blasierter und moraleifernder Kenner und Könner der Kultur voll klassischer Bildung, griechisch-römisches Altertum bis hin zu Goethe?

Ich wäre von Herzen selbst lieber einer dieser Bildungsbürger, von denen ich keinen überlebenden mehr auftreiben kann, als einer ihrer Erzfeinde, die aus der Not ihrer unbelesensten Selbstverblödung die herostratische Tugend geistiger Weltentrümpelung machen. Diese idealistischen Pappkameraden von anno dazumal fristen ihr Dasein wohl nur in Büchern, die beweisen wollen, wie überflüssig und schädlich Bücher sind. Das waren noch Zeiten, als in der Literatur exemplarische Bildungsgänge und kathartische

Schicksalstragödien von der göttlichen Würde des einsamen Individuums gesucht wurden. Heute verhindert die reflexhafte Forderung nach »Sozialrelevanz« alles, was sie anmahnt. »Textproduktion« soll proletarische Solidität vorgaukeln und ist doch selbst nur jene amusische Banausie, die sie bannen möchte.

Die »entkunstete Kunst« hat natürlich mit aller Künstlichkeit auch jedes Leben verloren; wer hat etwas anderes überhaupt erwartet? Und als gäbe es das noch, wird immer noch Sturm gelaufen gegen Literatur als Ikonographie der Beutegesellschaft, gegen die Rechtfertigungskunst der Tyrannen und gegen das ästhetische Lebkuchenherz einer herzlosen Welt. Die Werke sollen sich gefälligst auf mein Niveau herabbemühen, statt hochmütig auf mich herabzusehen, heißt es noch immer, als gäbe es solche Werke in volksschädlichem Ausmaß anderswo als in der Trivialliteratur. Gegen repressive Hochkultur, die es nie gab, werden massiert aufgeboten die Analphabetisierungsstrategien der >Postmoderne<. Statt Bücher gibt es >unabgehobene< Authentizitätsverständigungstexte mit Gefühlsechtheitssiegel, Antikonzeptionsgarantie, Selbsteinbringungsrezepten, Sozialisationsnachhilfekurse, psychotherapeutische Mitmachwerke für komplementärnarzißtischen Multisexbeziehungsfilz.

Hier trumpft die Buchphobie auf als unangekränkelt weltläufige Überlebenstüchtigkeit voller unverkopfter Naturschutzheiligkeit. Die „anti-autoritäre" Pose, sie könnte ja Schaden nehmen an ihrer Selbstgefälligkeit, verweigert die Unterwerfung unter die Eigendisziplin der geistigen Gebilde von Rang, ein Rang, der als solcher schon für antidemokratische Restriktion gilt. Dabei wird geflissentlich übersehen, daß den Herren der Welt weniger der gute alte Bildungsbürger, den niemand beerben will, in den Kram paßt als der viel wartungsfreundlichere Analphabet mit seinen Befehlsempfangsstationen Smartphone und Sozialnetzwerk. Selig die Zeiten, als es wenigstens noch >Halbgebildete< gab, die sich von klassischen Autisten gut verhöhnen ließen, locker vom Stubenhocker. Die Leseratten- und Buchstaubkultur hatte im Ernst nie eine Chance, sie war von Anfang an nur der Lieblingspopanz der *Leibesertüchtiger* und Übernaturalisten. Der sich gern als Naturschutz aufspielende Horror vor Kultur verschafft der Selbstverwahrlosung ein allzu bequemes Alibi.

Inzwischen ist das unveräußerliche Menschenrecht auf freiwillige Selbstmanipulation mehr als erkämpft an allen Fronten, die so tun, als sei da etwas zu kämpfen gewesen. Wir sind so kultiviert, alles, was wir angreifen, Hochkultur zu nennen, weil wir es angreifen und weil es uns zu hoch ist. Daß sie nicht im Elfenbeinturm entstanden sind, ist den heutigen Büchern leider allzu klar ins Gesicht geschrieben. Hinter den Bildungsbürger fällt der Besitzbürger soweit zurück, wie er sich über ihn hinausdünkt. Nicht daß er die Kulturwerke zu Selbstzwecken idolatrisierte und fetischisierte, war ihm ja vorzuwerfen gewesen, sondern daß er genau das nicht tat, sondern sie als bloße Schmuckornamente seiner engagiertesten Geschäfte mißbrauchte. Das berüchtigte Prinzip l'art pour l'art als Naturanwalt ist bis heute genau jene soziale Utopie geblieben, der es angeblich nur im Wege steht, und vor Korruption und Dienstverpflichtung ist heute keine Vision sicher, die keine Kunst um ihrer selbst willen ist. Auch die objektive Wahrheit braucht ja Erkenntnis um ihrer selbst willen und keine „erkenntnisleitenden Interessen“. Und Philosophie ist entweder reines l'art pour l'art oder pure Ideologie. Wenn doch die Autoren zusammen mit ihren Lesern im Elfenbeinturm der Werke säßen, statt auf der Straße nur die Parteien auszurufen, die sie nehmen. Bücher, die nicht mehr wert sind als die richtigen Standpunkte, die sie vertreten, sind wertlos. Einige Gewitzte haben daraus nun schon wieder den nicht minder falschen Schluß gezogen, daß es genüge, umgekehrt Bücher voller Unmenschlichkeit und Lügen zu schreiben, um Autoren ästhetisch gelungener Bücher zu sein. Eine Literatur der guten und schönen Gefühle mag eine bloß gutgemeinte Literatur sein, wie André Gide sagte, aber eine Literatur, die sich darin gefällt, das Gute böse und den Teufel einen lieben Gott zu nennen, ist nicht nur schlechtgemeint, sondern wirklich schlecht und nicht nur böse auf eine böse Welt.

Bis hierher unterscheidet sich diese säuerliche Philippika noch wenig von bekannt altjüngferlicher Kulturkritik. Wo der physische Umweltuntergang beschworen ist, wird das Gefuchtel mit dem Untergang des Abendlandes ja zur kraftlosen Marotte typischer Anschlußverpasser. Ein Schuh wird aus der altbacken geschmäcklerischen Bildungsnörgelei nicht ganz mitgekommener Hintersassen auch erst dann, wenn in dieser Neuen Massenblödheit kein Naturprodukt oder Ergebnis freier Wahlen gesehen wird, sondern das Ziel einer Langzeitstrategie professionellster Volksverwahrlosungsspezialisten. Wer aus der Geschichte lernen würde, müßte keine Geschichten mehr machen oder erzählen. Frei nach Wittgenstein : Was man nicht erklären kann, das muß man erzählen, und was sich erklären ließe, das müßte nicht mehr erzählt werden. Erzählt wird nur, was nicht mehr verstanden wird und – um es nicht kapieren zu müssen. Was immer wir vergessen oder verdrängt haben, muß erzählt werden in all seiner Undurchsichtigkeit. Alles was heute dunkel und verworren ist, war geschichtlich schon einmal hell und klar gewesen. Objektiv kann nicht mehr erzählt werden, heißt es, weil die Welt unverständlich geworden sei. Umgekehrt wird ein Schuh daraus. Es werden Geschichten erzählt werden, gerade weil und solange die Geschichte gefälscht oder mißverstanden wird. Es gibt keinen *allwissenden Erzählergott* mehr, sagen die Literaturwissenschaftler. Das bedeutet, daß der Schriftsteller so wenig wie seine Figuren mehr weiß, worum es geht; jede Person zeigt sich in ihre Wahnvorstellungen ratlos verstrickt. Historisch wurde der Roman geboren, als Gott, der die Wahrheit selbst ist, für den Menschen – ganz unchristlich – gestorben war. Georg Lukacs sagte, der Roman sei die Epopöe einer gottverlassenen Welt, in der der Romanautor nicht mehr weiß als seine irregeleiteten Helden. Wer die Welt nicht mehr versteht, liest und schreibt Romane und geht ins Theater. Der schöne Schein hat nichts mit dem einzig Wahren zu tun, das Kunstwerk ist Gefühlsgymnastik und kein Gedankengebäude. Seine Wahrheit besteht darin, daß es so viele Wahrheiten wie fingierte Figuren gebe und das Realitätsprinzip sich in Fiktionen auflöse. Bestenfalls trainiert die Kunst subjektive Möglichkeiten, weil sie keine objektive Wirklichkeit kennt. Romane handeln von Taten und Tatenlosigkeiten und nicht von Tatsachen.

Kunst kommt von Können und nicht von Kennen oder Erkennen, sie ist ein Index der schönen Unwissenheit und Rätselratlosigkeit von Menschen, die vergessen haben, was ihre Vorfahren noch wußten und immer gewußt haben. Sie zeigt nicht das Unerklärliche, sondern was heute nicht mehr klar ist, aber der Vorzeit längst klar gewesen ist. Erzählte Geschichten wollen nichts davon wissen, daß das Wissen aus der Geschichte zu beziehen wäre. Ihre Bekenntnisse dessen, was es nicht gibt, sperren sich gegen Erkenntnisse, die es immer gab. Kunst ist kein Refugium des immer Unerklärlichen, sondern des persönlich oder historisch Verdrängten. Sie hebt die Verdrängungen nicht auf, sondern spielt mit ihnen und stellt sie dar. Für Unwissende ist es unterhaltsam, anderen Unwissenden bei ihren Irrfahrten zuzusehen. Der »allwissende Erzählergott« von früher war einfach nur der Mensch, der weiß, wovon er redet, das Geschehen deuten kann als Konstellation von Himmel und Erde und praktische Konsequenzen daraus zieht. Wer die Welt nicht mehr versteht, stellt gern ein Bildnis zwischen sich und die Welt, um sich den Blick darauf zu verstellen. Leibniz und Hegel wußten noch, daß das vollkommen Kunstschöne eine unvollkommene Wahrnehmung des Wirklichen ist, eher eine schöne Verwirrung als eine bittere Klärung. Der sinnliche Vorschein der Wahrheit ist ein mehr oder weniger wahrscheinlicher bloßer Schein, der nicht die Klarheit des Begriffs erreicht, aber die Lebendigkeit der schönen Bilder. Wer die biblischen Schriften fälscht oder mißversteht, zieht es vor, seine Einbildungskraft literarisch auszubreiten und sich in der Unwissenheit häuslich einzurichten. Er verwechselt das nicht mehr Begriffene mit dem Unbegreiflichen. Philosophie ist Liebe zur Weisheit, also schön ausgestaltete Unwissenheit wie die Kunst. Kunst macht sich ein Bild von der Welt, um sich keinen Begriff von ihr zu machen, und Gotteserkenntnis macht Kunst zu dem, was sie ist : ein schönes Spielzeug für Erwachsene. Sie macht aus der Not ihrer Ignoranz die Tugend der schönen Täuschung, und nur Gotteserkenntnis enttäuscht diese Illusion. Kunst gestaltet kein *noch nicht* Kapiertes, sondern ein *nicht mehr* Kapiertes. Philosophie geht unter zusammen mit dem Heiligen, von dem sie nicht mehr wissen will.

Spirituell oder geistreich?

Wer nicht nach der Welt trachtet, betrachtet sie nur. Was bleibt von den Dingen übrig, wenn ich nichts mehr von ihnen will: nichts oder gerade das, was sie selbst wollen? Der Tisch dort will nichts, und wenn ich auch nichts will, bin ich wie der Tisch. Was weder für mich ist noch gegen mich, ist immer noch an und für sich − die Welt jenseits meiner Pläne. Der Buddhist wählt nicht etwas anderes als der Nichtbuddhist, sondern er wählt es, überhaupt nicht zu wählen. Der Nichtbuddhist wählt etwa zwischen Buddha und Nicht-Buddha; der Buddhist wählt dadurch gar nicht, daß er etwas Beliebiges wählt, das weder Buddha noch kein Buddha ist, z.B. »drei Pfund Flachs«, also etwas, das unendlich weit davon entfernt ist, entweder Buddhist oder Nicht-Buddhist zu sein. Der Buddhist ist so frei, seine Freiheit nicht zu nutzen, er legt seinen Willen darauf, ihn auf nichts zu legen. Ist zwischen zwei ausschließlichen Alternativen zu wählen, wählt Buddha etwas beliebiges Drittes als Alternative zu dieser falschen Alternative, ohne sich nun auf diesen >Dritten Weg< festzulegen. Gilt die Wahl zwischen diesem dritten Weg und einer vierten Sache, tippt Buddha auf irgendein weit davon entferntes fünftes Rad am Wagen usw. Lotussitz heißt, alle Willensbildungen und Unwillensäußerungen zu unterlassen, um gar keine dazu korrespondierende Welt der Wunschobjekte und Zielhindernisse auftauchen zu lassen. Wird der Buddhist vor die Alternative gestellt, zwischen zwei Möglichkeiten zu wählen, die einander ausschließen und die er nicht selbst gewählt hat, wählt er nicht etwas ganz anderes, sondern überhaupt nicht(s). Er wählt etwas ganz anderes aus, indem er es wählt, überhaupt nicht zu wählen, weil er diese Wahlfreiheit zwischen vorgegebenen Alternativen als das Gefängnis einer Zwickmühle empfindet, aus der sich nur der befreit, der das Eine will, gar nichts und gar nicht zu wollen. Er will lieber gar nichts, als nur das Eine oder das Andere wollen zu müssen. Er bleibt sitzen und still auf sich sitzen, er ist schon gestillt. Er rennt nicht auf die Welt los, um sie sich anzueignen, er bearbeitet sie nicht, bis er sie einverleiben kann. Anders als der Abendländer will er nicht die Welt beherrschen, sondern sich selbst, und er beherrscht die Welt, indem er den beherrschen will, der die Welt beherrschen will. Selbstbeherrschung ist hier Selbstbesinnung, aber keine europäische Selbstreflexion. Der Buddhist will die Welt bejahen, indem er seinen Willen verneint, die Welt für sich mit Beschlag zu belegen und nach seinem eigenen Bilde zu formen. Wer den eigenen Willen bejahe, verneine die Welt, wie sie an sich selbst sein mag. Er nimmt die Dinge nicht, wie sie kommen, sondern wie sie ihm selbst bekommen. Wenn die Welt nach Eurobuddhist Schopenhauer nichts als meine eigene Vorstellung und das Produkt meines Willens ist, dann sucht der Buddhist einen uneigennützigen Blick auf diese Welt zu erhäschen, noch bevor der menschliche Wille sie schaffen und eigenmächtig verfälschen kann. Das buddhistische Urvorhaben ist paradox, weil es die Welt *vor* der Welt und den Willen *vor* dem Willen haben will. Wenn die Welt nichts ist als das Korrelat meines Willens, ist sie nichts, wenn ich nichts will. Der Buddhismus ist die paradoxe Hoffnung, daß ich die Welt, wie sie wirklich ist, erst sehe, wenn ich sie nicht erschaffe, weil ich nichts von ihr will. Wenn ich einen Berg nicht besteigen will, kann er sich mir gar nicht als zu hoch enthüllen. Wenn die Dinge keine

Mittel und Hindernisse für meine Ziele und Pläne mehr sind, keine Projektionen meiner Projekte, dann sind sie nichts mehr, nichts mehr für mich und nichts mehr gegen mich. Indisch *Nirvana*, chinesisch *Wei*, japanisch *Mu*, dieses reine Nichts als Spiegel meiner Willenlosigkeit wird als das reinere Sein erlebt. Ein Gegen-Stand, der meinem kerngesunden Menschenverstand keinen Widerstand mehr leistet, hält keinen Ab-Stand mehr von mir. Mein Wille erregt deinen Widerwillen und will den Widerstand der widerspenstigen Dinge und unwilligen Mitmenschen brechen. Nur der »Wille zur Willenlosigkeit« (Heidegger) erregt keinen Unwillen mehr? Mit Watzlawick zu sprechen, springt der Buddhist, wenn er sich von einer Ordnung löst, auf eine Meta-Ebene nur, um auf eine Meta-Ebene zu allen Meta-Ebenen zu springen – ohne die Ebene zu verlassen, die er zufällig gerade einnimmt. Alle Ebenen verlassen haben kann er von jeder Ebene aus. Wo er auch steht, er steht dort, als stünde er dort nicht. Er sitzt auf nichts als seinen vier Buchstaben und ist an jedem beliebigen Ort des Alls zugleich. Ohne seinen Sitzplatz zu räumen, ist er immer anderswo als dort, wo man ihn packen will (aber wer will ihn denn packen außer seiner Paranoia?). Ganz da ist er, indem er immerzu auf dem Meta-Sprung weg von allem ist. Wer ihn er-fassen und be-greifen will, hält nur seinen leeren Mantel in den Händen.

Wenn ein Schiff versenkt ist, ist es >zu(m) Grunde< gegangen. Die Meditation ist Versenkung, ganz in sich versunken sitzt Buddha da. Er geht in sich, er ist ganz bei sich und nicht mehr außer sich bei den Willensobjekten der Welt. Der Dritte Weg zu allen Weggabeln ist ein Holzweg ins Nichts, sagt der Nichtbuddhist. Buddha mag etwas ganz anderes wählen als andere, aber nicht jeder ganz andere Weg ist buddhistisch. Das menschliche Bewußtsein streicht sich selbst durch, um das von keinem Bewußtsein befleckte reine Sein einfach sein zu lassen? Ist der Buddhist einfach ein Mensch, der seine Begierden zum Schweigen bringt, um die Welt selbst zu Wort kommen zu lassen und ihr nicht durch seine lauten Triebe ins Wort zu fallen? Aber der Buddhist will mehr, als nur objektiver zu sein als alle, die sich den unvoreingenommenen Blick auf die Dinge durch weltliche Wünsche verstellen. Wahrheit ist Übereinstimmung von Subjekt und Objekt. Jeder Mensch will seinen eigenen Willen haben, die Dinge aber sind, was sie sind, sie wollen nicht über sich hinaus. Wenn ich genauso wenig von den Dingen will, wie die Dinge von mir wollen, bin ich im Einklang mit ihnen. Warum soll ich noch das beherrschen wollen, mit dem ich mich schon eins fühle? Das ist die buddhistische Lösung: Wenn ich mich zu einem wunschlosen Ding mache, bin ich frei von der leidvollen Jagd auf Lust. Ich kann mir kein Ding wünschen, ohne zu leiden, wenn ich es nicht bekomme. Also muß ich das Ding selbst werden wollen, das ich nicht bekommen kann. Wenn ich das Objekt selbst bin, das ich haben will, brauche ich es nicht mehr zu wollen: Was ich bin, das habe ich immer schon. Buddhismus ist ein Kunstgriff, um die Welt des Leidens und der Arbeit zu unterlaufen. Die Dinge schaden mir plötzlich nicht mehr, aber nur um den Preis, mir nicht mehr nützen zu können. Ich bin unabhängig von ihnen, wenn ich mich davon freimache, sie zu (ver)brauchen. Auf dieser Ebene ist der Buddhismus vom Stoizismus kaum zu unterscheiden. Nur ein sengendes Bedürfnis nach Bedürfnislosigkeit, ein ausschließliches Interesse an universellem Desinteresse, ein gleichzeitig glücklicher und unglücklicher Wunsch nach Wunschlosigkeit treibt mich dann noch um. Wer keine Lust mehr hat, erlebt kein Leid mehr, lautet der kalkulierte Verzicht auf alle Kalküle.

Aber der Buddhist ist ein Schlitzohr und kein Entsager. Wie ein guter Christ hofft er alles gerade dadurch zu erreichen, daß er alles preisgibt. Er versagt in allem, damit ihm nichts versagt wird. Wer am Leben festhält, der wird es verlieren, und wer es verlieren will, der wird es sich bewahren. Der Buddhist läßt alles los, aber man darf sicher sein, daß er das nur tut, weil er sicher ist, es hundertfältig zurückerstattet zu bekommen. Er spielt einfach nach der goldenen Regel : Wer verliert, der gewinnt, und wer siegt, der hat schon alles verloren. Er hofft auf unendlichen Profit durch grenzenlosen Bankrott und umgekehrt. Es ist ein verfeinerter Egoismus, der aus der Not, nichts zu können, die äußerste Tauglichkeit zu allem macht. Diese Suzukis, diese Watzlawicks und andere westliche Propagandisten des Fernen Ostens ziehen ihren subjektiven Willen aus den Objekten aber nur heraus, um diese Objekte objektiver erkennen zu können, und sie wollen die Objekte besser erkennen, um ihren Willen mit besserer Aussicht auf Erfolg auf diese objektiver erkannten Objekte richten zu können. Was für den Buddhismus ein Ziel jenseits aller Ziele ist, ist für jene Europäer, die ihn für ihre Ziele in Dienst nehmen wollen, nur ein raffiniertes Mittel zum Zweck. Der westliche Profiteur will etwas anderes und Besseres, der Buddhist will gar nichts wollen. Der eine will die Dinge objektiver sehen, um sie subjektiver besser nutzen zu können, der andere will sie objektiver sehen, indem er sie subjektiv nicht nutzt. Europäische Vernunft wollte reine Erkenntnis um der Erkenntnis willen sein und entpuppte sich im Gegenteil als naturbeherrschender Geist. Der fernöstliche Buddhismus will ein willenloser Geist sein, um objektive Erkenntnis zu erreichen und Einsicht, die von keiner Absicht getrübt ist.

Ist die Welt anders, als sie meiner Gier oder meinem Abscheu erscheint, oder sinkt sie ins Nichts ohne meine Vorlieben und Abneigungen? Der Buddhismus ist die Hoffnung, daß das Nichts, welches übrigbleibt von der Welt, wenn ich meine Neigungen und Abneigungen von ihr abziehe, lebenswerter ist als jede leidvolle Jagd auf Bedürfnisbefriedigung.
Lieber sich selbst als die Welt bezwingen, lautete die „provisorische Moral" jenes Descartes, der von den buddhistischen Gegnern des Subjekt-Objekt-Dualismus so verteufelt wird. Wer nichts von der Welt will, ist nur noch ganz Auge und ganz Ohr für das Weltgetümmel, ohne darin engagiert zu sein. Der Wille ist *in* die Welt verstrickt, das Auge ist *außerhalb* von dem, was es sieht. Als Buddhist will ich etwas Unmögliches, ich will mich und die Welt ertappen in dem unmeßbaren Augenblick, bevor meine Wünsche auftauchen und die Welt entstehen lassen als Feld möglicher Mittel und Hürden auf dem Weg zur Wunscherfüllung oder Enttäuschung. Ich will mich erkennen, bevor ich da bin, und die Welt erkennen, bevor meine Wünsche sie strukturiert haben. Was heißt das anderes, als daß ich einen Zipfel vom Universum erhaschen möchte, bevor mein Wille wieder vergessen hat, daß er selbst es ist, der seine Welt aus dem Nichts erschaffen hat? Kurz : Ich will paradox ganz Ohr und ganz Auge sein, ohne ganz Körper zu sein. Mein Leib ist mein objektivierter Wille, und wer nichts von den Dingen will, will nolens volens ohne Leib und Weib sein. Für den Eurobuddhisten Schopenhauer war Weltbejahung durch Willensverneinung deshalb ganz konsequent nicht Askese und Suizid, sondern Verzicht auf Fortpflanzung. Buddhistische

Meditation ist ein Sedativ, durch das ein halber Kontinent ruhig gestellt werden sollte. Die ironische Dialektik will es, daß dieser kontemplative Osten aber ebenso handgreiflich konkret denkt, wie der aktivistischere Okzident spekulativere Systeme konstruiert. Westliche Buddhisten wollen ja ihren westlichen Lebensstil nicht aufgeben, sondern durch fernöstliche Technik veredeln. Sie fliehen vor der Welt nicht in Klöster, sondern wollen alles behalten, was sie haben, und es nur anders sehen, um es besser zu genießen. Diese Übersättigten holen sich in der klösterlichen Hungerkur des Nirvana nur frischen Appetit auf die Welt. Weit davon entfernt, nicht und nichts zu wollen, wollen sie alles nur ein bißchen anders und besser. Buddhismus ist eine Mathematik, die dem Leben der Reichen wie der Armen vorrechnet, mehr zu kosten als einzubringen, Aufwand und Ertrag in keinem vernünftigen Verhältnis zu halten. Will man Watzlawick glauben, ist der Buddhist nur ein Mensch, der Distanz gewinnen will zu sich selbst und zu der Art, wie er sich den Kerker seiner Welt schafft, ein Mensch, der kein Produkt seiner eigenen Produkte werden will und nicht wie Molières Figuren in den Fängen eigener Obsessionen zappeln und die Marionette eigener Lieblingsideen werden will. Enthüllen die Dinge ihr wahres Wesen erst, wenn sie aufhören, uns als Werkzeuge zu dienen, oder geben sie nur dem etwas von sich preis, der sie transzendiert und etwas vom Eigenen an sie heranträgt? Antworten die Dinge nur dem, dessen Triebe Fragen an sie stellen, oder muß er seine Triebe zum Schweigen bringen, um Dinge zum Sprechen zu bringen und sie nicht zu übertönen? Genügt es, sein Bewußtsein auszuschalten, um auch seinen unbewußten Triebregungen auf die Spur zu kommen? Macht der Buddhist sein Unbewußtes bewußt, um es aufgeben zu können, oder sein Bewußtsein bewußtlos, um nichts als ein Ding unter anderen zu sein? Meditation ersetzt keine Psychoanalyse. Der eine sieht seine Subjektivität als notwendiges Instrument, der andere als zu beseitigendes Hindernis auf dem Wege zur Objektivität der Erkenntnis, und sei es die Erkenntnis seiner eigenen Subjektivität. In beiden Fällen ist diese Subjektivität objektiv zu erkennen, ob ich sie gezielt einsetzen oder gezielt beseitigen will. Auch Kants Selbstkritik der reinen Vernunft läßt sich ja als Metatheorie des menschlichen Erkenntnisvermögens verstehen : Um Dinge zu durchschauen, muß ich erst durchschauen, wie und wieweit ich sie durchschaue. Der östliche unterscheidet sich vom westlichen Buddhisten auch dadurch, daß er das Gefängnis bestimmter Wünsche nicht nur verläßt, um frei zu werden für neue und andere Wünsche, sondern daß er die Dinge selbst sein will, um sie nicht nur anschauen zu müssen, und daß er die Dinge nur noch anschauen will, um sie nicht haben wollen zu müssen. Er macht sich zu dem, den das Wunschobjekt in jedem Fall enttäuscht, ob er es nun bekommt oder nicht. Der Westbuddhist hingegen will die interessenleitenden Erkenntnisse über die Dinge nur gewinnen, um dann umgekehrt seine »erkenntnisleitenden Interessen« (J. Habermas) desto besser verfolgen zu können.

Wer nicht ganz in seinen Vorurteilen befangen an die Dinge herangeht, dem enthüllen sie gar nichts, wovon dann der subjektive Anteil in Gedanken wieder abgezogen werden könnte und müßte. Mache ich die Dinge zu Mitteln, mich zu bestätigen und zu bereichern, zu erweitern und zu erhöhen, oder mich selbst zu einem Medium, um sehen zu lassen, was die Dinge ungenötigt von ihnen selbst her zeigen? Der Buddhismus ist keine Wissenschaft und Naturforschung, sondern die Einsicht, daß alle Dinge das eine miteinander gemeinsam haben, entgegen allem Anschein nichts und nicht zu sein. Was ist das Aussehen der Mutter Natur, wenn sie mir nicht zu Willen sein soll? Der Buddhist schöpft nicht aus dem Vollen, sondern aus dem Leeren. Er hat keinen Horror vacui, sondern eher einen Horror pleni. Leben und Tod, Tag und Nacht, Herr und Knecht, Gut und Böse, Mann und Frau – es ist alles gleich gültig und ungültig : gleichgültig. Wichtig sei nur, daß alles nichtig ist, und wer nichts hat, hat nichts versäumt. Der Buddhist steht nicht vor einer fremden Welt, sondern fühlt sich als nichtigen Teil eines großen Ganzen, das selbst wie nichts ist, als Nichts in einem Nichts gut >aufgehoben<, das er das Sein selbst sein läßt. Das Zentrum der Mutter Natur ist die freundliche Leere ihres Schoßes. Wie schön sieht Frau Welt aus, wenn ich nichts von ihr will – als sie nur anzusehen? Der buddhistische Weltvoyeur ist wie ein ewiger Junggeselle, der nur Angst hat vor seinem Wunsch, sich an eine Frau zu hängen. Er will frei bleiben von seinem eigenen Wunsch zu freien. Die biblischen Schriften gehen aus von Menschen, die Körper und Leidenschaften haben, ohne diese aufheben zu müssen, wenn sie dem Wesen der Dinge gerecht werden wollen. Die biblischen Schriften zeigen einen intoleranten Gott, der keine Menschen begünstigt, die in sich versinken und auf sich sitzen bleiben, sondern sie über sich hinaustreibt. Buddhismus ist Atheismus, der sich nicht aus der Ruhe bringen lassen will, der die eigenen Leidenschaften und den Körper nicht als Treibsatz jeder Weiterentwicklung in den eigenen Willen aufnimmt. Die biblischen Schriften korrigieren die Subjektivität durch ein objektives Bild von der Welt.

Bezweifelt werden soll nicht die Möglichkeit, daß es so etwas wie authentische >spirituelle Erfahrung< gibt. Zu bezweifeln ist eher das Recht, mit dem so viele Menschen sich darauf berufen, solcher Erfahrungen teilhaftig geworden zu sein. Was einer sieht, wenn er im Lotussitz eine Stunde lang die Augen schließt, ohne einzuschlafen, kann spirituell, kann Spirituose, kann Spinnerei sein. Was im Kopf von dem vorgehen mag, der zwei Stunden lang auf nichts als eine Blume gestarrt hat, mag jeder selbst nachprüfen. Auffällig ist nur, daß die Reiseberichte derer, die von ihren transzendental-psychedelischen Trips zu uns dann zurückkehren, gewöhnlich so enttäuschend nichtssagend ausfallen, wo außerordentliche Erlebnisse erwartet werden dürfen. Man muß schon seine Zuflucht nehmen zu der Erklärung, daß Unaussprechliches erlebt wurde oder keine Worte an das Erlebte heranreichen, wenn aus der Dürftigkeit der Schilderungen nicht auf die Dürftigkeit der Erlebnisse geschlossen werden soll. Den Wachzustand teile ich mit anderen, meine Träume habe ich für mich allein. Aus der emphatischen Beteuerung, »hypernormalen Seinsbereichen« mit unvergleichlicher Intensität innezuwerden, läßt sich wenig Gesichertes ablesen. Die Empfindungen, die mehreren Menschen der Anblick derselben Blume vermittelt, lassen sich kaum miteinander vergleichen. Ich weiß nicht, ob und wie du das Rot siehst, das auch ich jetzt sehe; ich kann es nur vermuten im Analogieschluß.

Mein Weltbild verrät gemeinhin ebenso viel von mir wie von der Welt. Erhebt das subjektiv Erlebte den Anspruch, nicht nur die Innenwelt des Erlebenden wiederzugeben, sondern durch dieses Innenleben hindurch auch ein noch so individuell gefärbtes Bild von etwas zu liefern, das vom Erlebenden halbwegs unabhängig ist, wenn also das subjektiv Empfundene einen objektiven Anspruch erhebt, dann muß die Frage nach dem Rechtsgrund dieses Anspruches berechtigt sein, auch wenn nicht das Objektivitätskriterium der mathematischen Naturwissenschaften zugrunde gelegt werden soll. Selbst wenn ich identisch bin mit dem, was ich erkenne, kann die Selbsterkenntnis durchaus noch scheitern. Unabhängig davon, ob ein Subjekt nun mit dem ganzen Universum zusammenfällt oder noch Objekte außerhalb seines Geltungsbereichs anerkennt, kann es auch von sich selbst ein subjektives oder ein objektives Bild gewinnen. Eine Erfahrung, die inneres Erlebnis bleibt, läßt sich von außen nicht beurteilen. Wer nur beschwört, ohne alle Zeugen Teilnehmer ungemeiner Vorgänge geworden zu sein, muß mit seinen einsamen Exaltationen im biochemischen Gehirnhaushalt allein gelassen werden. Wir glauben ihm, oder wir glauben ihm nicht. Erst wer seine Vision objektiviert, sie auf Leinwand oder Papier bringt, in Stein haut, in Töne oder Verse oder auch nur Worte faßt, bringt sie in eine für Mitmenschen relevante Form, macht sie nachvollziehbar, also zu Kultur. Menschen können ihre Befindlichkeiten nur durch symbolische Objektivierungen hindurch vergleichen, und wer diese Objektivierung verweigert, setzt sich dem Verdacht aus, seine Ansprüche nicht überprüfen lassen zu wollen, wenn er nicht glaubhaft machen kann, daß eine Objektivierung menschenunmöglich ist. Nur das in irgendeinem Medium Objektivierte läßt sich auf seine mögliche Objektivität hin überhaupt befragen, und spirituelle Erfahrung erhebt immerhin den nicht gerade bescheidenen Anspruch, nichts weniger als die Trennung der Umwelt in Subjekt und Objekt mutterkindsymbiotisch überwunden zu haben. Der eine tut eine Weltreise und hat weniger zu erzählen als ein anderer, der nur seinen Nachbarn besucht oder seinen Nabel beschaut hat. Um Lichtenberg zu variieren: Wenn ein Affe in sein Unbewußtes hinabsteigt, kann kein Freud daraus wiederauftauchen. Offenbar schlummert nicht in jedem von uns ein verhinderter Einstein oder Picasso, die es nur meditativ zu befreien gilt. Wer sich die Ausbeute *transpersonaler* Abenteuerexpeditionen ins kollektive Unbewußte ansieht, ist immer wieder frappiert, wie armselig mager und stereotyp schäbig das zutage tretende reiche Innenleben auszufallen pflegt. Das Jenseits aller Konditionierungen scheint besonders streng überkonditioniert. Die durchschnittliche >innere Wildnis< fällt sogar noch hinter die bescheidensten Standards des Kunstbetriebs und der Trivialkultur zurück. Zu denken gibt schon, daß die Malereien von Schizophrenen eher von zwanghaften Schablonen als von spontanen Eruptionen wimmeln. Die Sagenschätze in den archetypischen Schächten unserer Seele entpuppen sich im Tageslicht zu oft als billiger Talmi einer Kitschwelt, als Mythen aus dritter Hand.

Wenn ich unter Drogeneinfluß für meine Mitmenschen nicht mehr sehr nützlich bin, heißt das noch nicht, daß ich die unverfügbare Welt jenseits aller Kostennutzenrechnungen erlebe. Weiß ich aber nicht recht, was ein Ding »für mich« tun kann, habe ich damit noch nicht herausgefunden, was es »an sich« sein mag. Da Kulturschaffende Menschen sind, deren Nutzen für andere von Berufs wegen ständig in Frage steht, ist es kein Wunder, wenn sich gerade ihnen das »nutzlos reine Ansichsein« der Dinge jenseits aller schnöden »Zweckrationalität« besonders aufdringlich erschließt, als bevorzugte Domäne von unbrauchbaren Parasiten und Tolpatschen mit zwei linken Händen. Leibhaftige Erfahrungen mit Leuten, die *spiritu-*

elle Erfahrungen haben wollen, überzeugen selten. Man stößt auf ideologische Drapierungen privatester Idiosynkrasien und gerät auf Tummelplätze holder Illusionen, plumper Selbsttäuschungen und dummdreister Wichtigtuer, die aus der Not, nicht einmal ihre eigenen Siebensachen beieinander halten zu können, die Tugend machen, zu höheren Regionen berufen zu sein. Wem alltäglichste Verrichtungen zum Problem werden, sollte sich deshalb noch nicht mit Kafka verwechseln dürfen, Subjekt hin, Objekt her. Wer Wahrheit als bloße Subjektivität entlarvt zu haben glaubt, wagt gleich seinen eigenen Subjektivismus als objektive Wahrheit zu verkaufen. Das »Transpersonale« ist oft genug nur das Präpersonale der Präpotenten, der unreflektierte Abhub eines entfesselten Primärnarzißmus, der sich unkritisch zum Wesen der Welt aufwirft. Wer in seinen seelischen Zuständen den Abstand von Verstand und Gegenstand aufgehoben fühlt, wer nicht mehr zwischen Subjekt und Objekt unterscheiden kann, weil er Mein und Dein und Mich und Dich verwechselt, glaubt deshalb schon privilegierten Zugang zu exquisiten Welten zu haben. Aber wer in dieser Welt schlechter als andere zurechtkommt, ist deshalb noch kein Ehrenbürger einer ganz anderen Welt, in der diese anderen zum Ausgleich schlechter wegkommen als er. »Transpersonale Erfahrung« sucht Kontakt des kleinen Ich mit seinem »wahren Selbst«, hinter dem sich allerdings meist auch nur der krudeste Egoismus zu verstecken beliebt. Hinter dem »Neuen Menschen« lugt regelmäßig der Pferdefuß des ältesten Adam hervor. Authentische „spirituelle Erfahrung“ dürfte ungleich seltener sein, als alle glauben, die davon schwärmen. Der *Geist,* der da beschworen wird, ist eher ein anti-intellektuelles Gespenst, ein schöner Name für die losgelassene Willkür ohne jene Gesetze und Regeln, die den Geist hindern, Ungeist zu sein. Wenn die Intuition gegen den Intellekt abgeschirmt wird, wenn reines Sein gegen unreines Bewußtsein ausgespielt wird, Gemeinschaft gegen Gesellschaft, Gefühle gegen Gedanken, das Echte gegen den Talmi, dann ist die schmutzige Ratio wieder der typisch monotheistische Erzfeind geworden. Was als das Unaussprechliche vor jeder Profanierung durch Gerede geschützt wird, läßt sich meist nur zu gut aussprechen, aber Rumpelstilzchen will nicht beim Namen genannt werden. Der Spuk zerginge, und der bare Betrug läge zutage. Wo Analyse als Vergewaltigung des Analysierten abgewehrt wird, liegt der Widerstand weniger in der Sache als in der Person dessen, der die Analyse zu fürchten hat. Das vermeintlich Unaussprechliche ist ebenso aussprechbar, wie es nicht ausgesprochen werden will. Der Trick ist immer die gleiche Retourkutsche : Die psychisch Gestörten erheben sich selbst zu den eigentlich Geistesmächtigen und bezeichnen die psychosozialen Normerfüller umgekehrt als die geheimen Irren, als wären Paranoiker und Psychopathen die unheilbar Gesunden, weil die verrücktmachende Gesellschaft sich als gesund nur aufspiele. Wer Subjektivität und Objektivität nicht auseinanderhalten kann, hält natürlich seine Privaterlebnisse für umso objektiver, je subjektiver sie sein mögen, und alles objektiv Geprüfte für eine kollektive Verschwörung. Erst wird das kleine Ich eins mit der großen Welt, dann sagt es etwas über die ganze Welt, wenn es von sich selbst spricht, und redet nur über sich selbst, wenn es über das Weltall spricht. Wenn ich so groß wie die Welt bin, ist die Welt so klein wie ich geworden, ein bloßer Wurmfortsatz der eigenen Allmachtsphantasien. Wer nach dem Wesen dieser spirituellen Erleuchtungen fragt, trifft auf vornehmes Schweigen oder bombastischen

Schwulst. Das große Ganze jenseits aller dualistischen Subjekt-Objekt-Spaltungen kann natürlich nicht zu einem beliebigen Objekt zweifelhafter Subjekte gemacht werden, ohne verkannt zu werden. Der Meditierende verwechselt sich mit dem schnöden Rest der Welt und das Universum mit seiner eigenen großartigen Wenigkeit. Wenn dieser Anspruch sich nicht als lächerlich blamieren soll, muß er sorgsam versteckt werden hinter wissendem Lächeln oder einer exklusiven Kunstsprache fernab aller kritischen Ignoranz. Wer im Mescalinrausch die Farben singen hört und die Töne erröten sieht, hat natürlich nicht nur eine angenehme Sinnesverwirrung erlebt, sondern gleich eine universelle »Seinsschau«. Jede Droge katapultiert stracks vom Trott zu Gott, bloße Ferien von Ich und Alltag mischen sich auf zu >Transgressionen< und >Entgrenzungen<, die Inflation der Benennungen ist schwindelerregend. Aber es gibt ein ebenso simples wie verläßliches Kriterium, um die Spreu vom Weizen zu trennen, und das ist die hartnäckige Frage : Was kommt dabei heraus? An ihren Früchten sollt ihr sie auch hier erkennen können. Wer über den Graben zwischen Ich und Du erhaben ist, wird sicher keine Schwierigkeiten haben, sein Subjektivstes zwanglos zu objektivieren, um es anderen Subjekten zugänglich zu machen. Wo Innenleben und Außenhaut identisch sind, ist auch die alte Ausrede verbaut, der äußere Ausdruck bleibe heillos hinter der Herrlichkeit der inneren Vision zurück. Eine Vision ist genauso viel wert wie die Form, in der sie sich äußert; die Innereien sind nicht mehr und nicht weniger als ihr Ausdruck. Der stumme Lotussitz des >Sazen< ist nicht mehr wert als die Koans, die einem dabei einfallen oder eben nicht einfallen. Die »buddhaphoristischen« Koans sind nicht nur Übungsbeispiele, sondern auch Nagelproben des Zen, weil sie zu dem wenigen Objektivierten am Zen gehören. Die Qualität eines Koans kann ich prüfen, die Qualitäten eines vermeintlichen Satori-Erlebnisses nicht. Das Lösen eines alten Zen-Rätsels muß zu einer Erleuchtung führen, die zum Erfinden eines neuen Zen-Rätsels führt, oder das Ganze bleibt eine Einbildung ohne Erfahrungsgehalt. Jeder von uns war schon einmal im Laufe seines Lebens in einem Reich diesseits von Ich und Du, Mein und Dein, Leib und Seele. Psychologen sprechen vom frühen Stadium des >Primärnarzißmus< und der >polymorph-perversen Partialtriebe<. Was jedoch bei Freud noch Vorstufe und notwendige Durchgangsphase zur Reife war, avanciert heute zum Traumziel und zur Endstation Sehnsucht. Es ist so bequem, die Frage nach Subjektivität und Objektivität gar nicht mehr stellen zu müssen, indem man deklariert, beides sei vertauschbar geworden. Wer alle Außenwelt zu einem integralen Bestandteil seines eigenen Innenlebens erklärt oder umgekehrt sich selbst für einen ganz anderen hält, wäre dadurch nicht weniger verrückt, daß die ganze Gesellschaft verrückt sein sollte, die ihn als Verrückten behandelt. Spirituelle Erfahrung will mehr sein als subjektive Einbildung, aber es fehlt ihr das Qualitätskriterium, Erfahrung von Einbildung zu unterscheiden. Wenn das Subjektive des Zen ebenso objektiv ist wie das Objektive nur subjektiv, dann kann man sich nur an das halten, was daran objektiviert ist, an die Koans : Sag mir, welche Koans du erfindest, und ich sage dir, wie hell du erleuchtet bist.

Schädel : Dach- oder Sachschaden?

Alle paar Jahrzehnte rennen europäische Intellektuelle vor der westlichen Zivilisation weg in die indischen Tempel und buddhistischen Weisheiten. Sie tun das mit der merkwürdigen Begründung, sie seien dieser alten abendländischen Kultur müde und überdrüssig. Natürlich ist das nur eine Ausrede. In Wirklichkeit laufen sie vor der westlichen Zivilisation weg, bevor sie es im Ernst damit versucht haben und um es nicht im Ernst damit versuchen zu müssen. Sie laufen weg vor der Mühe, diese großartigen Ideen zu realisieren; sie haben nicht zu viel davon, wie sie vorgeben, sondern viel zu wenig davon.

Vernunft, Freiheit, Rechtsgleichheit, das Wahre, Gute, Schöne und Heilige : Das alles sind leere Worte geblieben, aber doch nicht deshalb, weil sie sich als Schwindel erwiesen haben, sondern weil kaum jemand ernste Versuche damit machte. Erst halbierten sie die altbiblische Vernunft der Erzväter, nahmen sich die schlechtere Hälfte davon, unterwerfen mit dieser halben Vernunft die ganze Welt, bis sie rationalisiert ist, und jammern dann der verlorenen besseren Hälfte lebenslang nach. Am Ende werfen wir diese Vernunftfetzen auf den Schindanger der Geschichte und uns selbst in die vielen Arme der fernöstlich grinsenden Gottheiten.

Der Rausch der Geschwindigkeit und der Rausch der Drogen sind nur die Kehrseiten derselben Siegermedaille, die ein falscher Fünfziger ist. Der Rausch der einen Seite ist der Kater der anderen, aber Ratio ist mehr und anderes als die Summe von Imperialismus und Verzicht. Urwaldrauschen und Urteilchenbeschleuniger, physikalische Exaktheit und metaphysische Ekstase, sind so unüberbrückbar verschieden, daß keine verspätete Synthese mehr zusammenbringt, was an einem unseligen Punkt der Geschichte sich scharf voneinander trennte, um jedes allein sein Unglück zu machen.

Wer einen halben Schritt voran will, muß einen ganzen Schritt zurück an die Weggabel, wo die Raserei der Maschine sich mit der Raserei des Opiumessers verbunden hatte. Der romantische Gegenschlag kam nicht, weil die Aufklärung zu aufgeklärt, sondern zu wenig aufgeklärt war. Welche Kämpfe auch ausgefochten oder vermieden werden, welche Gegner einander auch gegenüberstehen, alle Parteien und Lager haben einen einzigen Widersacher, vor dem ihre Schlachten dann unverzüglich eingestellt werden, um die Waffen nicht gegeneinander zu richten, sondern gegen diesen einen gemeinsamen Erzfeind : den menschlichen Kopf. Alle wollen ihn abschlagen und verlieren, um zu beweisen, daß etwas zu verlieren da war. Jeder will den eigenen Kopf benutzen, wenn auch nur dazu, den des Nächsten abzuhauen, und fast jedermann ist so kopflos, auch dem lieben Nächsten keinen Kopf zu gönnen. Vernunft ohne Verstand?

Die erbittertsten Streiter wider den Intellektualismus sind immer die Intellektuellen, die sich selbst als jene Nichtintellektuellen entpuppen, die sie entweder hofieren oder missionieren. Die heutigen Intellektuellen sind so beschränkt, dem modernen Intellekt vor allem vorzuwerfen, er sei zu beschränkt, um so etwas wie Wahrheit zu erfassen. Das einzige, was kein Zeitalter kaum je Grund hatte, sich selber im Ernst vorzuwerfen, und das unsere macht da keine Ausnahme, ist diese berüchtigte Kopflastigkeit, die ihm bevorzugt angelastet wird. Jeder kennt Menschen, die von dieser tödlichen Krankheit befallen sein sollen, niemand hat in Wirklichkeit je einen davon gesehen und gesprochen, aber dieses exotische Fabeltier geistert durch jeden modernen Diskurs zur Abschaffung aller unnützen Diskurse. Man spricht von >Intellektualkultur<, als hätten unsere Zeitgenossen zu viel Verstand zu verlieren. Aber ich habe Verstand genug zu sehen, daß der Verstand heute nicht angegriffen wird, weil er unsere Welt bestimmt, sondern obwohl und weil er sie eben nicht bestimmt. Mir will nicht in den Kopf, daß ich oder einer der Menschen um mich herum davon zu viel haben soll. Die Französische Revolution bestand darin, alle Menschen gleich zu machen, indem man sie um ihren Kopf kürzer machte. Wenn Kopflosigkeit revolutionär ist, brauchen wir keine Revolution mehr.

Wenn die Widernatürlichkeit des modernen Lebens beklagt wird, ist dabei gewöhnlich nicht an das Übernatürliche der Religion gedacht. Natürlich besteht das Unnatürliche an den heutigen Hochindustrienationen nicht darin, daß wir zu unnatürlich leben, sondern daß wir zu naturgemäß vegetieren. Wem das allzu widernatürlich klingt, der sollte sich fragen, was er selber denn mehr tut als essen und verdauen, schlafen und beischlafen. Auch die Tiere, diese Urbilder unverfälschter Natürlichkeit, säubern sich und bauen Nester und spielen ihre Spielchen. Ein bißchen mehr Unnatürlichkeit, Kunst und Raffinementalität, würde geradewegs zur Natur des Menschen gehören. Daß er weniger ist und kann als die meisten Tiere, das macht ihn seinen Stammeltern ja gerade überlegen. Er würde unmenschlich handeln, wenn er nur natürlich handeln würde. Es ist völlig natürlich, unmenschlich zu sein, weil es ganz unnatürlich ist, menschlich zu sein. Wem das absurd oder gar gotteslästerlich vorkommt, studiere flüchtig eine beliebige tierische Lebensform. Es gibt viel zu viele Menschen, die in der Tierwelt ein soziales Ideal für Menschen bewundern. Auch Dichter vergessen sich gelegentlich soweit, ihre Talente dafür herzugeben, daß sie in Fabeln nicht Tiere wie Menschen reden lassen, sondern umgekehrt Menschen wie Tiere grunzen, heulen, blöken und brüllen lassen. Wer die Bücher von Kipling, Bonsels und Maeterlinck nicht kennt, der kennt doch ihre begeisterten Leser, um zu verstehen, was sie an der Tierwelt so anzieht: das Unmenschliche.

Ein Blick in einen Bienenstock oder Ameisenhügel genügt : Keine Individuen, keine abweichlerischen Flausen. Ein streng reglementiertes Gemeinwesen von unglücksunfähigen bloßen Gattungsexemplaren ohne unsterbliche Seele und andere störende Extravaganzen. Jedes Einzelexemplar ist weise von Natur so vorprogrammiert, daß es zur Unzufriedenheit mit seinem Dasein definitionsgemäß außerstande ist. Ein Jahr länger im Mutterleib und der Mensch käme als Tier zur Welt. Menschen unterscheiden sich auch darin, ob sie das eher bedauern oder begrüßen. Tiere verachten heißt Tiere beneiden.

Als Untier unter Tieren ist der Mensch gut – für seine Stellung im Kosmos. Der Sinn des Lebens ist die Funktion fürs Leben; die Gattung ist alles, der Einzelne gar nichts. Die Individuen kommen und gehen; was bleibt, ist nur das große Ganze. Die überwältigend einförmige Gattung reproduziert sich durch das Entstehen und Vergehen ihrer Exemplare, während das spezifisch Menschliche doch darin bestehen sollte, daß umgekehrt die Arterhaltung ein Mittel für die

Entwicklung des Einzelnen ist. Natürlich ist jeder Mensch auch ein bloßes Stück Natur, ihren Gesetzen restlos unterworfen, aber die Frage ist, ob er das als Hindernis oder als Chance auffaßt, um etwas damit anzufangen, das unnatürlich genug ist, um der vegetativen Monotonie zu entgehen.

Einen Nagel in die Wand damit zu schlagen, ist etwas anderes und mehr als der Hammer selbst. Was ein Mensch ist, was sich in Momentaufnahme an ihm feststellen läßt, was sich mit ihm anstellen und was er mit sich aufstellen läßt, es ist ihm nicht anzusehen. Welches seiner Ziele wird zur Ursache, daß deren Wirkung ein Mittel werden kann, dieses Ziel zu erreichen? Von Natur aus kann der Mensch über die Natur hinausgehen, und er fällt hinter die Natur zurück, wenn er darauf freiwillig und mutwillig verzichtet. Nur für den Menschen kann die Wirkung vor der Ursache kommen, indem er die gewünschte Wirkung zur Ursache dafür macht, daß ihre Ursache zum Mittel und Weg wird, es zu bewirken. Wer diese Technik noch nicht beherrscht, muß die Natur verehren, um sie durch Nachahmung zu beschwichtigen. Die Natur ist nie natürlich genug.

+++